早教机构
策划·运营·推广

金国壮　雷　欣　邓靖秋　主编

化学工业出版社

·北京·

内容提要

《早教机构策划·运营·推广》一书，主要从早教机构前期策划、早教机构品牌加盟、早教机构教学管理、早教机构人事管理、早教机构营销管理、早教机构事务管理、早教机构业务拓展七个方面对如何开家早教机构以及早教机构如何运营、管理进行了详细描述和讲解。

本书实用性、可操作性强，可供有志于创办早教机构、希望了解早教机构经营管理方法的人士阅读。希望本书能助力读者创业成功！

图书在版编目（CIP）数据

早教机构策划·运营·推广/金国壮，雷欣，邓靖秋主编. —北京：化学工业出版社，2020.9（2025.8重印）
ISBN 978-7-122-37014-3

Ⅰ.①早… Ⅱ.①金…②雷…③邓… Ⅲ.①早期教育-教育组织机构-经营管理 Ⅳ.①G61

中国版本图书馆CIP数据核字（2020）第085086号

责任编辑：陈　蕾　　　　　　　　　　　　　装帧设计：尹琳琳
责任校对：边　涛

出版发行：化学工业出版社（北京市东城区青年湖南街13号　邮政编码100011）
印　　装：涿州市般润文化传播有限公司
710mm×1000mm　1/16　印张17¼　字数303千字　2025年8月北京第1版第2次印刷

购书咨询：010-64518888　　　　　　　　　售后服务：010-64518899
网　　址：http //www.cip.com.cn
凡购买本书，如有缺损质量问题，本社销售中心负责调换。

定　　价：88.00元

投资教育就是投资未来。

在中国家长的心中，"再苦不能苦孩子，再穷不能穷教育"，尤其是现在年轻的家长，对教育的重视程度非常高。

自"二孩"政策实施以来，我国迎来了新一轮出生潮，与之相应的是，学前教育尤其是0～3岁的婴幼儿早期教育成为最先受益的行业之一。随着现代家庭对早期教育的愈加重视，早教已成为家庭教育的重要组成部分。尽管市场上的早教品牌繁多，但仍不能完全满足家长对早教的需求。

据《中国早教蓝皮书》预计，2020年我国早教市场规模将达万亿规模，整体形势优于预估。由此可见我国的早教市场潜力巨大，不少创业者也为之心动，目前一线城市早教市场已相对饱和，二、三线城市正在迅速发展之中，大批的创业者涌入到这些城市当中，早教成了热门的投资项目。让早教如此火热的原因有两个：一是"二孩"政策的实施；二是消费者对早教有了更加全面的了解。在大量的市场需求下，早教行业前景可期。

2008年左右早教行业就已经进入黄金发展阶段，那时起步的早教机构可谓是搭上了发展的顺风车。经过十多年的发展创新，早教行业已深入更精更宽的领域。

从《中国早教蓝皮书》发布的中国十大早教机构排行榜来看，早教市场品牌格局已经明朗。目前一、二线城市品牌竞争已经进入白热化，早教一线大品牌凭借自身优势正在不断吞噬市场，挤压中小品牌的发展。如何在竞争激烈的市场中站稳脚跟，建立自己的品牌优势，取得盈利，是早教机构投资者、经营者、管理者不得不思考的问题。

基于此，我们组织早教机构老师编写了《早教机构策划·运营·推广》一书。本书主要从早教机构前期策划、早教机构品牌加盟、早教机构教学管理、早教机构人事管理、早教机构营销管理、早教机构事务管理、早教机构业务拓展七个方面，对如何经营早教机构进行了详细描述和讲解。

本书实用性、可操作性强，可供有志于创办早教机构、希望了解早教机构经营管理方法的人士阅读，希望本书能助力您创业成功！

本书由金国壮、雷欣、邓靖秋主编，参与编写的还有匡仲潇、刘艳玲。由于笔者水平有限，疏漏之处在所难免，敬请读者批评指正。

编者

目录

第1章
早教机构前期策划 001

近几年来，随着市场需求的扩大，早期教育逐渐被更多人认可。于是，越来越多的人想开一家早教机构。然而要创办一家早教机构，从环境规划、活动室的布置到整个机构的运作与管理等，都必须在筹备期内深思熟虑，拟定策略。只有这样才能心想事成，马到成功。

第2章
早教机构品牌加盟　　042

做好了前期策划，接下来就是选择早教品牌了。早教创业一般都是采取加盟的形式，创业者最好选择一个发展稳健的大型连锁品牌，品牌就是最强大的后盾，俗话说背靠大树好乘凉，这也是选择品牌加盟的优势。

第3章
早教机构教学管理 **084**

早期教育的意义不在于背多少单词、认多少数，而在于促进婴幼儿大脑的发育，开发婴幼儿对学习的兴趣，为今后各个阶段的学习做好充分的准备。对早教机构而言，应将自身的育儿理念充分融入课程设计中，为孩子打好发展基础，激发孩子的学习兴趣。

第4章
早教机构人事管理　　120

内部人员工作是否积极对于企业发展有着强烈的影响，早教机构也不例外，建立有效的组织、形成和谐的员工关系可以提高工作效率，增加员工的工作热情，提升早教机构的活力。

第5章
早教机构营销管理　　　　　　　　167

市场营销管理被视为企业管理中最重要的管理活动之一。面对社会的多样化需求，早教机构的发展必须重视市场导向和营销策略。

第6章
早教机构事务管理 210

　　早教机构看似简单，实则很多细节都是值得注意的。比如，早教机构应做好咨询接待、安全管理、客户管理等，以便更好地运营。

第7章
早教机构业务拓展　　239

早期教育的指导对象不仅是婴幼儿，还包括家长。早教机构不仅要关注婴幼儿的需要，更要关注其身边的家长的需要，包括父母或者祖辈、保姆等的需要。

早教机构 第1章
前期策划

导言：

近几年来，随着市场需求的扩大，早期教育逐渐被更多人认可。于是，越来越多的人想开一家早教机构。然而要创办一家早教机构，从环境规划、活动室的布置到整个机构的运作与管理等，都必须在筹备期内深思熟虑，拟定策略。只有这样才能心想事成，马到成功。

第一节
商圈调查与选址

对于创业者来说，在筹办早教机构前，必须对当地的早教市场做一番精心调查与分析，认真评估其市场需求，从而选择一个较好的经营位置，为早教机构在后期经营时能够持续盈利并且长期经营打下基础。

一、调查市场

早教市场前景广阔，这是不争的事实。然而，具体到某一目标市场，还是需要做详细市场调查，才能决定是否要在该地区投资早教机构。

1. 市场调查的内容

早教市场的调查应包括图1-1所示的几个方面。

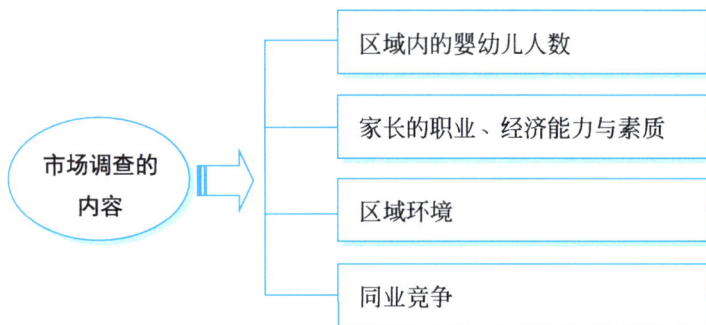

```
                    ┌─────────────────────────┐
                    │  区域内的婴幼儿人数        │
                    └─────────────────────────┘
                    ┌─────────────────────────┐
  ╭─────────╮       │ 家长的职业、经济能力与素质  │
  │ 市场调查的 │  ⇒   └─────────────────────────┘
  │  内容    │       ┌─────────────────────────┐
  ╰─────────╯       │  区域环境                 │
                    └─────────────────────────┘
                    ┌─────────────────────────┐
                    │  同业竞争                 │
                    └─────────────────────────┘
```

图1-1　市场调查的内容

（1）区域内的婴幼儿人数。首先要确定早教机构所能覆盖的区域。要调查该区域内的儿童数量和年龄结构，可以向有关人口统计部门询问或查询公布的人口资料或上网去查询。其次应分析过去、现在与未来婴幼儿人口的变化。不同年龄段的儿童人口，会影响到早教机构的前景，因此应仔细分析。

（2）家长的职业、经济能力与素质。早期教育的市场需求是毋庸置疑的，而早期教育采用蒙特梭利（也称蒙氏）教育则更增添其对家长和婴幼儿的吸引力。早教机构采用蒙特梭利教具、小班制教学以及全新的教学方法，强调环境的亮丽、温馨与丰富，需家长交纳一定的费用。因此，家长的受教育程度及家庭收入水平应列入评估的范围。此外，蒙特梭利教育有别于传统的教育模式，采用特殊的教学方法，也有赖于家长对早期教育模式的认可。因此家长的经济能力、综合素质和对婴幼儿的期望心理，都是必须考虑的因素。

（3）区域环境。区域环境包括社会环境、行业环境、经济环境、教育环境。这些不同的环境特性，是主导早教机构经营方式的重要因素，必须做好事前的调查与分析。

（4）同业竞争。区域内是否有采用蒙特梭利教学或其他特殊教学的场所？其规模大小、师资阵容、环境规划如何？家长的认同度如何？这些都需要在筹备阶段详加评估，思考对策。

2. 市场调查的方式

市场调查方式主要有以下几种。

（1）家庭走访及问卷调查。

（2）社区机构调查。

（3）妇幼保健站调查。

（4）电话调查。

（5）网上查询。

下面提供一份早教市场调查问卷的范本，仅供参考。

范本 ▶▶▶

早教市场调查问卷

家长们好，为了进一步了解早教市场的需求，推动早教市场的健康发展，我们开展此次市场调查，谢谢您的配合，非常感谢您填写我的问卷！

1.您的性别： □男　　　　　　□女

2.您的年龄段： □20～30岁　　　□30岁以上

3.宝宝的性别： □男　　　　　　□女

4.宝宝的主要教养人是（　　）

A.父母　　　　　　B.爷爷奶奶（含外公外婆）

C.保姆　　　　　　D.其他：＿＿＿＿＿＿＿＿

5.宝宝的年龄是（　　）

A.0～1岁　　　　　B.1～2岁　　　　　C.2～3岁　　　　　D.3～4岁

6.您认为0～3岁宝宝是否需要进行早期教育？（　　）

A.有必要　　　　　B.无所谓　　　　　C.没必要

7.您依据什么衡量0～3岁的宝宝发育水平？[多选题]

□运动能力　　　　□说话能力　　　　□辨认东西数量　　□适应能力

□与同龄宝宝比较　□凭感觉　　　　　其他：_____

8.您最想了解0～3岁婴幼儿早期教育的哪些方面内容？[多选题]

□卫生保健　　　　□饮食营养　　　　□早期智力开发　　□亲子教育

□生活自理能力　　□人际交往　　　　□心理健康　　　　其他：_____

9.您和宝宝参加过下列哪些早教活动？[多选题]

□家长学校　　　　□科学育儿知识的讲座　　　□社区内组织的早教活动

□早教机构　　　　其他：_____

10.您知道的早教品牌有哪些？[多选题]

□金宝贝　　　　　□运动宝贝　　　　□东方爱婴　　　　□万婴跟踪

□亲亲袋鼠　　　　□红黄蓝　　　　　□蒙特梭利母婴之家

□天线宝宝奇卡　　□幸福泉　　　　　□一多宝贝　　　　□倍优天地

□新爱婴　　　　　□贝臣国际　　　　其他：_____

11.您收集早教机构信息的主要渠道有哪些？[多选题]

□网络　　　　　　□电视　　　　　　□报纸　　　　　　□小区推广

□宣传单　　　　　□医院　　　　　　□体验课　　　　　□口碑

其他：_____

12.影响您选择早教机构的因素有哪些？[多选题]

□早教理念　　　　□教学内容　　　　□品牌　　　　　　□口碑

□师资力量　　　　□教具　　　　　　□地理位置　　　　□宝宝的体验

□班级规模　　　　□早教机构环境　　其他：_____

13.您愿意在哪里接受和开展婴幼儿智能发展训练和指导？[多选题]

□早教中心　　　　□托儿所或幼儿园　□儿童保健门诊　　□家庭

其他：_____

14.您的宝宝有参加过早教机构课程吗？（　　）

A.有　　　　　　　　B.没有且不考虑　　　C.没有但正在考虑

15.您选择让您的宝宝参与哪些形式的早教？[多选题]

□自己在家教　　　　　　　□综合早教中心或早教机构

□单一项目的培训班　　　　□网上早教中心　　　　其他：＿＿＿＿＿＿

16.您认为您的宝宝现在就读的早教机构存在哪些不足？[多选题]

□师资力量不强　　□教学效果不佳　　□收费较高　　　　□无所谓

其他：＿＿＿＿＿＿

17.您认为早教机构对宝宝的早教能否达到效果？（　　）

A.效果良好　　　　B.有一定效果　　　C.没有效果　　　D.不清楚

18.您希望开展儿童早教课程的时间？（　　）

A.周一至周五白天　　　B.周一至周五晚上　　　C.周六日

D.不固定时间，采用预约方式

19.您最希望得到早期教育信息的渠道是？（　　）

A.短信　　　　　　B.信件　　　　　　C.邮件　　　　　　D.讲座

E.其他：＿＿＿＿＿＿

20.您对宝宝早教每月花费多少钱？（　　）

A.500元以下　　　B.500～1000元　　　C.1001～3000元　　D.其他：＿＿＿

21.您觉得早教每个课时的理想价位是多少？（　　）

A.80元以下　　　　　　　　　　　　B.80～99元

C.100～119元　　　　　　　　　　　D.120元及以上

22.您的宝宝每月参加早期教育的费用占家庭收入的比例是多少？（　　）

A.10%以下　　　B.10%～19%　　　C.20%～29%　　　D.30%及以上

23.您最喜欢早教中心的哪些促销方式？[多选题]

□课程价格折扣优惠　　　　□教材价格折扣优惠　　　　□课程赠送

□礼品赠送（如玩具教具、育儿书籍等）　　　　□团购获得优惠价格

□活动代金券　　　□商家联盟独享折扣（如婴幼儿服饰、儿童摄影等）

其他：＿＿＿＿＿＿

24.您的宝宝喜欢去哪里玩？[多选题]

□公园　　　　　　　□游乐场　　　　　　□超市　　　　　其他：＿＿＿＿

25.您的宝宝对哪些活动感兴趣？［多选题］

☐ 玩玩具　　　　　☐ 听故事　　　　　☐ 听音乐　　　　　☐ 画画

☐ 户外活动　　　其他：_____

26.您觉得在宝宝的教育上让您最头疼的问题是什么？［多选题］

☐ 吃饭　　　　　☐ 睡觉　　　　　☐ 好动　　　　　☐ 不开口

☐ 胆小怕生不合群　其他：_____

27.您觉得影响宝宝智力发展的因素有哪些？［多选题］

☐ 环境　　　　　☐ 家长重视度　　　☐ 教育方法　　　☐ 老师

其他：_____

28.如果有一课程不但能为宝宝提供一个良好的成长环境，还能教给您带宝宝的方法，您愿意抽时间参加吗？（　　）

A.愿意　　　　　B.不愿意

29.您的职业是？（　　）

A.工人　　　　　B.农民　　　　　C.军人　　　　D.企事业机关或单位干部

E.文教卫工作者　　F.个体经营户　　　　　　G.其他：_____

30.您平均每天陪伴宝宝的时间？（　　）

A.1小时以内　　　B.1～2小时　　　　C.2～3小时　　　D.3～4小时

E.4小时以上

31.您的宝宝如果请您陪他（她）一起玩时，您会怎么做？（　　）

A.若有空就陪，没空就不陪　　　　　B.让宝宝找其他人陪

C.乐意与宝宝一起玩

32.宝宝犯错时您是以怎样的方式进行教育的？（　　）

A.说服教育　　　B.顺其自然　　　　C.百依百顺　　　D.棍棒教育

33.您是通过何种途径培养宝宝的社会交往能力？（　　）

A.早教中心（含幼儿园）　　　　　　B.公共场所

C.社区（亲属、朋友、邻居）　　　　D.家庭

34.您认为玩具对0～3岁宝宝的重要性如何？（　　）

A.必不可少　　　B.可有可无　　　　C.不需要

35.您认为图书对0～3岁宝宝的重要性如何？（　　）

A.必不可少　　　B.可有可无　　　　C.不需要

36.您给宝宝挑选玩具的原则是？（　　）

A.只认品牌　　　　　　　　　　　　B.别人推荐

C.对宝宝发展有价值　　　　　　　　D.宝宝要就买

37.家庭成员之间是否为了宝宝的事发生过争执？（　　）

A.从来没有　　　　　B.偶尔发生　　　　　C.经常发生

38.您的宝宝是否有机会和同龄宝宝接触？（　　）

A.机会很多　　　　B.偶尔有机会　　　　C.没有机会

39.您对自己宝宝各方面发展的满意度如何？（　　）

A.非常满意　　　　　B.满意　　　　　C.不满意　　　　　D.很不满意

40.如果碰到育儿困惑，您一般会？ [多选题]

□上网查询　　　　　□翻阅书籍　　　　　□请教父母长辈

□请教同龄朋友　　　□求助幼儿老师　　　其他：＿＿＿＿＿＿＿＿＿

附：宝宝信息登记表

宝宝姓名		性别	
出生年月		爱好	
您的姓名		家庭地址	
联系电话		QQ或微信号	
注：填写好准确信息，将有机会参加免费早教活动和消费优惠活动			

二、界定商圈

商圈，是指以实体店为中心，以一定的方向和距离扩展，能够吸引顾客前来购买或者送货给他们的最大范围。一般来说，离商店越近的地方，商圈的辐射力就越强。简单地说，商圈就是顾客来实体店消费购买的最大范围，离商店越近的地方，顾客来购买的概率就越大。

早教机构的商圈就是以早教机构为中心规划的、创业者希望占有的市场区域，商圈大小与早教机构的经营规模、信誉、经营范围、所处地段、交通条件等密切相关，它反映了早教机构的经营能力和辐射范围。

1. 商圈的构成

商圈受各种因素的制约，其形态往往呈不规则形状，但从理论上说，商圈结构的3个层次可以用图1-2所示的3个大小不等的同心圆来表示。其关键在于确定各层次的半径距离。

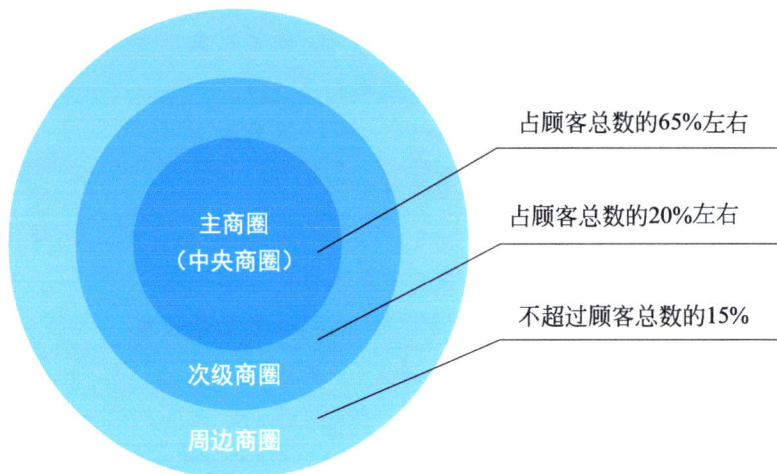

占顾客总数的65%左右

占顾客总数的20%左右

不超过顾客总数的15%

主商圈
（中央商圈）

次级商圈

周边商圈

图1-2　商圈结构图

以位于居民小区的早教机构为例，一般以半径500米为主商圈，半径1000米为次级商圈，半径1500米为周边商圈，步行所需时间分别为8分钟、15分钟、20分钟左右，如表1-1所示。

表1-1　早教机构商圈分配表

商圈构成	特点	商圈半径	步行时间	顾客比例
主商圈	核心商圈	500米	8分钟	一般占顾客总数的65%左右
次级商圈	外围商圈	1000米	15分钟	一般占顾客总数的20%左右
周边商圈	边缘商圈	1500米	20分钟	一般不超过顾客总数的15%

表1-1所述的数字是经验数字，具体落实到每一间社区店，则需要第一手的居民调查数据作为修正依据。因为社区店经营业态、业种不同，店铺规模大小不一，其商圈半径也会有很大的差别，它并不是一成不变的。

总体上说，位于市中心或重要地段的门店的商圈范围最大，可以辐射整个城市，而位于居民区的门店由于多以服务本社区为主，所以商圈范围相应较小。在这里，除了正常的经营因素外，还应考虑到地形条件（如桥梁、河流、封闭式道路）、行政区划、传统购物流向等非经营性因素的影响。在某些地点，早教机构也可借助大店、名店的辐射力，尽量在空间上接近它们，以达到以最低成本扩大商圈的效果。这就是零售业经营中的所谓"寄生法"，即利用大店、名店来吸引顾客，扩大销售。

2. 区域市场调查

区域是指早教机构所处的市场区位。在中小城市或地区选址，区域的范围就是整个城市或地区；在一些大城市选址，区域的范围则要进一步细分。

比如，在北京选址，其区域市场可以西城区、海淀区、东城区、朝阳区等行政区划为基础进行选择，还可以进一步细分为西单地区、王府井地区、亚运村地区、国贸地区等。

小提示：

区域市场对早教机构选址和进入当地市场影响重大，所以，调查范围要以区域市场为主。

区域市场的调查内容主要包括图1-3所示的几个方面。

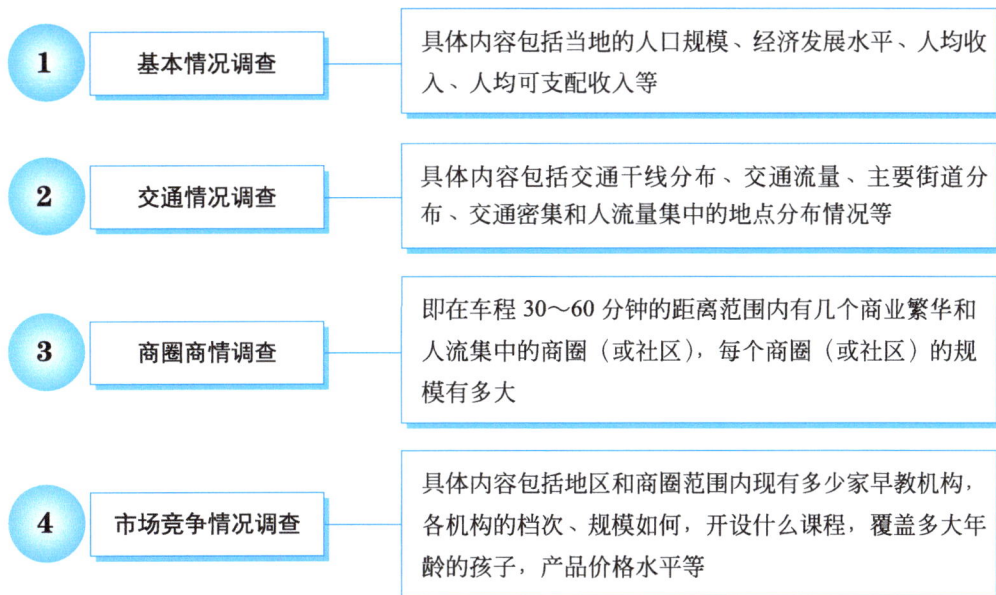

1	基本情况调查	具体内容包括当地的人口规模、经济发展水平、人均收入、人均可支配收入等
2	交通情况调查	具体内容包括交通干线分布、交通流量、主要街道分布、交通密集和人流量集中的地点分布情况等
3	商圈商情调查	即在车程30～60分钟的距离范围内有几个商业繁华和人流集中的商圈（或社区），每个商圈（或社区）的规模有多大
4	市场竞争情况调查	具体内容包括地区和商圈范围内现有多少家早教机构，各机构的档次、规模如何，开设什么课程，覆盖多大年龄的孩子，产品价格水平等

图1-3 区域市场的调查内容

3. 商圈的选择与确定

具体的开店地址是从面（可开店商圈）、线（可开店路段）、点（可开店店址）逐层缩小范围分析而得。

（1）面——可开店商圈。在面（可开店商圈）的分析阶段，要评估商圈内来店顾客的特性，评估是否具备成为优质店的市场环境特征（通过对等城市、对等商圈、对等店来比较分析），收集竞争店已占据的区域，分析出还有哪些区域是未来可开店的区域。

（2）线——可开店路段。在线（可开店路段）的分析阶段，要评估目标商圈内的顾客是否容易接近可开早教机构路段，可开店路段是否在目标商圈的人员流动线内，与竞争店位置关系又是怎样的等。

（3）点——可开店店址。在点（可开店店址）的寻找确定阶段，要在可开店路段上考察每一个比较合适的潜在店址，评估潜在店址位置以及附近特性等要点。

比如，潜在店址的视野好不好，潜在店址所在的道路好不好，潜在店址附近的业态与潜在店址是否匹配等都是评估的重点。

凡是符合开店基本要求的（包括营业面积、店宽、楼高、视野度等指标），不管是空店面、转让中或在建中等，均将其列入可开店店址中，同时要记录每个潜在店址的状态。将这些潜在店址聚集起来，即为此商圈的可开店店址库。

一般来说，早教机构的门店主要分为社区店和商场店。所谓的社区店，就是将早教机构开设在大型社区，依托周边居民进行门店引流，实现经营目标。而商场店则在城市重要商圈中，通过商场的日常客流及品牌效应，达到盈利目的。两者的区别在于，社区店租赁成本较低，经营者资金压力小，但市场运营费用会有所增加；商场店虽然场地租赁费用昂贵，但商场自带流量，降低了市场投入，解决了邀约到访的问题，同时，商场的高曝光频次增大了消费者对品牌的认可和好感。

三、实地考察

创业者选好开店地址后，应对店址进行实地考察，考察的内容如图1-4所示。

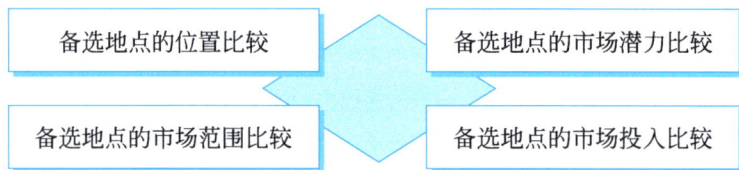

图1-4 店址的实地考察

1. 备选地点的位置比较

通过实地考察，确定几处可供选择的合适地点，比较每一地点的具体位置、朝向、占地面积或可租赁经营的房屋面积；看备选地点是否面临大街或在交通主干线旁边，或在街巷、胡同等较僻静的地方，或在办公楼、居民楼、写字楼等建筑的一层或二层；分析每一个可供选择的地点有哪些优势，有哪些劣势等。

2. 备选地点的市场范围比较

通过实地考察，确定每一个备选地点的市场范围，每一个地点的中心区、次中心区、边沿区的范围何在；确定到中心区、次中心区、边沿区的步行距离、驱车距离是多少；了解每一个点位的中心区、次中心区的客源总量有多少，现有市场竞争状况如何。

3. 备选地点的市场潜力比较

通过实地考察，确定每一个备选地点的交通状况和顾客进出的方便程度，中心区每日的平均流动人口规模有多大；估计拟建早教机构的价格水平、接待人次、人均消费、市场潜力；估计地区范围内正在建设或在未来一年内准备建设的早教机构共有几家，档次规模如何，接待能力会增加多少；确认近期内有无要建设的大型商场、超市、展览中心、文化广场等。这些都会直接影响早教机构选址后的进入市场的潜力大小。

4. 备选地点的市场投入比较

通过实地考察，与土地占有者或房产所有者进行相应的接触、询价、谈判，确定每个可选地点的房地产价格、可使用或租赁的期限、价格水平和经营期限。然后通过分析比较，权衡利弊，最终确定早教机构的经营地点。

四、选择店址

地理位置对早教机构的后期经营和发展起到了举足轻重的作用。因此，创业者切勿为了开业，随便找一个商铺入驻。具体来说，创业者可以遵循下页图1-5所示的原则来为早教机构选址。

1. 周边交通要便利

早教机构的交通是否方便，将直接影响顾客流量。因为来上早教课的孩子基本上都是需要家长陪同的，而便利的交通就是很多家长的首要选择因素。因此，选址时，要仔细考察周边的交通设施情况，包括交通线路状况、城铁及地铁的开通情况，周边是否有停车场、停车位及是否常出现塞车等。

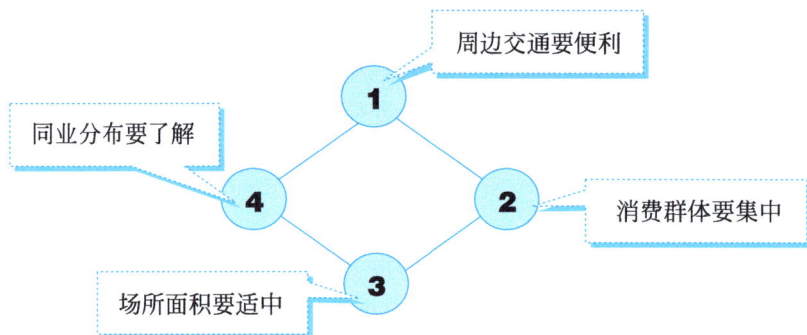

图1-5　成功选址的原则

小提示：

乘车是否便利，停车是否方便，会在很大程度上影响家长对早教中心的选择。

2. 消费群体要集中

早教机构周边的人口分布情况是选址的一个原则标准。一般而言，早教机构所在商圈人口越密集越好，最重要的是目标顾客，即婴幼儿的数量及分布，并且消费人群应普遍拥有旺盛的消费欲望和较强的消费能力。

尤其是定位高端的早教机构，选址时更应注意这点。

比如，金宝贝、美吉姆、英国天线宝宝早教加盟中心的选址一般都靠近大型商业中心、中央商务区、游乐中心、中高端居民区。这些地区，高端消费人群集中，能够为早教中心提供稳定的客源，非常有利于早教加盟中心后期的发展。

3. 场所面积要适中

早教机构最好设置在底楼，以一、二楼为最佳，选择低楼层，就曝光量来说，能产生不小的广告效力。此外，从安全角度来说，国家要求儿童用房只有防火等级达到一、二级时才可以设置在三层，但不得超过三层；如果防火等级属于三级的，则不能超过二层；如果防火等级属于四级的，则不应设置在二层及以上。

至于建筑面积，投资者要根据自己的实力来决定，如果加盟的是一线品牌，品牌方通常对场所、面积都有明确要求。

小提示：

早教机构的选址是一项复杂的工作，它需要权衡多方面的利弊，审慎选择；同时它又是一项极其重要的工作，关系到早教机构后期的发展潜力。

4. 同业分布要了解

确定了早教机构的启动城市后，创业者还要了解城市内同行业机构的分布，包括地理位置、面积、价格、经营情况等，知己知彼，方能百战不殆。要做早教，也要分析竞争对手，有竞争才会有发展。

精确的市场调查，能为早教机构制定正确的运营方向及销售定价，为后期的运营提供方向。

相关链接：

早教机构的选址标准

1. 交通状况

这是选址第一步，投资者应该多走一走，多看一看，本市什么样的位置适合开办早期教育中心。

（1）要看选址位于主干道，还是次干道。选择主干道、临街可以较强地吸引人群，引起人们注意，借此可以有效宣传早教中心。如果选择的是次干道，应注意是否有遮挡物，尽量避开楼层较高的物体。

（2）看选址离公交站点有多远，尽量选择离站点近的地点，可以给乘车上课的家长带来方便。

2. 地理属性

看位于商业区、半商住区还是住宅区。选择商业区可以提高品牌形象，吸引人们的眼球。选择住宅区的优点在于背靠住宅区可以利用周边住宅的有利条件，进行自我宣传从而有效达到招生目标。

3. 室外环境

（1）楼龄：最好能选择5年以内的楼房。

（2）门面：如果选择的是门市，其门面应在长10米、高3米（左右），并注意是否有适合的牌匾位置。

（3）门前空场及车位：门前面积应在30平方米以上，车位应当以至少能容纳10辆车为宜。

4.室内环境

（1）教室：每间教室应在40平方米以上，相同教室应至少有两间，以三间为宜。

（2）游乐区：面积应在60平方米以上。

（3）接待区：面积应为30平方米以上。

（4）母婴室：面积应为15平方米以上。（可选）

（5）游泳室及抚触室：面积应为50平方米以上。（可选）

（6）教具室：面积应为15平方米以上。

（7）卫生间：面积应为4平方米以上。

（8）测评室：面积应为10平方米以上。

5.房屋情况

（1）应选择南北朝向的房屋，因为这样的房屋采光理想。如没有选择南北朝向的房屋，应首选上午能得到采光的房屋作教室。

（2）选择框架结构的房屋，如果房屋内的立柱较多应放弃，这样的房屋不适合做早期教育。如不是框架结构的房屋，应选择立柱设计合理的房屋，要了解哪一面是承重墙，是否可以进行拆卸施工。

（3）室内房屋的高度不宜过低，具体应看房屋总体的使用价值。

6.租赁情况

（1）了解先前租户从事行业、租期、租金、押金，是否有未清费用。

（2）了解免租期限、租金调幅、租期内会不会上调租金。

（3）了解使用期间的其他费用应当怎样收取（水、电、物业、卫生）。

（4）了解租赁付款方式（付三押一最理想）。

（5）了解房产税由谁交纳。

（6）了解房屋产权（有些地区规定住房不可以用于商业用途）。

第二节

商业计划制订与编写

商业计划书最初出现在美国，当时被当作是从私人投资者和风险投资家那里获取资金的一种手段。这些投资者会成为公司的合伙人，并提供资金。在寻求业务合作伙伴（包括客户、供应商以及分销商）时，提供商业计划书已成为了必不可少的程序，更不用说对风险投资家和银行了。

一、编写商业计划书的作用

商业计划不是一个简单的计划，它是能够指导企业运行的一个管理工具。很显然在企业建立之初是要吸引投资者、吸引雇员，但是这并不是说，只做到吸引投资者和雇员就行了，还要在计划中指定目标和里程碑，以指导未来的工作。

1. 商业计划书是一家企业融资必备的敲门砖

一份优秀的商业计划书会为企业融资顺利铺路。投资人想了解的内容如下。

（1）干什么（产品、服务）。

（2）怎么干（生产工艺及过程）。

（3）消费者群。

（4）竞争对手（市场分析）。

（5）经营团队。

（6）股本结构（有形资产、无形资产、股东背景）。

（7）营销安排。

（8）财务分析（利润点、风险、投资回收期）。

2. 帮助自己很好地梳理整个项目的思路

商业计划书是创业者在创办企业前的准备，可以对企业未来的发展思路进行一个清晰的梳理。人不打无准备之仗，不论是创办一家特色餐馆，还是创办一家互联网公司，良好的商业规划都是第一步，花了多少工夫进行精心准备，就会赢得多少市场机会。

商业计划书并不只是写给投资商的，也是写给创业者自己的。所以创业者得考虑以下几个问题。

（1）市场机会到底藏在哪儿。

（2）产品该如何设计，如何让人们更乐意于购买你的产品。

（3）谁在和你竞争，你又该如何迎战他们。

（4）你如何为自己准备足够的客户资源，使你的企业从正式创立之日起，就有源源不断的销售收入。

（5）你将如何去管理你的公司，你打算招多少个员工，如何给他们分派工作，如何设立部门，又如何快速地在市场中扩大规模。

（6）你准备在产品开发、人员使用、办公地点租用、购买开业所需的物品上花费多少钱。

创业者要思考的事情很多，到市场中去调查一下，把这一切搞清楚，就知道自己所选择的发展目标对不对。有很多时候，创业者不去研究资料，不去研究那些数据，不到市场中去摸底调查，而是坐在屋子里头脑发热地凭空想象，或者为了应付投资商的要求而花钱雇人去写商业计划书，这就可能会为企业的未来酿下巨大的灾难，创业风险即始于此。

在未来三至五年该如何发展，把一切的问题都想清楚、想透，并把它们写出来，创业者的大脑将会很清晰，这有助于稳扎稳打地开始其规划的事业。

许多美国人习惯在创办企业之前，花上几个月时间，甚至一两年，去精心地准备商业计划书。他们可能会写出厚厚的几百页的商业计划书，把每一个环节都搞得一清二楚，不仅仅包括如何迈出第一步，就连公司发展到五年以后，把企业卖给谁，怎么上市，怎么结束生意，都提前搞得清清楚楚。

当正式成立企业时，他们就会完全按照商业计划书里所写的步骤去行动，这个时候，商业计划书就成了事业执行书，如果在行动中想到什么新的主意，遇到什么新的情况，就会马上补充到商业计划书中去。

二、商业计划书的结构

通过商业计划书，创业者有可能说服投资人，且能让执行者看到实施措施。因此，需要有一整套结构，才能理清商业计划书的要点。

所有的商业计划书都应该从摘要开始，紧接着是产品及经营理念，其他的部分可视情况而定。总之，要选择最好的表达方式来证明此计划可以成功。

商业计划书的结构包括图1-6所示的内容。

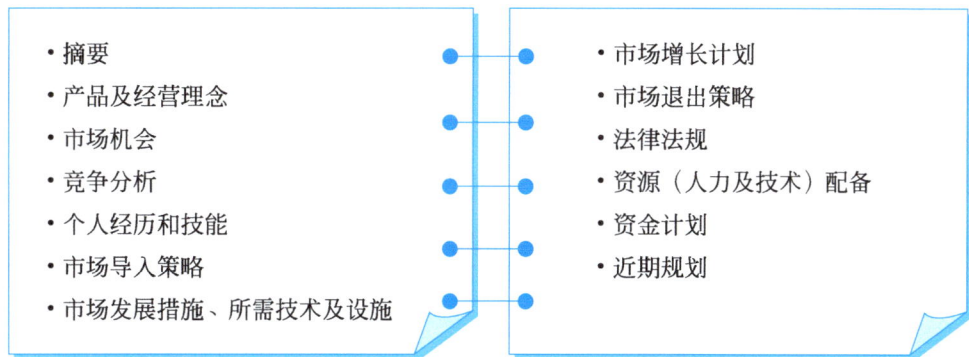

- 摘要
- 产品及经营理念
- 市场机会
- 竞争分析
- 个人经历和技能
- 市场导入策略
- 市场发展措施、所需技术及设施

- 市场增长计划
- 市场退出策略
- 法律法规
- 资源（人力及技术）配备
- 资金计划
- 近期规划

图1-6　商业计划书的结构

三、商业计划书的写作要求

1. 摘要

摘要如非特殊情况，不能超过一页。它的作用是简要阐述产品理念，但要注意，一定要非常简洁。要尽量使用"*"来分列观点，而不用名字或段落来展开。越是简单扼要的观点，就越容易被理解与记住。

同时，摘要是商业计划书中最重要的一部分。很多投资人通常在读完这一页就做出决定，而不去费神读后面更详细的东西。

2. 主体部分

商业计划的这一部分包括一系列可能要回答的问题。首先要检查每类问题，看看各类问题之间是否有关联性，是否存在明显的跳跃。很多情况下，一类问题只需稍作思考，用一句话就可表达清楚。检查每类问题时都可以遵循这样的顺序：信息量是否足够→是否需要进一步考虑→是否现实可行。下面将逐一阐述主体各个部分的写作要求，如表1-2所示。

表1-2　主体部分的写作要求

一、产品及经营理念
这部分主要说明你要进入的领域、所经营的产品，以及在整个商业背景下，该产品的定位。总的说来，要点如下。 　（1）大致描述一下该产品。 　（2）指出要进入的领域。 　（3）满足顾客的什么需求。 　（4）顾客为什么有这些需求。 　（5）公司是否有资源对该产品进行研发、推广、销售或物流运送，如果没有，如何才能有效地得到这些资源。 　（6）如何把产品及其优势告诉潜在的用户，它有可能被视作珍品或易用的东西吗？ 　（7）与对手或其他能满足用户需求的东西比，该产品有何竞争优势，是技术优势还是独特的定位。 　（8）如何保持这种竞争优势，是否通过了技术专利或排除了其他竞争障碍。 　（9）至今为止，你在该领域的工作经验：与潜在客户沟通的程度，是否了解他们对产品的看法。 　（10）其他可能存在的机会：是否能与已有业务共享设备及渠道。
二、市场机会
这部分将回答产品有什么市场机会，即有什么机会，机会有多大，它的生命周期是什么？ 　（1）评估产品（或服务）的市场前景。 　① 描绘市场发展趋势，并分析。 　② 估计市场增长率，并分析。 　（2）在既定的竞争态势和用户需求条件下，该产品能占多大的市场份额？此市场份额能为公司带来多少利润？ 　（3）你有何优势及资源给公司带来较明显的盈利？ 　（4）这个市场是否真有活力，它发展得快吗？前景广泛吗？是否有下降的趋势？ 　（5）该产品的生命周期多长？在产品的既定生命周期内，如何有步骤地进行市场运作？如何打开市场缺口？ 　（6）产品（或服务）是否有扩展性，以便扩大市场，延长生命周期？ 　（7）能否通过技术、定位或细分市场来挖掘非同一般的市场机会？ 　（8）进入市场的难易程度如何？ 　（9）最关键的是通过与顾客接触、访谈、实验或其他方法，收集销售信息及用户反馈。
三、竞争分析
这部分主要说明此商业计划是建立在现实的基础之上的，因为它表明了计划成功的阻碍，并设计了克服它的方法。它实质上要回答这样一些问题：在已存在的竞争环境中，该计划是否会失败；如果它成功地创造了一个市场，能否在这个市场中持久发展。千万要记住，有时候表面上看来没有明显的竞争，潜在的竞争其实是非常可怕的。既然存在竞争，就要指出竞争对手有多少，以及他们在这个领域里的地位。 　（1）分析直接竞争对手。 　① 他们占有的市场份额。

续表

② 他们的优势与弱势。

③ 他们的广告与促销。

④ 对新进入者可能采取的阻击措施。

（2）分析间接竞争对手，包括市场可能出现的追随者，相关领域的合作者。

（3）如何对产品进行差异化定位？与竞争对手有何不同，有何特点和优势，卖点是什么？

（4）在提炼竞争性卖点时，能否进一步发展，使用户更明显地感知它的好处？

（5）在满足用户的需求方面，有什么可替代产品？

（6）与直接竞争对手或可替代产品相比，在价格上是否有优势？

四、个人经历和技能

这部分主要说明你是否有能力使该业务获得成功，即你能给新业务带来什么？

（1）该产品与你的技能、过去的经历有何关系？

（2）你的团队对新业务有何助益？

界定新业务与旧业务是否存在竞争关系。如果新计划是为了拓展已有的业务，那么这部分将包括如何利用原有的条件使新业务获得成功。同时，这部分也应该包括新产品可能给旧产品带来的冲击，即如果新业务取得成功，它会给旧业务带来不利影响吗？

① 描述新产品对旧产品战略及定位的影响。

② 分析新产品与旧产品在几个方面（如资产、渠道、人力资源、服务、产品、客户资源等）是互补还是产生其他作用。

如果以上几个方面对新业务至关重要，且对旧业务不产生负面影响的话，这部分还应该说清楚你将如何去发展这些方面。

五、市场导入策略

这部分将说明如何启动新计划，即如何在市场上吸引首批客户？

（1）产品生产出来后，你将如何把它以最快、最省钱、最小风险同时又能阻击对手的方式导入市场？

（2）此阶段如何制定渠道政策、广告及促销方案？

① 描述产品定位，对此定位进行可行性测试。

② 让客户在何时何地以何种方式获得产品信息？

③ 向客户传递什么信息？

④ 如何达到传播目标？通过引起受众趣味，刺激受众需求，还是细分受众群？

（3）在产品导入阶段使用什么营销手段，这些手段如何实施？

① 选择广告还是彩页，广播还是电视？

② 区域宣传如何定位？

③ 宣传频次是多少？

④ 试点计划如何开展？

⑤ 如何开展竞争性宣传？直邮效果如何？

⑥ 如何上广告黄页条目索引？

⑦ 电话营销方式。

续表

⑧ 培训计划。

⑨ 促销活动。

⑩ 商品秀。

⑪ 研讨会。

⑫ 公共关系。

⑬ 媒体沟通。

⑭ 新闻发布会。

⑮ 行业关系建立。

⑯ 细分市场、细分客户。

六、市场发展措施、所需技术及设施

这部分表明落实计划所需要的技术及设施。

（1）技术问题。

① 描述产品所需要的技术。

② 确认技术条件是否具备，是内部具备还是从供应商或合作伙伴处获得。

（2）分析渠道及客户关系。

① 渠道有哪些？

② 渠道系统有何创新之处？

③ 销售队伍需要什么培训、物质刺激及其他支持？

（3）招募销售队伍。

① 所需人员的资历、技能。

② 薪酬。

③ 其他的激励手段。

④ 队伍管理方法。

⑤ 他们可能扮演的角色：中间人、厂商代表及代理。

（4）设施及行政。

① 需办公用品清单；如果业务是全新的，需基础设施清单。

② 如何支付这些清单？

③ 采购或与供应商打交道时是否有特殊需求？

（5）分销渠道。

① 用户在哪里能买到产品？

② 产品如何才能到达用户手中？

③ 每年渠道流失率是多少？

④ 产品在途时间是多少？

⑤ 什么运输方式最经济？

续表

七、市场增长计划
这部分将表现如何使该业务持续发展，即怎么做才可以不断获得增长，在市场中占有一席之地？ （1）一旦进入市场，如何在一定的市场份额内，谋求最大的发展机会及最大的利润？ （2）是否有潜在的机遇能给此业务带来新的增长点？如果有，如何将它变成现实？ （3）为了获得持续发展，目标用户在哪里？ （4）如何获得地域性扩张？什么时候开始？ （5）市场导入期所利用的营销手段中，哪些还会在持续发展阶段使用？这些手段在质与量上会有什么突破？ （6）是否有别的方法可助于持续增长？资金还是人力？

八、市场退出策略
这部分是为了表明一切都在掌握之中。万一计划失败，出现了不愿看到的局面以致需要退出市场，企业所有者也会尽量减少损失，不至于血本无归或名声扫地。 （1）如何将损失最小化：如何处理积压品、已采购配件、已搭建的基础设施、已雇用的员工。 （2）如何最大限度地减少对公司形象及声誉的影响。

九、法律法规
这部分将关注： （1）新业务是否在法律许可的范围内开展？ （2）产品是否合法，在这个领域是否存在相关的规定？如果有，规定上有何限制？能否绕过这些限制？即使能，这个努力是否值得？ （3）政府对此类产品有何倾向？

十、资源（人力及技术）配备
这部分回答开展新业务所需要的资源，即在资源配备上要有多大的投入，如何得到这些资源？ （1）近期需要哪些人力资源？最终需求又怎样？ （2）谁将参与到新业务中来？他们的背景及资历如何？ （3）在市场导入及发展期各需要什么资源？ （4）需要什么技术资源？什么时候需要？ （5）开展此业务需要用到什么具体的技能？

十一、资金计划
这部分将清晰说明新业务所需要的资金投入。它要回答这些问题：什么时候筹资？到底需要多少钱？钱不够怎么办？什么时候还贷款，以什么方式？ （1）定价。 ①竞争对手如何定价？ ②你如何定价？ ③价格多长时间变更一次？ ④竞争对手可能的反应有哪些？是否有可能导致价格战，是否能忍受价格战？

续表

（2）销售预测。 ① 打算卖出的数量。 ② 增长速度。 ③ 最坏的情况。 ④ 类似的竞争故事。 ⑤ 市场份额定位。 （3）资金。 ① 需要多少资金，什么时候需要？ ② 计划开展所需费用的详细情况。 ③ 利润预算。 ④ 现金流。
十二、近期规划
这部分关注贷款获批后，接下来的几个月的规划，如： （1）如果计划通过，贷款获得批准，未来90天内你将做什么？ （2）为实施计划，近期需要什么资源，需要做什么决策？

四、商业计划书的编写步骤

准备商业计划书是一个展望项目的未来前景，细致探索其中的合理思路，确认实施项目所需的各种必要资源，再寻求所需支持的过程。不过，并非任何商业计划书都要完全包括大纲中的全部内容。创业内容不同，相互之间差异也就很大。

（1）第一阶段：经验学习。

（2）第二阶段：创业构思。

（3）第三阶段：市场调研。

（4）第四阶段：方案起草。

写好全文，加上封面，将整个创业要点抽出来写成提要，然后要按下面的顺序将全套商业计划方案排列起来。

① 市场机遇与谋略。

② 经营管理。

③ 经营团队。

④ 财务预算。

⑤ 其他与听的人有直接关系的信息和材料，如企业创始人、潜在投资人，甚至家

庭成员和配偶。

（5）第五阶段：最后修饰阶段。

首先，根据报告，把最主要的东西做成一个简短的摘要，放在前面。其次，检查一下，千万不要有错别字之类的错误，否则别人对创业者做事是否严谨会产生怀疑。最后，设计一个漂亮的封面，编写目录与页码，然后打印、装订成册。

（6）第六阶段：检查。

可以从以下几个方面加以检查。

① 商业计划书是否显示出创业者具有管理公司的经验。

② 商业计划书是否显示了创业者有能力偿还借款。

③ 商业计划书是否显示出创业者已进行过完整的市场分析。

④ 商业计划书是否容易被投资者所领会。商业计划书应该备有索引和目录，以便投资者可以较容易地查阅各个章节，还应保证目录中的信息是有逻辑的和现实的。

⑤ 商业计划书中是否有计划摘要并放在了最前面，计划摘要相当于公司商业计划书的"门面"，投资者首先会看它。为了保持投资者的兴趣，计划摘要应写得引人入胜。

⑥ 商业计划书是否在文法上全部正确。

⑦ 商业计划书能否打消投资者对产品（服务）的疑虑。

五、商业计划书写作的注意事项

（1）要简明扼要。摘要部分要以最精炼的语言概括全文，主体内容以 7 ～ 12 页为佳，注重企业内部经营计划和预算的叙述。

（2）要明确声明公司的目标与公司的业务类型。

（3）要使用国际通用单位。比如，面积单位用"平方米"，长度单位用"米""千米"，质量单位用"克""千克"等。

（4）要阐述为达到目标所制定的策略与战术。

（5）要陈述清楚公司需要多少资金，用多久，怎么用。

（6）要有一个清晰和符合逻辑的让投资者撤资（退出机制）的策略。

（7）要分析项目的经营风险与规避方法。

（8）要有具体数据资料，有根据和有针对性的数据必不可少。

（9）要使用上好的打印纸及一个吸引人而得体的封面包装。

（10）要预备额外的拷贝件以作快速阅读之用，还要准备好项目的基础财务数据。

（11）忌用非专业或过于专业的词语来描述产品或生产营运过程，尽可能使用比较专业而又通俗易懂的词句。

（12）忌用含糊不清或无确实根据的陈述或结算表，比如在没有细则陈述的情况下就说"要增加生产线"等。

（13）忌隐瞒事实的真相。

下面提供一份关于××早教中心商业计划书的范本，仅供参考。

范本 ▶▶▶

××早教中心商业计划书

第一章　经营纲要

近年来，随着越来越多的家长对婴幼儿早期教育的重视，早期教育逐渐成为一个热门的新兴行业。我们的××早教中心主要定位于国内的二级城市0～6岁的婴幼儿，强调与婴幼儿的互动，通过音乐、艺术等多种形式的课程，开发幼儿的多元潜能。现在的婴幼儿拥有简单的快乐很难，这将如何解决呢？我们的××早教中心将从家长培养教育婴幼儿的思维转变入手。家长们都希望自己的宝宝得到早期有效开发，可以变得更聪明，于是大部分的家长选择了对咿呀学语的婴幼儿急功近利地灌输教育。我们则希望通过家长、宝宝和老师的一系列温馨的亲子活动，转变家长的教育理念，在宝宝成长的同时家长在这方面也得到了成长。

我们的办学理念是：欣赏与爱，健康和快乐。整个课程是非常轻松的，我们的目的就是让宝宝快乐、喜欢，进而在游戏中学会学习。××有一个梦想，希望每一个宝宝都有一个美好的开端，希望为更多的宝宝带来人性化的关爱。

第二章　公司介绍

××早教中心是一个拥有＿＿＿位全职雇员的公司。公司旨在为婴幼儿创建一个安全、自由且富有教育意义的成长环境，并帮助父母们建立科学的教育理念。在我们所处的环境中，我们一定能做到最好。

2.1公司启动费用

公司启动费用达＿＿＿万元，由于我公司位于二级城市，相应的费用不会很高。

2.2投资预算

项目金额：前期开办投入固定资产投资教学家具、教具＿＿＿万元，教学配套设施（办公家具、空调、电话设备、测试设备等）＿＿＿万元，初始培训费（聘请专业的讲师、教材、招生广告费等）____万元，房租及装修费____万元。

2.3公司位置

本公司的位置：二级城市市区中心。

2.4公司形象

××早教中心实行规范化科学化管理，具体如下。

（1）统一的使命驱动——推动摇篮的成长。

（2）积极的价值观。

（3）清晰的运营模式。

（4）统一的视觉识别。

（5）统一的行为识别。

2.5公司早教项目介绍

我们的项目分别设有专业的亲子教室、音乐教室、蒙氏教室、综合测查室、大型体能训练区、多媒体室、培训教室，休息区等。我们拥有一支专业的师资团队，爱心、耐心与细心是我们每一位老师所坚持的品质。

（1）亲子课程。亲子课程适合0～3岁的宝宝，分为亲子课程Ⅰ（0～1岁）、亲子课程Ⅱ（1～2岁）、亲子课程Ⅲ（2～3岁）三个阶段。通过以婴幼儿发展规律和敏感期需要为依据而设计的各类亲子活动，建立和谐的亲子关系，促进婴幼儿个性、语言、数字、认知、身体动作与创造性六大方面能力的发展，并提高家庭教育水平。

（2）音乐课程。音乐课程适合0～4岁的幼儿，分为妙事多音乐课程（0～3岁）和奥尔夫音乐课程（3～4岁）。在音乐课程中，通过丰富的视觉、听觉的刺激，配合身体动作、手势来让宝宝体验音乐、表现音乐。这不仅开发宝宝的音乐潜能，还对宝宝的动作能力、智力和社会能力的发展有重要的促进作用。

（3）语言课程。语言课程适合2～6岁的幼儿，分为语言课程Ⅰ（2～3岁）、语言课程Ⅱ（3～4岁）、语言课程Ⅲ（4～5岁）和儿童文学欣赏（5～6岁）四个阶段。通过创设多看、多听、多说、多练的环境，以四个性格、习性迥异的小动物为主人公，在促进儿童语言发展、培养阅读能力的同时，提供思维的培养、情感的陶冶、文化的传递及交往的机会，为儿童入学后继续学习做好准备。

（4）思维课程。思维课程适合2.5～6岁的幼儿，划分为感官（2.5～3.5岁）、数字（3.5～4.5岁）、科学（4.5～6岁）三个阶段。通过情境创设、动手操作及科学的策略教学法，帮助儿童获得符合其认识发展阶段特点的经验，发展儿童的辨别能力、推理能力、认知能力和决策能力，培养良好学习习惯，激发婴幼儿对科学探索的兴趣，全面提高儿童素质。

第三章　公司战略目标

3.1战略目标及商业模式

××是一家专注于国内二级城市婴幼儿早期教育的专业公司，根据公司的实际情况，我们将公司的发展目标大致分为三个阶段。

（1）在创业初期，通过不断摸索、学习，首先在各方面条件较好的××地区打开市场，争取一定的市场份额，使公司成为一所各方面比较完善的早教中心。

（2）在××站稳脚跟后，逐步提升自己的竞争力，打造自己的品牌，做出自己的特色，并寻求合作伙伴、吸纳部分投资，从而扩大公司规模，增强公司的实力，争取在××地区再开2～3所属于我公司旗下的早教中心。

（3）在公司达到一定规模时，我们将改变公司的运营模式，逐渐由以实际操作为主转变为以品牌管理、模式输出、市场运作为主的跨省大公司。

3.2公司定位

我公司将针对0～3岁婴幼儿进行专业的早期教育，不断开发新的、有效的教学方法和模式，为广大二级城市的婴幼儿及其家长服务，最后逐步做到技术开发、技术转让、技术培训和技术销售。

我们公司将始终专注于婴幼儿的优质教育，因为专注，所以专业，可以说"专注"和"专业"就是我们公司的特色所在，也是我们公司逐渐做大做强的根本所在。我们公司将秉承这样一种信念，全力推进中国婴幼儿早教事业的发展，让中国的宝宝更聪明、更健康。

当然，在有了明确的公司定位后，我们也会着力建设一支更加专业的服务和管理团队，不断汲取新的血液，引进新的人才，学习新的理论，进行新的实践，这样，才能让我们不断进步，永立不败之地。

3.3招生人数

我们预测在开始营业后，一个月内招生100名左右，此后逐步增加，最终将名额稳定在500名左右。

3.4未来发展

我们将以公司的信念为自己的信念，不断完善自己的服务，不断提升自己的实力，不断优化我们的团队，我们有信心在这变化万千的市场中不断成长壮大，在成就亿万家庭的同时，也成就我们自己。

第四章　市场前景展望

4.1 市场调查

据第六次人口普查发布的统计公告，我国（不包括港澳台）0～3岁的婴幼儿共计____万人，其中城市0～3岁的婴幼儿数量为____万人。××市地处××东部，全市共辖____个乡镇，____个行政村；____年全市共出生____人，人口出生率为____。如果每个婴幼儿用于教育的消费为30%，那么这个市场就有数亿元的市场需求。

4.2 目标客户

全国0～3岁婴幼儿有____万人，这就为我公司的早教业务提供了丰富的客户群。最近几年，国家大力倡导婴幼儿早期教育，这已经纳入政府工作目标，因此，在政府的大力支持下，至少有十几亿的商机。

4.3 市场趋势

虽然现在市场上有很多幼儿园，但这远远无法满足市场的需要，因此办理一个有特色的、不同于幼儿园的早期教育机构，一定会更受欢迎。

4.4 市场增长

国内外婴幼儿研究机构表明，0～3岁是人一生发展的重要时期。因此，国际上对婴幼儿早期教育十分重视，联合国特别会议将此列为一项议题，并希望各国政府将婴幼儿早期教育加入政府工作计划中，并用法律的形式加以规范。所以我们这个针对0～3岁婴幼儿的早期教育机构会得到政府的大力支持，前景光明。

4.5 行业分析

早期教育行业正在被越来越多的家庭所关注，社会竞争日益激烈，社会就业压力不断增大，____%的家长承认自己煞费苦心却仍对如何教育婴幼儿找不到正确方向。由于家庭收入的增长、家长对婴幼儿科学教育意识的觉醒、现有保育和教育机构的空白，每一根属于这个时代的纤维交织成了一个"××"的早期教育市场。

4.6 主要竞争者

社会必然存在着竞争，而我们在早期的创业阶段必须重视竞争。目前，早教市场还不规范，教育质量较低，我公司则不同于此，坚持全方位发展、服务多元化、以质优取胜的经营方针。

××与亲子园的区别：亲子园只是一个为宝宝提供游戏娱乐的场所，××侧重于对婴幼儿早期智力的开发，有一套系统规范的教程和专职教师，为婴幼儿的成长提供帮助。

××与孕婴产品销售机构的区别：孕婴产品销售机构以营养品销售为目的，少量的育婴课程是为了销售产品，很难有专业性；我们是以课程为主，能促进婴幼儿能力的均衡发展，达到开发智力、增强自信的目标。

4.7 市场营销因素

市场营销：为公司树立一个良好的公众形象。了解顾客的需求，了解我们的竞争对手，通过宣传广告等手段使消费者了解到××所带来的好处。

促销：采用此手段会使顾客更愿意光顾中心，并多次购买附加值高的产品。

广告：这是市场营销的一个重要环节，利用各种媒体进行宣传。

第五章　战略及实施概要

5.1 竞争优势

我公司的优势在于：以二级城市的消费水平为依托，以低价格吸引顾客，然后以高品质的教育得到更多家长的认可，这样让家长互相介绍，带来更多的客户，使我们的品牌在家长圈中得到广泛认可。项目进行资源的多元化整合，在主体产品上进行多元化经营，同时具有时尚健康的理念，可以服务高端客户，有创造高盈利点的服务项目，同时为高端产品的开发积累客户资源。这样此项目就具备了可长期开发的潜质，具有了独特性，一个点最后能演化成一个产业链的经营规模。

5.2 营销战略理念传播

作为早教产业，应利用各种媒体传播手段来宣传自己。主要手段有：参与社区活动；选择有影响力的杂志定期推出相关理念报道；不定期联合电视媒体推出合作栏目；利用网站加以宣传。

（1）建立口碑。教育产品的一个重要的特色就是建立口碑，因为我们顾客对质量的追求是无止境的，所以我们必须保证我们的服务质量。当我们的顾客满足时，必将忠于我公司。

（2）形象推广。作为早教品牌，应有自己良好的形象，把更加有亲和力的、可信赖的印象留给家长。

5.3 网站推销

网络在当今社会已经是不可缺少的沟通工具，所以我们精心建设我们的网站，以期在营销方面取得快速发展。

请登录公司网站进行了解。网址：www.××××.com

第六章 管理概要

初期，我们××早教中心会在短期形成一支团结的管理团队。作为早教中心的创始团队，我们会不断强化早教管理并且逐渐提升运营效率，积累运营经验，以便在短期内，早教中心就可以较快地步入正轨。创造品牌化的培训机构一直是我们追求的目标，我们会在初期就拟定好较完善的管理手册，以便用来帮助我们更好地管理我们的早期教育中心。

6.1 用人原则

（1）中心目的。我们认为，要想使得早教中心在同行业中迅速发展，成为行业中的优秀培训机构，就要拥有大量人才。我们愿意选择那些有爱心、诚实、具备很强工作能力或领导能力且上进心强烈的人，所以我们以用心招聘、轻松管理为原则建立完善的招聘体系和用人标准。

（2）核心原则。选择优秀人才为我早教中心所用，和创办人一起共同创建强有力的业绩文化；我们会为早教中心的每位幼儿老师及员工提供自我展示的舞台；建立内部提升机制来提高员工的能力和工作表现；建立评估制度，通过相关程序来评估，促进老师和员工的工作积极性。

6.2 员工招聘和选择策略、用人标准

主要考察：是否富有爱心、诚实敬业程度、授课特色、沟通能力、学习能力、团队合作、顾客服务、专业技能、组织协调能力。

6.3 组织结构

本公司初期将设有一个中心主任，一个前台接待，两位授课老师。

6.4 运营体系发展阶梯

首先，进行市场分析，这里包括：同行业的竞争力分析，具体的利润分析，辅导中心的地理位置、室内装修、设备购买情况分析，初期的财务预算等。同时，也从这些相关信息来判断我们创业规划的可行性。其次，投资购买硬件设施以及配备师资力量。再次，广告宣传，以便我们增加招生人数。然后，早教中心经过一段时间，有盈利后，我们要开设新的项目（这时会向大型早教中心公司加盟的方向去考虑），让老师去优秀的早教中心参加培训，增加教师的数量，扩大辅导中心的场地，加大宣传力度等。要让宝宝在我们的早教中心得到快乐的启蒙教育，我们宣扬"如果你爱婴幼儿，就陪他玩"。

6.5 职业发展阶梯

××早教中心提供的不仅仅是一份工作，更重要的是帮助员工建立和成就一份事业。××早教中心设有技能和管理等职业体系，每个体系内含有不同的职业阶梯，员工可以在公司内部不同的职业领域和体系中，找到一个挑战自我的天地。××早教中心通过职业的发展体系，帮助员工建立职业发展规划，实现事业的目标。

第七章　如何增加营业额

7.1 第一等级：顾客服务

（1）关心顾客。当顾客走进早教中心大门时，我们会让其感到我们的真诚，我们主要针对的是婴幼儿的父母。

（2）等候区的温馨。前台迎宾接待的热情招呼，整齐有序的报纸杂志，足够舒适的座位，饮水机等方便设备，充足的照明和适宜的温度，同时保证中心主任的公关作用，减少客户投诉。

7.2 第二等级：执行和推广促销活动

促销是我们提供给客户的购买诱因，刺激顾客的需求欲望，我们要用偏低的价格吸引顾客；同时还伴随着顾客的直接购买行为的发生，促使营业额增加。

7.3 第三等级：了解商圈

没有任何商圈完全一样，主要目的是了解顾客的需求和期望，以指导我们的市场营销活动。

7.4 第四等级：增加营业额的基本工作

（1）参观中心。我们致力于建设自身有特色的顾客接触价值，用创造性的服务来吸引顾客，使其感受到我们××早教中心的优质服务。

（2）公关计划。婴幼儿早期教育是一个需要大量时间的项目，我们会根据当地习惯来调整我们的产品公关计划，做出一个长久的公关推广策略。

第八章　融资方案与回报（略）

第九章　风险及对策（略）

结束语

我们确立了低价、质优的办学优势，当然资金与经验方面还有诸多不足，但是我们会用我们的热忱积极地改进，为婴幼儿和我们创造一个美好和谐的明天。

第三节

场所设计与装修

早教机构的环境是非常重要的，早教机构场所设计更要遵循现代科学理念。店面的装修是早教中心的门面和形象，也是保证早教中心正常经营和孩子安全的重要环节，必须要给予足够的重视。

一、设计规划的总原则

早教机构的设计规划以孩子和家长为最终使用对象，是以满足孩子和家长的使用习惯和学习要求为原则进行的，要保障安全、无污染、无噪声，适合孩子活动。在效果上要尽量给人以安全、可爱、温馨、童趣、简洁、富有亲和力的整体感觉。在总平面设计上要统筹规划、合理利用空间，对不同功能区进行有效区划，做到功能合理、方便管理、朝向适宜、游戏场地日照充足，创造符合婴幼儿生理、心理特点的环境空间。具体来说，应遵循图1-7所示的原则。

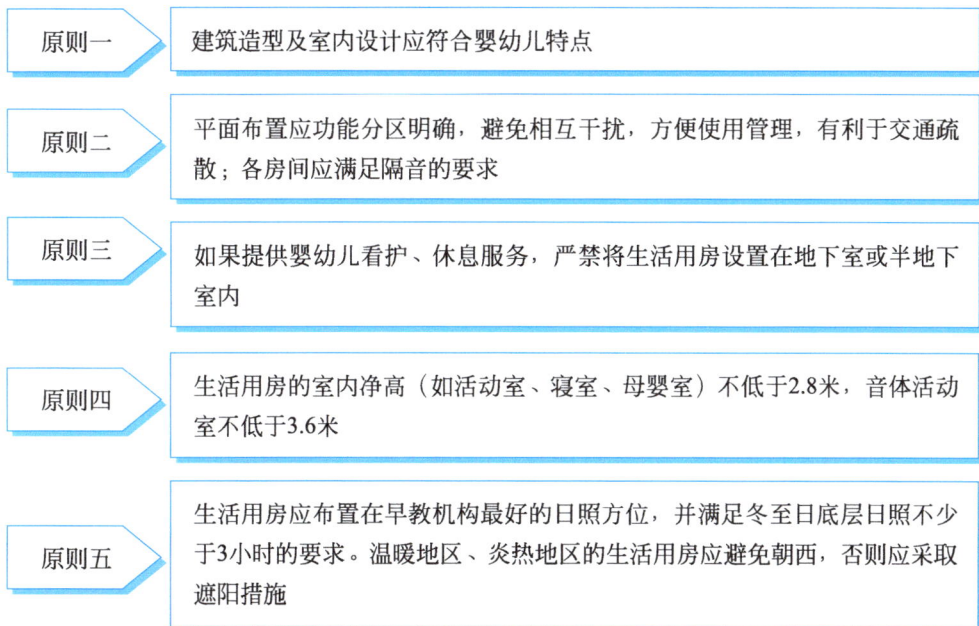

原则一	建筑造型及室内设计应符合婴幼儿特点
原则二	平面布置应功能分区明确，避免相互干扰，方便使用管理，有利于交通疏散；各房间应满足隔音的要求
原则三	如果提供婴幼儿看护、休息服务，严禁将生活用房设置在地下室或半地下室内
原则四	生活用房的室内净高（如活动室、寝室、母婴室）不低于2.8米，音体活动室不低于3.6米
原则五	生活用房应布置在早教机构最好的日照方位，并满足冬至日底层日照不少于3小时的要求。温暖地区、炎热地区的生活用房应避免朝西，否则应采取遮阳措施

图1-7 早教机构的设计原则

二、门面形象设计

门面是留给家长和孩子的第一印象，在一定程度上会影响顾客的去留和消费，所以在装修风格上要彰显出品牌的独特性和亲和力，力求突出品牌，达到醒目、难忘、亲切的目的。大门最好用钢化玻璃。

在设计的时候，可以多换位思考，考虑一下自己平时在逛商场的时候更愿意进什么样的店，更喜欢什么样的设计；相反，为什么会不喜欢某些店面和设计。这样再结合企业的目标顾客群的定位来思考，将会对早教机构的设计装潢有所启发和帮助。

三、大厅功能分区与布局

早教机构大厅的功能及布置主要可以分为以下几类。

1. 休息区

设置供家长饮用的咖啡、果汁、纯净水等，宝宝食用的果汁、牛奶等。还要设置微波炉、冰箱、沙发等用具。

另外，要增加阅读功能区，提供家长育儿用书、家庭理财用书、休闲用书等轻松易读的书籍，以及公司的宣传资料。有条件的话，还可以提供电脑及上网条件。

2. 玩具墙或专柜

出售各种玩具。

3. 宝宝游乐区

提供各种大中型玩具等设施。会员可以不限时免费玩耍，非会员限时交费玩耍。

4. 前台

对于早教机构来说，应该设计出完美实用型前台。

（1）可在前台的旁边放置公司的宣传易拉宝，让家长很直观地就能了解早教机构的一些信息。

（2）可将前台的后背墙设计成品牌形象墙，放上早教机构的标志和名称。

（3）如果有条件的话，可在前台的另一面墙上做一个教具展示架。一方面可展示早教加盟中心的教具，另一方面可让家长在咨询问题的时候将教具拿下来给孩子玩耍，家长也能有了解更多相关情况的时间，前台借此机会才能更好地宣传早教机构的信息。

5. 接待室

如果空间足够大，可以在大厅隔出一个接待室，方便员工与家长、孩子进行沟通。

接待室和前台一般是连在一块的，主要放置一些符合家长和孩子需要的多功能沙发，配备一些教具和玩具。这些配置是非常必要的，它可以有效吸引孩子的注意力，帮助孩子安静下来，不打扰家长，从而让营销人员与家长进行有效沟通。这里还可以准备一些可以让家长拿走参考的资料、宣传册，张贴一些公司的宣传资料、课程安排表、关于孩子成长发育相关知识的图表等。

小提示：

接待室面积最好在12平方米以上，室内地面要适合孩子爬、坐、玩。

四、室内设计要求

1. 室内装饰

（1）室内装饰不要太花哨，颜色不宜太多，那样会影响孩子上课时的注意力。当然，简单的装饰还是有必要的，比如宝贝作品栏、奖励栏、照片栏等的设置就要做到恰到好处，如图1-8所示。

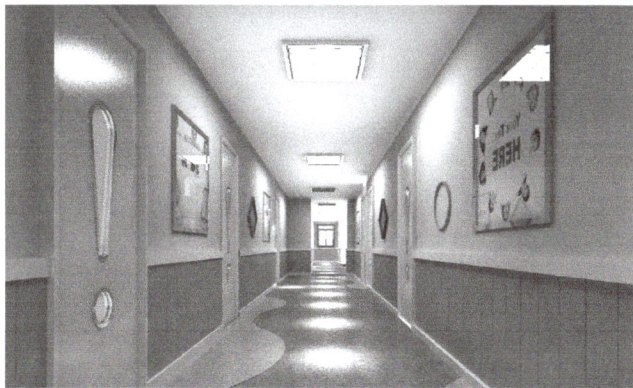

图1-8　早教机构室内装饰效果图

（2）前台、接待室、走廊、老师办公室的装饰是非常有必要的，教室物品要摆放整齐，地面要平整、清洁。

（3）室内可种植体积小、易存活的植物，来改善室内空气，点缀室内环境，但植物的摆放一定要避开孩子能碰到的地方。

2. 灯光

灯光是烘托氛围的一个重要元素，早教机构的灯光一定要暖色的灯光，前台主要用一些射灯，接待室可以是吊灯，走廊、教室、老师办公室可以用普通的照明灯管（或格栅灯）。需注意的是，亮度太亮或太暗，都会对孩子的眼睛不好。具体如图1-9所示。

图1-9　早教机构灯光装修效果图

3. 教室门窗

（1）门不能是透明的，否则孩子上课的时候就会因为外面的情况干扰他们的注意力。相对来说，木质门的安全系数要比透明的玻璃门高很多。门的棱角和转折的地方一定要用软材料进行保护，门的上面要贴上"亲子教室"的名字。

（2）窗户一定要让孩子能够看到户外，通风效果要好。安全保护措施必须要做，保护栏、安全网一定要安装。窗户上一定要有窗帘，这对调节室内光线是非常重要的。

4. 教具柜

教具柜的尺寸要完全符合孩子身高，并且具有易清洗、擦拭的特性。教具柜的前面一定要有布帘，在孩子不上课的时候用布帘遮上，可以保持教具的卫生；在上课的时候将其收起，孩子按照顺序取教具，玩完后再放回原来的地方。

5. 教室地面

早教机构的教室地面，最好是在地面上做一层地毯式的软垫，然后在上面用光滑的地板革铺上，如图1-10所示。这样的地面既适合孩子在上面游戏学习，又好清理。其次是木地板，地板虽适合孩子在上面爬、坐、玩，但是地板的硬度比较大，对孩子那细嫩的皮肤容易产生摩擦伤害。另外，也可以选择成块的软垫，还有方形的泡沫软垫，但软垫式地面对一些需要弹性的教具的使用不是太理想，而且泡沫软垫也不适合孩子在上面跑、跳、玩。

图1-10　早教机构教室地面装修效果图

潮湿地方的地面要经过严格的除潮处理，教室地面一定要处理好，做到不滑、不涩。地热式供热的教室是最好的，因为孩子有很多时间是在地面上玩耍、学习。如果是立式供暖，外部一定要用保护层与外面隔离，教室内1米高度以下全部用软垫保护起来，这样可以给孩子更好的保护。

6. 电源

电源开关、插口高度要高过孩子身高，或进行有效遮挡，电线处理一定要隐蔽，绝不能让孩子接触到，应杜绝任何的安全隐患。

7. 楼梯

如果选择在楼房里办早教机构的话，楼梯和楼道的保护措施一定要做好。楼梯的扶手最好用光滑的保护层包裹，最好使用卡通装饰图案；楼梯蹬上做有卡通的指示标记，来烘托幼儿世界的氛围；扶手和台阶的棱角地方要有软的泡沫包裹，以免对家长和孩子造成危害。总之，一切都做到个性化、人性化。

五、功能室设置

早教机构的功能室主要有以下几种。

1. 教师办公室

教师办公室的大小可根据在职老师的数量来确定，桌椅、办公用品和设备要配备齐全。

2. 母婴室

母婴室是独立为母亲和孩子准备的房间，面积要在15平方米以上，不宜过小或过大。母婴室的房间，窗户应以不透明的磨砂玻璃为宜，门应该有锁。

3. 活动区

活动区面积应在60平方米左右，不应小于50平方米。活动区地面要求与教室相同。周边与行走通道相接处用无靠背沙发隔开，底座带鞋架，为孩子换鞋提供方便。

4. 游泳室和抚触室

游泳室和抚触室面积应在50平方米左右，每间不小于25平方米，或者合在一起。游泳室应当有下水管道，配备浴霸，通风和保暖要做到位。抚触室的床要松软不宜过硬。

5. 测评室

测评室面积在10～15平方米为宜，主要作为教师对孩子最近生长发育做一些系统测试的场所。

6. 仓库

仓库的面积可根据实际情况自行安排，主要是存放一些教具和一些辅助教学器材。

7. 卫生间

卫生间在设计上要遵循以孩子为主导方向，设计要更加人性化。洗手台的设计要根据孩子的一般高度来进行，便器最好选择蹲便，但是台阶不应太高。家长和孩子的便器要分开。最好设立干手设备。

六、设备配置

设备的购置一方面要考虑课程的需要，另一方面要考虑经营管理的需要，包括教学、营销、宣传等。通常早教中心可能会有如下一些设备需求。

1. 大型娱乐设施和玩具

由于这些玩具往往是家中所无法购置或使用的，因此对孩子有着很强的吸引力。但是这类玩具的购置成本较高，一些小型早教机构往往无法承受。尽管如此，早教机构最好还是能够尽量提供一些好玩的、在家里很少能玩得到的玩具。

2. 普通玩具

这类玩具价格低廉、品种丰富，早教机构可以按需配置，并经常更新。在购置过程中要严把玩具质量关，不要一时图便宜购买一些质量不过关的产品，从而对孩子造成伤害。在品种的选择上可以益智类玩具为主，如积木、拼插类玩具等，同时配合一些其他类型的玩具。

3. 相关设备

早教机构还可根据实际需要配备空调、紫外线或臭氧消毒灯、彩电、净水器、录放机、电子琴、电脑等设备。

第四节

开业筹备与试营业

一家新开的早教机构后期运营是否成功，关键在于开业能否一炮而红，赢得家长的喜爱和口碑。"开门红"是所有投资商共同的愿景，想让自己的早教机构在开业之时就能"开门红"，那就要做好万全的准备。

一、竣工验收

装饰装修的竣工验收，一般由投资人亲自完成。验收主要从功能方面、感观方面、细节方面来实施。具体如图1-11所示。

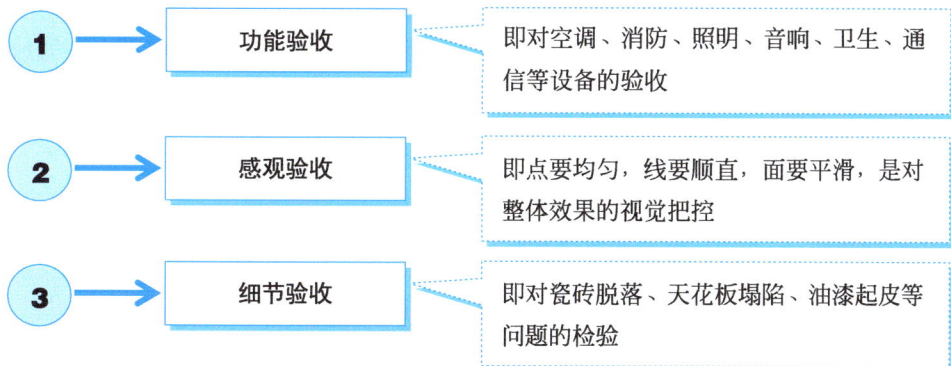

1	功能验收	即对空调、消防、照明、音响、卫生、通信等设备的验收
2	感观验收	即点要均匀，线要顺直，面要平滑，是对整体效果的视觉把控
3	细节验收	即对瓷砖脱落、天花板塌陷、油漆起皮等问题的检验

图1-11 竣工验收应包含的方面

竣工验收，关系到装修的整体效果和耐久性。如果验收时检测出问题，投资人要及时联络施工方进行修整补救。

二、玩教具采购

玩教具主要是指课程实施过程中所需要的道具。好品牌早教机构通常有系统的课程和与之匹配的玩教具，而且会有独立的采购部门为投资人提供玩教具配套服务，不过一般价格比较高。

如果是自创品牌的早教机构，那就要多多比较，可以在网上找厂家或者朋友介绍，总而言之，货比三家不吃亏。装修完毕以后，做完卫生，玩教具就能进场了。玩教具一般在装修期间就能定下来，要提前定好送货日期。

> **小提示：**
>
> 投资人需要根据教室大小、课程大纲，预估出玩教具的种类和数量，然后再采购玩教具，避免采购不适合的玩教具。

三、团队组建

以600～800平方米规模的早教机构为例，团队通常做如下配置：行政人员1～2名，课程顾问4～8名，市场专员2～3名，老师6～8名（老师数量，主要根据学员数量来定，开业初期可设3～4名，运营成熟后可增至6～8名）。

招聘负责人可以通过校园招聘会、网上招聘、媒体广告、内部推荐等途经进行招聘。招聘一般是在装修初期就进行的一项工作，装修完毕，招聘工作也基本要完成。

人员到位后，相应的管理体制及薪酬体系适时公布，对团队成员既要激励，也要约束。

四、相关培训

团队组建完成后，相关培训将提上日程。培训分为内部培训和外部培训。

1. 内部培训

内部培训由早教机构自主安排，主要涉及向新员工介绍早教机构的成立背景、发展历程、组织架构、团队文化以及管理制度等一系列内容。

2. 外部培训

外部培训主要是由加盟品牌主导，早教机构配合完成，内容涵盖图1-12所示的三大方面。

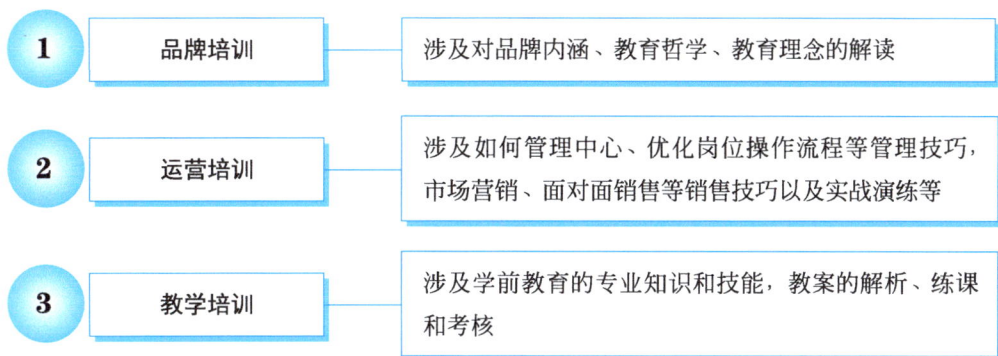

1	品牌培训	涉及对品牌内涵、教育哲学、教育理念的解读
2	运营培训	涉及如何管理中心、优化岗位操作流程等管理技巧，市场营销、面对面销售等销售技巧以及实战演练等
3	教学培训	涉及学前教育的专业知识和技能，教案的解析、练课和考核

图1-12　外部培训的内容

科学全面的课程以及严谨的课程实施，是保持品牌生命力的关键，更是保证早教机构稳定盈利的关键。因此在此培训环节中，教学培训至关重要。

五、试营业

培训后，早教机构可以进行短暂的试营业。试营业是正式营业的前奏，它将为后期经营方针、运营策略的制定提供依据，最大限度地降低开业风险。

为了确保早教机构的开业计划平稳落地，许多品牌会在试营业期间继续为投资商提供培训。

（1）"驻店大使"运营督导将在试营业期间，走到早教机构的队伍中去，发现实际问题并对症下药。

（2）运营督导会从优化岗位操作流程及员工激励政策、分析会员数据、提高转化率等方面为早教机构提供支持。

（3）教学督导则从教姿教态、环境创设、环节创新及互动性和启发性等多个维度，对教学工作进行全面考核和整改。

试营业结束后，开业筹备工作就差"临门一脚"——举行开业大典了。

六、开业大典筹备

开业大典是宣传早教机构的良好时机，可以结合一系列酬宾活动，比如免费试课、报课优惠或者派送礼物等来进行。这样一来可以很好地聚集人气，二来可以彰显自身实力，呈现良好的正面形象。

开业大典，将从图1-13所示的四个方面来筹备。

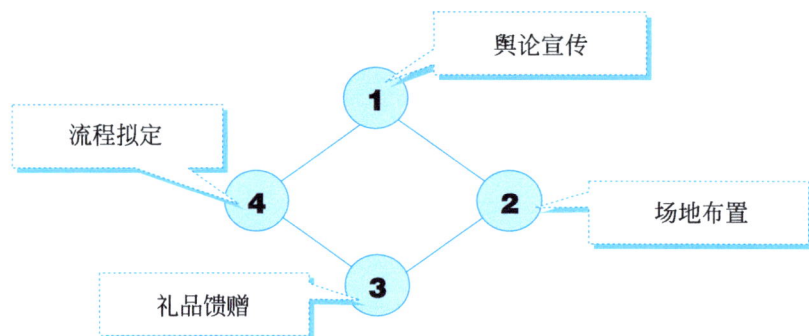

图1-13　开业大典筹备内容

1. 舆论宣传

舆论宣传的常规方式是通过媒体进行集中性的广告宣传，内容以介绍开业大典举行的日期、地点、优惠活动、早教机构信息等为主。

2. 场地布置

开业大典多在开业现场举行，其场地可以是早教机构正门之外的广场，也可以是正门之内的大厅。

开业大典所需的横幅、标语、气球、彩带等装饰物料，视情况进行采购；早教机构的宣传材料、待客的食物饮料等，亦须提前备好；音响、照明设备，以及开业大典举行之时的其他所需用具，必须事先认真进行检查、调试，以防在使用时出现差错。

3. 礼品馈赠

举行开业大典时赠予来宾的礼品，首先要具有宣传性，比如可在礼品或其包装上印上公司的标志、标语等；其次，可视情况选择实用性的或趣味性的礼物，比如印有品牌卡通形象的扇子或气球，成本不高但是受孩子欢迎。

4. 流程拟定

开业大典大多由开场、过程、结局三大基本程序构成。在筹备之时，必须要认真草拟总体的程序，并选定好称职的仪式主持人。

凡事预则立，不预则废。开业筹备是一项庞杂但关键的工作，投资人要把握"任务分解，责任到人"的原则，精心策划，用心筹备，为早教机构的成功打好第一枪。

但是开业不是招生的开始，而是阶段性的招生总结和转化。在机构一旦确定选址之时就要同步启动市场调研，并制定招生策略；在机构装修时，各种招生活动要同步展开，等意向会员储备到100人以上才能做开园活动，这样一个盛大的开园活动，才能很好地实现招生转化。

早教机构
品牌加盟

第2章

导言：

做好了前期策划，接下来就是选择早教品牌了。早教创业一般都是采取加盟的形式，创业者最好选择一个发展稳健的大型连锁品牌，品牌就是最强大的后盾，俗话说背靠大树好乘凉，这也是选择品牌加盟的优势。

分析加盟利弊

加盟一家早教机构的利弊在一定程度上与特许双方所签订的经营协议的条款有关，但影响利弊平衡的核心因素却基本是相同的，因为这些因素都与特许经营所涉及的活动有关。

一、加盟的概念

加盟，意思指参加某一团体或组织，可拓展到商业领域，指商业品牌的代理加盟。加盟就是该企业组织或者说加盟连锁总公司与加盟店二者之间的持续契约的关系。根据契约，总公司必须提供一项独特的商业特权，并加上人员培训、组织结构、经营管理、商品供销等方面的无条件协助，而加盟店也需付出相对的报偿。

二、加盟的形式

加盟的经营形式种类有很多，依出资比例与经营方式大概可以分为自愿加盟、委托加盟与特许加盟。

1. 自愿加盟

自愿加盟是指个别单一商店自愿采用同一品牌的经营方式及负担所有经营费用，这种方式通常是个别经营者（加盟主）交纳一笔固定金额的指导费用（通称加盟费），由总部教导经营的知识再开设店铺，或者经营者原有店铺经过总部指导采用连锁总部规定的经营方式。

通常这样的方式每年还必须交纳固定的加盟费，总部也会派人指导，但也有不收此部分费用者，开设店铺所需费用全由加盟主负担；由于加盟主是自愿加入，总部只收取固定费用给予指导，因此所获盈亏与总部不相干。

此种方式的优缺点如图2-1所示。

| 优点 | 加盟主可以获得全部的利润而不需与总部分享，也无百分之百的义务听从总部的指示 |
| 缺点 | 总部因此可以不负责任，往往指导也较松散，此外加盟店的经营品质也不容易受到控制 |

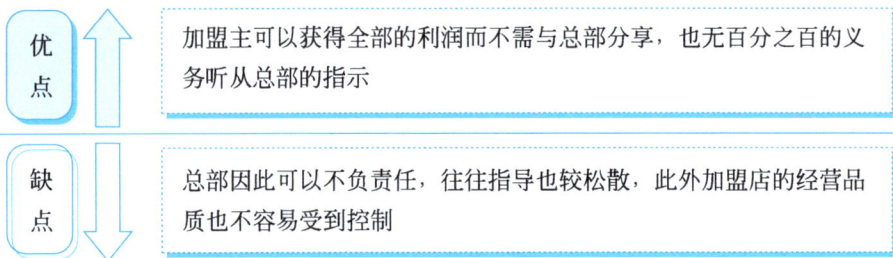

图2-1　自愿加盟的优缺点

2. 委托加盟

委托加盟与自愿加盟相反，加盟主加入时只需支付一定费用，经营店面设备器材与经营技术皆由总部提供，因此店铺的所有权属于总部，加盟主只拥有经营管理的权利，利润必须与总部分享，也必须百分之百地听从总部指示。

委托加盟方式的优缺点如图2-2所示。

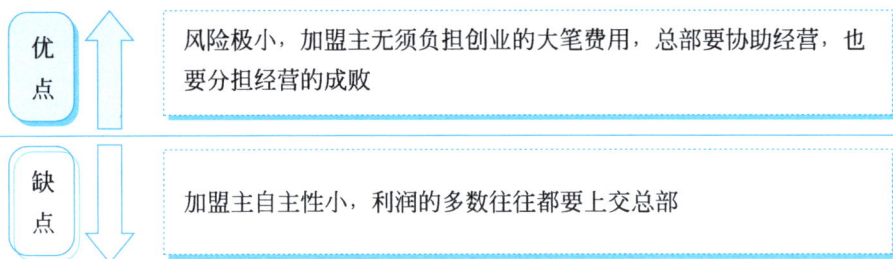

| 优点 | 风险极小，加盟主无须负担创业的大笔费用，总部要协助经营，也要分担经营的成败 |
| 缺点 | 加盟主自主性小，利润的多数往往都要上交总部 |

图2-2　委托加盟的优缺点

3. 特许加盟

特许加盟是特许人与受许人（也称被特许人）之间的一种契约关系。根据契约，特许人向受许人提供一种独特的商业经营特许权，并给予人员训练、组织结构、经营管理、商品采购等方面的指导和帮助，受许人向特许人支付相应的费用。通俗讲特许经营是特许方拓展业务、销售商品和服务的一种营业模式。

特许加盟介于上述两方式之间，通常加盟主与总部要共同分担设立店铺的费用，其中店铺的租金装潢多由加盟主负责，生产设备由总部负责。此种方式加盟主也需与总部分享利润，总部对加盟主也拥有控制权，但因加盟主也出了相当的费用，因此利润较高，对于店铺的形式也有部分的建议与决定权力。

🔷 **相关链接：**

《商业特许经营管理条例》节选

第一条

为规范商业特许经营活动，促进商业特许经营健康、有序发展，维护市场秩序，制定本条例。

第二条

在中华人民共和国境内从事商业特许经营活动，应当遵守本条例。

第三条

本条例所称商业特许经营（以下简称特许经营），是指拥有注册商标、企业标志、专利、专有技术等经营资源的企业（以下称特许人），以合同形式将其拥有的经营资源许可其他经营者（以下称被特许人）使用，被特许人按照合同约定在统一的经营模式下开展经营，并向特许人支付特许经营费用的经营活动。企业以外的其他单位和个人不得作为特许人从事特许经营活动。

第四条

从事特许经营活动，应当遵循自愿、公平、诚实信用的原则。

......

第七条

特许人从事特许经营活动应当拥有成熟的经营模式，并具备为被特许人持续提供经营指导、技术支持和业务培训等服务的能力。

特许人从事特许经营活动应当拥有至少2个直营店，并且经营时间超过1年。

三、加盟的有利方面

创业者在决定将自己的时间与金钱投入到一个早教机构特许经营机会之中时，必须了解成为一个加盟者所能够享有的一些好处，以下内容可帮助创业者理解特许经营的有利方面从而做出正确的决定。作为一个加盟商将获得图2-3所示好处。

1. 迅速进入行业

这种经营模式或产品已经被市场检验过，并证明是成功的。因此，可以避免经营初期很多的棘手问题，而且特许的项目一般是公众耳熟能详的，在供应商那里也具有一定的信誉。

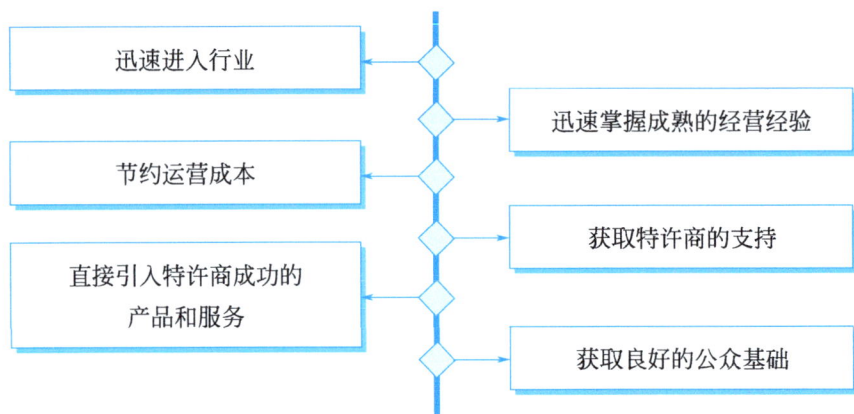

图2-3　加盟的好处

2. 迅速掌握成熟的经营经验

新加盟商将会接受总部技术支持，通常包括选址、店面布局与设计、店面整改、库存采购和控制、设施与装备的购买或租赁、人员培训、营运手册等。尤其是加盟商还可以直接从总部那里获得许多帮助，有些特许商甚至还会派专业人员帮助加盟商解决加盟店在开业之初和经营过程中出现的任何问题及开设新的特许业务等。加盟商可以立即得到总部的管理技巧、经营诀窍和业务知识方面的培训，有些培训是在特许商样板店现场进行的，这些培训包括管理、服务、质量等方面。而这些经验是总部经过多年实践，已被证明是行之有效的，并形成了一套规范化的管理系统，加盟商照搬这些标准化的经营管理方式，极易获得成功。

3. 节约运营成本

（1）加盟商能够通过正式或非正式的渠道从整个经营过程的网络中得到信息反馈，并有助于同其他加盟商进行切磋；按照统一的建筑设计方案进行经营场所的规划可以节省内部装修的设计费用，如果特许商有详细的规划说明，甚至能完全省掉这笔支出。

（2）特许经营公司不需非特许公司那么多的库存，加盟商可以较少的经营资本启动业务。

（3）特许商为加盟商提供库存量与再次订货时间方面的知识与经验，能够极大地降低存货过长、易腐败品的浪费或毁坏以及需求量小的非盈利库存的风险。

（4）新的加盟商能够得到一些信贷、现金或特许商存货、特许商财政资源等形式的财政支持。

4. 获取特许商的支持

（1）在业务启动初期将得到特许商最直接、最密切的协助。

（2）在生产和管理方面将得到特许商定期的培训。

（3）在营运手册中提供了一套标准化的管理、会计、销售及库存控制方法。

（4）通过与特许商协商，可以制定出更好的条款集中管理。

5. 直接引入特许商成功的产品和服务

通常，特许企业所提供的产品和服务都是经历了市场检验被证明是成功的。加盟商以此为起点，比较容易获得顾客的信任，从而有效降低开拓新市场的难度。另外，好的总部为了提高整个特许企业的声誉，会不断开发具有独创性、高附加值的商品，以产品差别化来领先竞争对手，加盟商可以坐享其成，无需自己去开发，这些对于一个初涉商界的投资者来说是很有吸引力的。

6. 获取良好的公众基础

产品或服务可以得到特许商广告宣传的直接支持，也能够通过特许商所有的经营场所形成的一致形象和标识得到间接的促销。

四、加盟的不利方面

尽管特许经营有许多益处，并为加盟者提供了更好的成功机会，但创业者也应清楚，并非每个特许经营机会都能确保加盟者成功。所以，有必要了解特许经营对加盟者的弊端。加盟商在特许经营关系中可能存在以下一些不利因素，具体如图2-4所示。

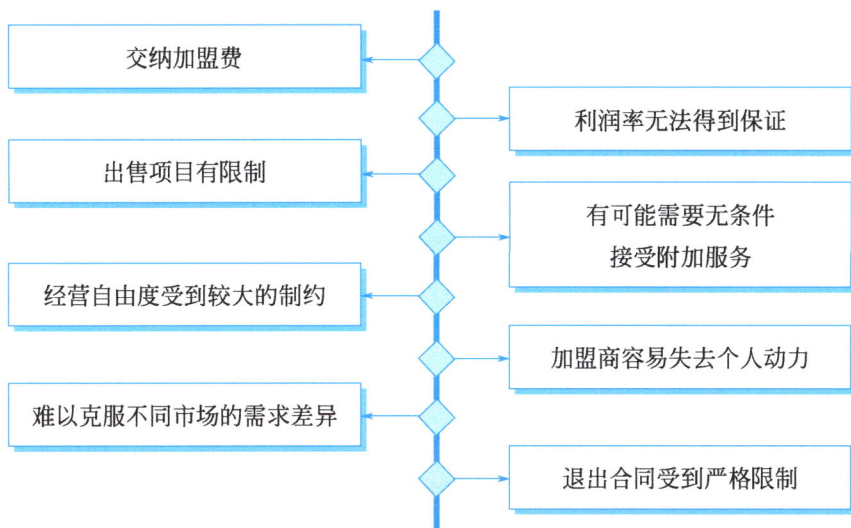

图2-4　加盟的不利方面

1. 交纳加盟费

通常加盟商必须按毛营业额利润付给特许商加盟费（有时又称作管理费），然而，当特许商没有尽职或加盟商认为其没有尽职时，加盟费便会成为双方激烈争论的焦点问题。

2. 利润率无法得到保证

加盟商高的营业额并非一定意味着高的利润，如果特许商的收入全部或部分依赖于加盟商的营业额，那么，特许商可能会不惜牺牲加盟商的利润率来获取这部分收入。

3. 出售项目有限制

即使加盟商在很多方面都具有独立经营的能力，但并不能完全自由地出售特许经营的项目，出售必须得到特许商的同意，特许商有权审查购买者并将所有调查研究的成本转加给现有的加盟商。

4. 有可能需要无条件接受附加服务

加盟商在向特许商交纳一定数额的加盟费的同时，还有义务购买其所提供的服务，而特许商对这些产品或服务所提出的报价却可能没有任何折扣。

5. 经营自由度受到较大的制约

特许商针对加盟商设置了各种各样的控制方法并规定了多项义务以确保加盟商维护特许商的形象，而加盟商对此提出异议的余地却很小。如果特许商的产品或服务失去了公众的信任，则必定殃及加盟商的利益，而且加盟商对这种情况是无能为力的。

6. 加盟商容易失去个人动力

由于加盟商处处服从特许商领导，长此以往则会使自己变得过分依赖总部，从而失去个人动力，而个人动力对于企业的成功是十分必要的。有些加盟商会因依赖而失去洞察力，加盟商错误地以为总部有责任事事关心加盟店，担保加盟商拥有大批顾客，并提供日常服务，这些想法有碍于特许事业的发展。

7. 难以克服不同市场的需求差异

一般来说，加盟商只能照特许商制定的程序来做，想临时改变一些商品的售价或一些经营策略都很难。而且，加盟店所有的商品、设备、原料、加工品都是由总部分配，长期提供同一种商品和服务，可能会对顾客渐渐失去吸引力。

特许商为了在市场上保持竞争力，在经营策略上也会尽量追上时代潮流，不断改进，但由于整个企业规模较大，一切改进措施经设想、计划到实施，总要一段时间来有条不紊地进行。而且，特许商往往从全局出发，不会只顾及某个加盟店的具体情况，因此，在各个市场的加盟店就可能面临不能更换当地市场难以畅销的商品，使经营陷入困境。

8. 退出合同受到严格限制

加盟商与特许商签订合同后，在合同期限内，必须按章办事，不能有其他选择。如果在这一期间经营不太理想，或因其他原因想中途中止合同，一般总部出于自身利益考虑不会轻易同意；若加盟商执意坚持，就只能通过法律程序解决。

如果加盟商想将生意转卖给第三者，或者迁移他地，也必须经过总部的批准，尽管该店土地和建筑物等都归加盟商所有。即使在合同终止后，如果是从事类似的商业活动，仍然会有若干的限制。

第二节

了解加盟规则

万事都有自己的规则，特许经营也不例外，要想在特许经营中取得成功，就必须知道它的一些基本规则。作为加盟商除了要熟知自己应遵守的规则外，还要了解特许商遵守的一些规则。

一、熟知加盟商的规则

以下所列举的各个事项，作为加盟商必须了解并且执行，只有这样才可能提高自己成为成功的加盟商的可能性。

1. 调查

加盟商必须进行调查。加盟商可以向特许商提出任何想问的问题，但是特许商并不一定对任何问题都会做出回答。

2. 与其他加盟商交谈

应同那些极其成功和不怎么成功的加盟商进行交谈，且应当设法同5～10个希望加盟的其他加盟商进行交谈。在进行询问时，需要问及下面的这些问题。

（1）加盟商的平均利润率是多少？

（2）加盟店的开办费是多少？

（3）加盟店同特许商的关系是良好的还是令人不快的？

（4）运营的实力怎样？

（5）特许商信守诺言吗？

（6）培训的力度如何？

（7）投资者拥有一块独占区吗？

（8）营销计划的力度如何？

（9）广告计划的力度如何？

（10）团队的支持力度如何？

3. 同特许商交谈

作为潜在的加盟商，向特许商提出所有想要提出的问题是非常重要的。在交谈的过程，应当提及以下问题。

（1）所需支付的费用是多少？加盟费、权益金、广告费用、其他费用分别是多少？

（2）总投资需多少？

（3）有什么样的培训计划？（时间和地点）

（4）是否有独占区？

（5）续约/终止权利如何？

（6）协议的有效年限多长？（5年、10年、20年）

（7）特许商有何限定条件？（加盟商被限定只能销售所提供的产品或者服务，还是加盟商可以销售一些自己的产品或者服务）

（8）有无营销计划？

（9）有无广告计划？每月或每年的计划如何？整个地区或全国的计划如何？

（10）特许商的团队实力如何？（是否提供大量的支持）

（11）产品或者服务的价值如何？

（12）商标的价值如何？

（13）培训的价值如何？

（14）在加盟商营运三四年之后，特许商还将为加盟商提供哪些后续价值？

4. 确定自己能够投入加盟店的资金额

加盟商必须意识到要用手头上的现金支付所有的加盟费。绝大多数特许商要求加盟商必须有足够的现金来支付加盟费以及特许加盟店投资总额的25%～50%不等。投资的余额既可以从朋友或者银行那里借款得到，也可以向专门为加盟商提供贷款的金融公司借款。

5. 获取一份特许经营招募文件

一般来说，特许商应向加盟商提供一份特许经营招募的文件，而且特许商向潜在加盟商提供文件的时间至少应比潜在加盟商履行与特许经营有关的任何合同文件或者支付任何与之相关的款项（无论是签字还是支付加盟费）的时间提前10个工作日。作为潜在的加盟商必须要获取这样一份文件，以对特许商做全面了解。

相关链接：

特许经营适合性检查

在此，列举了一些问题供潜在加盟商进行自我评估，并且用以考评作为加盟商对独立经营的适应程度。请在决定加盟特许经营前仔细考虑这些问题。

特许经营适合性检查表

	项目	是	否
金融方面	（1）你和你的配偶以及其他有见识的家庭成员讨论过你加盟特许经营的想法吗		
	（2）你得到一致同意吗		
	（3）你拥有购买一个特许经营所需要的资金吗（如果没有，你打算从什么地方获得这笔资金）		
	（4）为了经营这个特许经营，你和你的配偶做好了在金钱、时间方面必要牺牲的准备了吗		
	（5）你是否权衡出拥有自己事业所带来的可能的财富与成就感与经营公司可能产生的损失相比哪个更重要		
	（6）你是否做出了一份详尽的书面资产负债表与现金流计划		
	（7）在支付了特许经营的运营费用之后你的现有储蓄能满足你一年的需求，以便你有一年的时间来收回投资吗		
	（8）你是否有其他的融资渠道，包括可能会在你的启动资金不足时从你的朋友或亲戚那里借到钱		
	（9）你是否知道，包括特许经营在内的大多数新生意，通常在开业后的至少一年时间内不能收回投资		
	（10）在特许经营刚开始处于非盈利阶段，你们中的某一位会一直坚守现在的岗位吗		

	项目	是	否
个人方面	（1）你和你的配偶身体状况能够应付在经营管理中引起的精神上与身体上的疲劳吗		
	（2）你的家庭成员，特别是婴幼儿，会因你忙于自己的事业而要若干年的时间不能团聚吗		
	（3）你准备好以放弃某些行为的独立性为代价以换取特许经营所带来的好处吗		
	（4）你确定已仔细考虑过你要经营的特许经营或当地生意并得出你将乐于经营它许多年甚至直到退休吗		
	（5）你和你的配偶目前的健康状况好吗		
	（6）你和你的配偶乐于和别人一起工作吗		
	（7）你有足够的能力与经验使工作顺利并能给你的特许商、员工和顾客带来利益吗		
	（8）你问过你的朋友与亲戚对于你在情感、智力及身体等方面是否适合自己经营生意的意见吗		
	（9）如果你丧失了能力，你有能够并且愿意继续经营这个生意的继承人吗		
	（10）如果特许经营或新生意并不在你目前的住所附近，你意识到在生意成功之前卖掉自己现有房产而购买离生意近的房产将可能产生的不利情况吗		
生意方面	（1）你和你的配偶有过相关的商业经验吗		
	（2）在购买这项生意之前，你或你的配偶愿意受雇于此类生意吗		
	（3）你对计划进入的行业进行过独立研究吗		
	（4）如果你选择了特许经营，你研究过你的潜在特许商的背景与经验吗		
	（5）你是否确定你将要提供的产品或服务的价格在你的目标销售区域有市场竞争力，今后五年内该产品服务的市场将会怎样		
	（6）你知道目标服务区域内已经有哪些竞争对手吗		
	（7）你是否知道来自以特许经营方式的竞争有哪些		
	（8）你是否知道来自非特许经营方式的竞争有哪些		
其他因素	（1）你认识或知道经验丰富的特许经营律师吗		
	（2）你认识或知道经验丰富、具有商业头脑的会计师吗		
	（3）你为所选择的生意制订好商业计划了吗		

二、了解特许商的规则

加盟商还应该了解特许商应当遵循的规则，这可以使加盟商清楚特许商能够做什么与不能够做什么。特许商需要遵守的条款中会主要包含下面这些内容。

1. 收益说明

特许商应正确提供收益说明，收益说明一般包含销售收入水平，并附有一定比例的超过或者低于所规定水平的加盟商名单。例如，如果肯德基的加盟商的平均销售收入是160万美元，那么通常会附有如50%这样比例的超过该水平的加盟商的名单。

2. 定价

特许经营并不允许特许商确定加盟商向最终顾客收取的价格。特许商可以就加盟商应收取的价格提供建议，但是由加盟商做出最终的决定。

3. 网络提供

由于网络的快速发展，很多特许商已经且将继续使用网络来向潜在加盟商提供关于其他特许经营体系的信息。这些并不被看作是在进行特许经营销售。绝大多数特许商都在其网络上公布了一些声明，所以网络是获取特许经营信息的最佳渠道。

4. 培训计划

任何特许经营体系的最大优势（或者劣势）都在于其所提供的培训计划。特许商应为加盟商开发并准备最好的培训计划。

5. 财务制度

很多特许商都要求加盟商使用自己的财务制度。通常，特许商将会至少考查三个特定的项目，具体则视企业而定。

（1）每天或者每周的总销售额。

（2）每天或者每周的劳动力成本。

（3）每天或者每周的售出商品成本。

6. 选址

一般来说，加盟商选择场所，而特许商将批准这个场所。但是，对特许商来说，重要的是确保新加入特许经营体系的特许加盟店不会侵犯体系中已经存在的特许加盟店的市场。

7. 强行终止

在某些情况下，特许商将会因现有的加盟商没有履行或者没支付费用而强行终止与该加盟商的关系。特许商应告知强行终止的条款要求。

8. 营运手册

所有的营运手册都是特许商的财产并且仅仅在特许经营合同期间租借给加盟商。复印或者转载营运手册的任何部分都是违法的。如果没有对特许经营合同进行续约，那么加盟商在特许经营合同终止的时候应当将营运手册归还给特许商。

9. 续约

除了进行非法活动、没能力支付费用，以及有与加盟商身份不相适应的行为，特许经营合同都可以延期。除非加盟商不希望对特许经营合同进行延期，否则绝大多数特许商都会为其加盟商提供特许经营合同的自动延期，但必须签订新特许经营合同。通常，这份合同不同于续约前签订的原始合同。加盟商可能还需要交纳一笔续约费，另外，权益金、广告费与原始的特许经营合同相比，数量会有所增加。

10. 独占区

一般来说，特许商不提供独占区，但是加盟商可以为开办两家或者更多家的特许加盟店取得一份地区发展协议，这份协议将授予加盟商在特定时间内——一般来说为3～5年，拥有某个城市、县城或者几个县城的独占权。

若有意做特许经营，就必须学习和遵守其中的规则。当然，作为潜在加盟商，在了解特许经营体系的所有规则之前，还需要从特许商和现有加盟商那里获取一些额外的信息。

下面提供一份某早教机构加盟项目详细资料的范本，仅供参考。

范本 ▶▶▶

××早教机构加盟项目详细资料

一、服务对象

想创业、投资加盟早教的幼儿园、教育机构与个人。

二、项目目的

开办亲子园、早教中心、幼儿园亲子班、加盟早教。

××早教机构加盟/早教中心加盟项目致力于为想要创办亲子园、加盟开办早教中心的个人或单位提供全套硬软件支持与全程服务的教育加盟项目，也适合幼儿园开办亲子班或园中园。本项目是××早教机构最成熟的、最受信赖的教育加盟品牌，它分为产品体系、支持体系和服务体系。

三、产品体系

（一）课程分三类

（1）0～3岁全套亲子系列课程（亲子瑜伽课、多元启智课、个性化一对一全套课）。

（2）2～3岁婴幼衔接的半日托班课程。

（3）3～6岁特色课程。

（二）教具分四类

亲子园教具、蒙氏教具、感觉统合教具、奥尔夫音乐教具，其中各类教具又分为园所型与家庭装。

四、支持体系

支持体系包括园所选址与规划支持、师资提供与培训支持、专家讲座与授课支持、开业策划与实施支持、市场策划与招生宣传支持、品牌经营与管理支持、风险控制支持、文化建设支持、发展规划支持等九方面。

五、服务体系

服务体系包括园所选址与规划服务、装修建议与审核服务、人员招聘与培训指导服务、课程设置指导服务、招生策划与广告宣传指导服务、网站建设与网络宣传服务、师资力量支持服务、专家讲座与咨询服务、课程销售指导服务、示范授课与教学督导服务、客户维护指导服务、经营管理督导服务、资源管理与风险控制指导服务、企业文化与人才建设指导服务、企业发展规划与品牌运作指导服务15大内容。

六、加盟优势——选择加盟××早教机构亲子园的10大理由

（1）品牌力量优势：信誉度最高。

××早教机构一向坚持低调、扎实的作风，连续三次获评我国最受信赖的教育品牌，也是百度搜索率最高的早教品牌，日均搜索量达××××××条；也是我国早教加盟园（非直营）最多的早教品牌，加盟早教中心达×××家。

（2）专家团队优势：最权威。

××早教机构拥有亲子教育、蒙氏教育、奥尔夫教育、感觉统合教育、思维训练教育、幼儿心理教育等领域的专家学者200多名，其中包括_____
_____等。

（3）教学体系优势：最科学。

××早教机构倡导身心全面、和谐发展，让婴幼儿在精细动作、大动作、语言、生活习惯、认知五大领域与情感、意志、注意、人格、精神五方面融合发展；主张将早期教育由封闭型转向开放型，强调园所教育对亲子的双向引导，家庭教育对亲子的全向培育，社会教育对婴幼儿的多向引导，自然教育对婴幼儿的全面交融。

（4）课程体系优势：最全面。

课程体系是对教学体系的贯彻。××早教机构亲子园早教课程通过对身体素质教育、情感教育、人格教育、智力教育、知识教育、能力教育、精神教育的吸纳，通过对蒙氏教育、奥尔夫教育、感觉统合教育等的包容，被公认为是体系最全面、最科学的课程。

（5）教材教案优势：更规范、更易操作。

××早教机构强调教案的标准化，尊重婴幼儿身心发展规律，尊重教学规律，所编写的教案既规范，又易操作。全面、科学的教材及极易操作的教案让加盟园的老师能迅速学会独立上课。

（6）教学效果优势：最受家长与婴幼儿喜爱。

××早教机构亲子课强调互动互学，形成了亲、子、师之间的三方互动教学模式；强调人与社会、自然的互动，重点发展亲子间情感互依、学习互动、趣味互启的关系。××早教机构的亲子课深得父母们、婴幼儿们与老师们的喜爱。

（7）教师储备优势：最充足、最专业。

××早教机构集团建立有全国最大的全日制早期教育学校和学院，还建立了全国最大的大学生就业培训中心，目前已在全国建立了九所分中心。在早教师极为紧缺的情况下，唯有××早教机构能充分满足加盟园的师资要求。

（8）配套教具优势：更合理的配置、更优的质量、更低的价格。

亲子教学离不开教具。××早教机构是早教界唯一拥有自己的教具工厂、教具研发中心的早教机构，能够为亲子园提供配置更合理、品质更实用、价格更优惠的教具。

（9）支持服务优势：最专业、全面、细致。

丰富的开业与经营指导经验，让××早教机构能够全面引导加盟园开展市场调研、选准园址、规范装修、人员培训、开业指导、招生营销、专家讲座、报名咨询、成本控制，九大支持体系、十五大服务体系，让加盟商轻而易举地经营亲子园，快速获得盈利。

（10）加盟成果优势：加盟亲子园的成功率最高。

加盟，是为了更快、更有把握地获取成功。××早教机构自2017年以来，一直保持国内加盟速度最快、加盟成功率最高的记录。尤其是自2019年以来，××早教机构亲子教育的质量在国内广受赞誉。高品质的教育，决定了加盟园所能够快速成功与长远发展。

七、××早教机构九大加盟支持

××早教机构九大加盟支持，如下图所示。

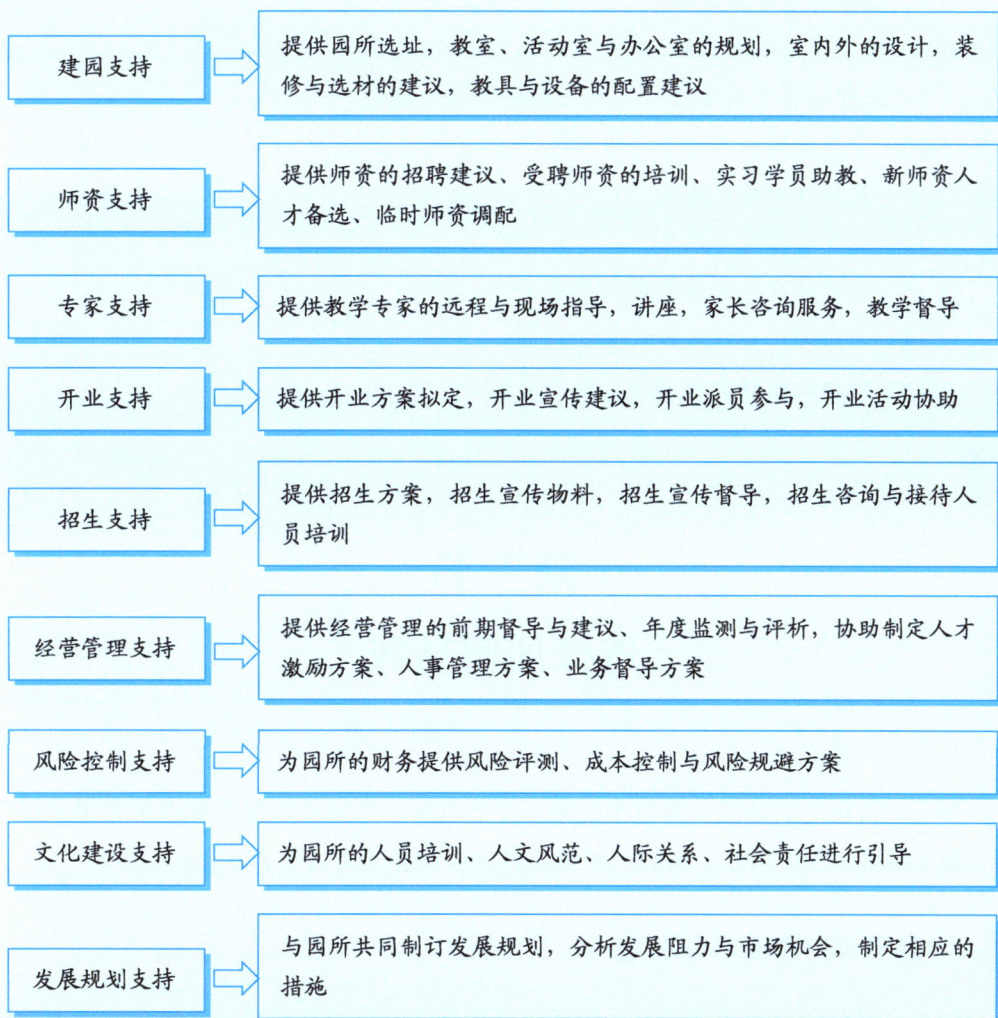

建园支持	➡	提供园所选址，教室、活动室与办公室的规划，室内外的设计，装修与选材的建议，教具与设备的配置建议
师资支持	➡	提供师资的招聘建议、受聘师资的培训、实习学员助教、新师资人才备选、临时师资调配
专家支持	➡	提供教学专家的远程与现场指导，讲座，家长咨询服务，教学督导
开业支持	➡	提供开业方案拟定，开业宣传建议，开业派员参与，开业活动协助
招生支持	➡	提供招生方案，招生宣传物料，招生宣传督导，招生咨询与接待人员培训
经营管理支持	➡	提供经营管理的前期督导与建议、年度监测与评析，协助制定人才激励方案、人事管理方案、业务督导方案
风险控制支持	➡	为园所的财务提供风险评测、成本控制与风险规避方案
文化建设支持	➡	为园所的人员培训、人文风范、人际关系、社会责任进行引导
发展规划支持	➡	与园所共同制订发展规划，分析发展阻力与市场机会，制定相应的措施

八、××早教机构15大加盟服务

（1）园所选址与规划服务。

（2）装修建议与审核服务。

（3）人员招聘与培训指导服务。

（4）课程设置指导服务。

（5）招生策划与广告宣传指导服务（线下）。

（6）网站建设与网络宣传服务（线上）。

（7）师资力量支持服务。

（8）专家讲座与咨询服务。

（9）课程销售（来电接听与来人接待）指导服务。

（10）示范授课与教学督导服务。

（11）客户维护指导服务。

（12）经营管理督导服务。

（13）资源管理与风险控制指导服务。

（14）企业文化与人才建设指导服务。

（15）企业发展规划与品牌运作指导服务。

第三节

选择加盟品牌

当下，市场上的加盟品牌数不胜数，要想选择一个好的加盟品牌也是有很多技巧的，需要综合自身的资金、能力、经验及其加盟品牌的实力等多方面来分析。

一、加盟品牌信息调查与收集

如果已经确定要加盟早教机构的话，可联系几家早教品牌的特许经营商（也称特许商、特许人），向他们索要相关资料。有信誉的公司都会很愿意提供免费的资料，但不能完全依靠这些材料就做出决定。欲加盟者应亲自去调查情况，最好做一个早教机构信息登记表（可参照表2-1），也可到图书馆或网上查询所有正在考虑的早教机构的介绍，看对该早教机构的报道是否是正面的，该机构是否管理有序并呈增长趋势。

表2-1 早教机构信息登记表

品牌名称：_____ 　　企业名称：_____

所属行业：教育培训-儿童教育，教育培训-教育机构，教育培训-语言培训

直营店数：_____ 　　加盟店数：_____

成立时间：_____ 　　开展特许时间：_____

发展模式：_____

合同期限：_____年 　　投资金额：_____万元

加盟费：_____万元

保证金：_____万元

特许权使用费：_____万元/年

适合创业人群：_____

总部所在地：_____ 　　品牌发源地：_____

加盟条件：

_____

_____

加盟优势：

_____

_____

投资分析：

_____

_____

其他说明：

_____

_____

联系时请说明来自连锁加盟平台（www.×××××.cn），将会获得更好效果！

邮箱：_____

姓名：_____ 　　加盟部：_____

电话：_____

传真：_____

地址：_____

邮编：_____

网址：_____

如果已确定了具体的几个早教品牌机构，下一步就是与该早教机构特许商及其加盟商进行面谈了。

1. 与特许商面谈

欲加盟者在与特许商进行面谈之前，应做好充分准备，准备自己所想要了解的问题及如何应对特许商的问询。因为，有经验的特许商通常会向加盟商提出很多有关其经营资历的问题（一般这些问题会以调查问卷的形式出现），这些问题包括经营经验、健康状况、资金来源等。作为加盟商，要认识到这些问题的范围越宽越好，因为这表明特许商对每个分店的经营情况都十分关心。

在交谈的过程中，应把问题集中在能帮助自己判断该早教机构实力的以下主要领域。

（1）了解一下现有加盟商的税前利润，并将其与特许商提供的收益表或销售预测表进行比较。

（2）了解一下培训计划、特许商的支持与帮助、店面设计、设施建设、店面选址和可行性报告几方面包含了哪些内容。

（3）除了初始费用和投资外，是否需要额外的运营资金，如果需要是多少。

（4）特许商将怎样安排货品的供应。（自己应向特许商要求看现行报价表）

（5）向特许商询问地域限制和地域保护方面的详情。

（6）了解去年在本地区该特许经营项目出售给多少加盟商，有多少加盟店开业。

（7）了解一下是否有加盟商被终止了合同，如果有的话，让特许商详细解释其缘由，了解是否有加盟商经营失败或破产。

（8）如果特许商提供资金来源，应弄清楚是什么样的形式。

（9）了解一下特许商是否有未结的诉讼案，如果有，让特许商详细讲述过去的判决情况。

（10）了解一下特许商和加盟商之间的纠纷是怎样解决的。

（11）特许商是否会在选址方面提供帮助，如果是的话，将对加盟商大有帮助。无论特许商是否提供这方面的帮助，欲加盟者一定要做人口结构和密度方面的调查，这样才知道其消费群体是哪些。

相关链接：

如何辨别早教加盟机构的真实实力

早教加盟店能为您的创业带来丰厚的回报，许多创业者获得了成功，但是在选择早教机构加盟时要注意什么呢？

1.课程决定着早教机构的水平

选择一个早教加盟品牌前一定要熟悉他们的课程。最好亲自去听一听他们的课程，他们的课程要让你和在座的家长满意才行。

2.考虑早教中心投资额、加盟费、服务

早教中心投资额、加盟费、服务等都要考虑，早教行业一般两年左右可以收回成本，但是切记：为了持续的增长，要节约一部分资金。也就是说，在选择品牌加盟上不要选择加盟费过低和过高的，要明白早教品牌比的是课程和服务。

3.看早教加盟品牌的专家教研实力

一个成熟团队才能去创造一个有价值的品牌。有的小型早教加盟机构没有什么实力，教职员工水平也不高，编写了几本教案就开始进行市场运作。其实，一家成熟的早教机构不仅需要大量的资金运作，还要得到加盟商的支持和家长们良好的口碑。如果没有完善的运营体系是站不住脚的。

还有在加盟早教中心之前，一定要做好市场分析，了解现在的发展趋势，早教加盟店的成功不仅要选择一个好的品牌得到足够的支持，还要加盟商付出全部的心血。经营早教加盟店不是一朝一夕的事，只有紧跟趋势，配合总部进行及时调整，才会走上一条通往成功的道路。

2. 与现有加盟商交谈

欲加盟者最好倾听一下现有加盟商的肺腑之言，问询的加盟商应当是那些经营早教机构在3年以上，并且与自己打算进行的项目在规模与内容方面相似的加盟商，而且要跟尽量多的现有加盟商面谈。加盟商对特许商的评价和对该早教机构早教价值的看法将会对欲加盟者产生启发性的作用。加盟商可能会向欲加盟者讲述其成功的经历，或向欲加盟者大倒苦水。但在拜访现有加盟商之前，必须要先观察一下该加盟商当天的心情如何。

拜访的时间一定要选在一天中比较好的时段，并且把能想到的问题列成一个单子。一般来说，包括以下几个问题。

（1）早教特许商提供的培训对加盟商开业运作是否有帮助？

（2）早教特许商能否满足加盟商所提出的要求？

（3）该加盟商每天的一般营业状况如何？

（4）有哪些问题是在加盟前没有预料到的？

（5）在经营过程中是否发生了一些隐性的费用？

（6）支付的广告费用是否在特许商提供的市场开发支持方面得到体现（如本地广告费和店内的招牌）？自己的销售模式是什么样的？

（7）是否是季节性的？如果是的话，怎么能在淡季的时候保持收支平衡？

（8）销售额和盈利额能否达到期望值？

（9）是否可以通过扩大规模来增加在该特许经营系统中的所有权份额？

（10）如果当初知道这种情况，还会加盟吗？

由于运营早教项目需要和特许商保持联系，所以一定要了解采购环节的所有细节——从加盟商签订合同的那一天到开业第一年年末发生的所有情况，以了解总部是否自始至终地信守其承诺。

为了帮助欲加盟者进行调查与研究，请了解下面的特许商信息检查表（表2-2）和现有加盟商信息检查表（表2-3），这些表可以多复印几份，以便评估多个早教机构及加盟商。

表2-2　特许商信息检查表

本表用于加盟商自己做调研与收集信息情况时使用。

内容	是	否
1.早教特许商是一家个人公司吗		
2.早教特许商是一家拥有良好培训经验的管理公司吗		
3.早教特许商在特许经营期限内为自己提供一个专营地域吗		
4.早教特许商能够在加盟者的市场区域内出售第二或第三家特许经营企业吗		
5.加盟者在临近区域具有优先选择权吗		
6.早教特许商是否会租房屋给加盟者		
7.早教特许商会协助加盟者寻找特许经营运营的地址吗		
8.早教特许商提供财务支持吗（如果提供，条款是什么）		
9.早教特许商除了公告中描述的之外还向加盟者要求什么费用吗（如果是，有什么费用）		
10.早教特许商给过欲加盟者关于实际的、平均的或预测的销售额方面的信息吗		
11.早教特许商给过欲加盟者关于实际的、平均的或预测的利润方面的信息吗		
12.早教特许商给过欲加盟者关于实际的、平均的或预测的收益方面的信息吗（欲加盟者得到了什么信息）		
13.早教特许商给欲加盟者提供现有加盟商的成功率吗		
14.早教特许商会给欲加盟者提供现有加盟商的姓名和地址吗		
15.欲加盟者可能销售的项目有什么限制吗（如果有，是什么）		
16.欲加盟者预期的早教特许商是否允许他的一些加盟者在合同上有变化（那些变化的性质是什么）		

续表

内容	是	否
17.当欲加盟者把自己的特许经营按照优先选择权卖回给早教特许商时，加盟者会因已经在该生意中的付出而得到补偿吗		
18.早教特许商有在政府注册的商标、服务标志、商业名称吗		
19.作为受许人，加盟者被授权无保留地使用它们吗		
20.有什么限制、例外或条件吗（如果有，它们是什么）		
21.早教特许商有为销售目的而与某社会名人签署的协议吗（如果有，其条款是什么）		
22.早教特许商拥有加盟者将使用设备或销售项目的当前专利权吗		
23.早教特许商调研加盟者的仔细程度足以使他确信，加盟者能成功运营该特许经营并使双方都获利吗		
24.早教特许商遵守商业职业道德和国家的法律法规吗		
25.在早教特许商的生意伙伴中，早教特许商具有诚实与公平交易的名声吗		
其他问题		

1.提供特许经营的公司已经运营了多少年？

_____

2.请描述其提供的特许经营领域。

_____

3.早教特许商要求欲加盟者的总投资是多少？

_____

4.早教特许商如何使用初始特许经营费？

_____

5.特许商将提供给欲加盟者的培训范围是什么？

_____

6.欲加盟者从早教特许商或其他指定来源处购买或租赁商品或服务的义务有哪些？

_____

7.欲加盟者按照早教特许商的明细表购买或租赁商品或服务的义务有哪些？

_____

8.欲加盟者的关于特许经营合同的终止、修改与更新条件的协议条款是什么？

_____

9.加盟者在什么条件下可以终止特许经营合同？

_____

10.如果决定取消特许经营合同，加盟者将为之付出什么？

_____

11.特许经营运营的成功程度如何？提供给加盟者的财务报表质量怎样？

_____

12.早教特许商在过去的诉讼与以前的破产方面的经验是什么？

_____

13.在加盟者自己不能做的事情方面，早教特许商能给的帮助是什么？

_____

表2-3　现有加盟商信息检查表

本表用于以会见现有加盟商的方式来调研特许商的情况。

内容
1.你对该早教特许商满意吗
2.你的早教特许经营是盈利的吗
3.你获得了你期望获得的利润吗
4.你的实际花费与提供公告上讲的一致吗
5.你出售的产品或服务是优质的吗
6.早教特许商提供的课程好吗
7.你盈亏平衡需要多长时间
8.早教特许商给你提供的培训充足吗
9.你对所提供培训的评价如何
10.你的早教特许商公平且易于共事吗
11.你的早教特许商听取你所关注的事情吗
12.你和早教特许商发生过争执吗（如果有，请详细描述）
13.如果发生了争执，你有能力解决吗（怎样解决）
14.你知道早教特许商与其他受许人发生的纠纷吗（如果知道，那问题的性质是什么）
15.你知道早教特许商与政府发生的纠纷吗
16.你知道早教特许商与竞争者发生的纠纷吗
17.你对早教特许商提供的营销与促销帮助满意吗
18.早教特许商提供的营运手册对你有帮助吗（你认为这些手册如何）
19.手册的改变频率高吗（如果是，为什么）
20.你想作的其他评论是什么

相关链接：

2019 年中国十大早教排行榜

2020年1月6日，2020《中国早教蓝皮书》正式发布，其显示中国十大早教排行榜如下。

1.美吉姆

美吉姆于1983年由威廉凯普林（William Caplin）和雅可夫、苏西谢尔曼夫妇（Yakov & Susi

Sherman）共同努力合作创立，开始的两家中心位于加利福尼亚的圣莫尼卡市和范奈斯市。他们利用其在儿童早期教育、运动机能学、体育、舞蹈以及体操领域的专业经验，研发出了一套完整的符合孩子天性的课程体系和教学设备，旨在通过每周一次的结构性课程，帮助孩子构建强健的体魄，培养良好的社交能力，同时树立自尊心和自信心。

30多年来，美吉姆专注于儿童早教领域，并不断完善和丰富课程体系，为适龄儿童家庭提供科学、专业的早期教育课程和服务。目前全球范围内已有38个国家和地区开设了近700家美吉姆国际儿童教育中心，美吉姆早已成为具有国际竞争力的早期教育品牌。

2. 金宝贝

金宝贝成立于1976年，已经发展成为儿童成长方式引导者，涵盖早教课程、家庭教育和游戏玩乐。金宝贝倡导人本和科学的育儿观，践行系统化、情境化、社会化的育儿发展理念，指导父母跟随孩子的步伐，共同成长。

3. 积木宝贝

积木宝贝是北京积木世纪教育科技有限公司旗下品牌。

北京积木世纪教育科技有限公司专注于我国婴幼儿体能、智能、心理能力三维平衡发展，通过专业的科学测评体系，系统化多通道体验式教学环境及科学教养方式，全方位指导现代家庭教育。未来，积木宝贝将继续以传播科学早教为己任，为0～6岁宝宝全面发展提供理想的通道。

4. 东方爱婴

东方爱婴创立于1998年10月，是一家专业从事0～6岁儿童关键期成长教育的教育机构，总部位于北京。东方爱婴是国际教育组织美国PAT国家中心、拉玛泽国际组织在我国的授权合作伙伴。

东方爱婴拥有自己的母婴研发中心，提供早教产品研发和孕期培训服务。其与中国科学院心理研究所历时十年合作研发完成的《0～6岁儿童身心发展评估标准（中国）》，填补了我国0～6岁儿童身心发展测评领域

的空白，为我国家庭、早期教育机构、专业测评机构及相关工作者提供了评估标准、诊断指标和分析依据。

东方爱婴是国内率先提出0～3岁早期教育细分市场这一概念的教育机构，是我国早期教育的先行者。东方爱婴创立婴幼儿3个月分龄和混龄的早期教育模式，研发出适合我国0～3岁婴幼儿的6阶段、9大类、31门互动早教课程和针对0～36个月婴幼儿每月成长教育需要的抱抱熊家庭互动早教产品体系。

5.悦宝园

2004年，Romp n'Roll（悦宝园）在一对坚信只有全面涵盖运动、艺术、音乐的早教课程，才可以满足儿童早期发展的美国夫妻的坚持下，在美国弗吉尼亚州诞生。凭借着哈佛早教泰斗Meyerhoff博士与团队历经五十余年潜心研究的早教课程体系，短短三年时间里，分中心就已遍布美国各州。

2009年，悦宝园正式进入我国，以先进的美式教育理念、系统科学的课程体系以及专业的中外教师资配备，十年之间为超过百万的我国家庭解决了育儿困扰。

2018年，悦宝园全球中心数量达到400余家，并与美国曙英集团携手，引入由12位拥有30年以上儿童语言教学经验的中美专家，基于哈佛大学的课程结构，历时5年持续研发，推出双师少儿英语品牌——皮皮英语。

2019年，在品牌成立15周年之际，悦宝园对课程、环境等进行了全新升级，带来更多新奇体验，只希望让所有0～8岁的宝宝在悦宝园认识世界、了解世界！

6.谷斯妈妈

谷斯妈妈儿童家庭成长中心，是一家国际高端早教品牌，历经三百年Mother Goose教育基因与文化传承，于2016年译为谷斯妈妈年进入我国。

2016年，经Mother Goose Global Education授权，Mother Goose（译为谷斯妈妈）正式来到我国，现已覆盖二十余个省会及其他城市。谷斯妈妈通过优化早教服务体系、拓展早教范围、品牌跨界合作等方式实现品牌的发展。

7.红黄蓝

红黄蓝教育（RYB Education）及其前身创建于1998年，目前红黄蓝遍布我国，拥有近1300家亲子园和近500家高品质幼儿园，为0～6岁婴幼儿及其家庭提供优质学前教育指导与服务。2017年9月27日，红黄蓝在美国纽约证券交易所挂牌上市。

红黄蓝专注0～6岁学前教育，先后打造了红黄蓝亲子园、红黄蓝幼儿园、竹兜育儿三大品牌，搭建园所、家庭、社会和谐互动的"教育金三角"。

作为国内知名的0～6岁婴幼儿早期教育机构，红黄蓝先后与国外多家优质幼教行业机构达成战略合作，共同携手推进我国幼教行业的规范发展，为我国的婴幼儿教育注入新的活力，旨在培养万千我国的孩子做优秀的中国人，未来的世界人。

8.纽约国际

NYC纽约国际儿童俱乐部，起源于美国纽约，2012年进入我国，是纳斯达克上市公司瑞思（RISE）战略投资的一家打通0～18岁的一体化教育机构。作为率先将"儿童俱乐部"概念引进国内的早教品牌，NYC打造更高品质的教学环境、服务、课程及亲子共同成长的"全体验式早教"俱乐部平台，致力于为全球0～7岁儿童及家庭提供高品质的早期教育课程和早期教育服务。

目前NYC纽约国际儿童俱乐部在我国中心数量超160家，覆盖全国86个城市，服务超15万个家庭。旗下拥有"NYC纽约国际儿童俱乐部""NYC优选早教""NYC纽乐堡早教托育中心"三大教育品牌，以"直营+加盟"的方式面向全国推广，直营区域包含北京、上海、深圳、杭州、成都等地。

9.巧虎

巧虎乐智小天地，遵循孩子0～8岁成长规律，提倡分龄教、立体学、助力培养三元核心力。根据我国宝宝成长属性研发"3×3×3"立体教学模式（3步学习法、3元核心力、3方互动支持），培养孩子三大核心能力的养成和发展，使孩子多元全方位地发展，让孩子在快乐学习中不断达成学习目标，获得满满成

就感。

10. 万达宝贝王

万达宝贝王集团，隶属于万达集团，以儿童全程成长专家为定位，涵盖乐园、早教、IP 三大板块，打造全球规模最大的以 IP 为核心的儿童全产业链科技文创平台。同时，万达宝贝王集团以寓教于乐的品牌核心理念，以尊重、探索、合作、爱心的价值观赋能孩子未来，以 IP 化、智能化全面创新升级，服务我国亿万亲子家庭，陪伴孩子出色成长。

二、特许经营系统评估

1. 系统评估的必要性

在通过各种渠道对自己感兴趣的早教机构特许商进行充分的资料收集和调研的基础上，投资者应谨慎地系统评估所选定的早教机构。根据相关实例显示，有些信誉良好的早教机构可能会因财务危机、过度扩张、投资失败等各种原因，导致一夜间崩溃，由高峰跌至低谷。

2. 系统评估的内容

（1）现有特许经营系统所呈现的问题。

① 加盟系统内维持标准、一致的程序与控制有其困难。

② 获利情况不如预期理想。

③ 加盟者过分依赖总部。

④ 加盟系统缺乏适当的加盟商。

⑤ 缺乏适当立地条件的店面。

⑥ 加盟商被强迫从特定的供应商进货。

（2）特许经营系统评估项目。特许经营系统评估项目如表 2-4 所示。

表 2-4　特许经营系统评估项目

序号	评估项目	具体说明
1	综合评估	（1）产品或服务 （2）加盟范围 （3）既存店状况

续表

序号	评估项目	具体说明
1	综合评估	（4）加盟店歇业原因 （5）新产品及服务发展趋势 （6）竞争态势 （7）加盟店分布形态 （8）加盟条件内容
2	连锁加盟本部	（1）名称、地点 （2）是否是上市公司 （3）若非上市公司，负责人信用状况如何
3	财务及法律	（1）专家咨询：法律、财务、经营管理 （2）加盟成本分析：开业资金、给付总公司费用、可以退还的费用 （3）财务支援：本部是否提供资金给加盟者，利率多少
4	教育培训	（1）初期培训：期间、费用、培训课程 （2）后续培训：培训课程、费用
5	市场营销	（1）如何销售产品或服务 （2）如何获得销售指南 （3）谁是目标客户 （4）本部广告预算如何 （5）对加盟店提供何种促销广告
6	总部的协助	（1）经营者与管理者是谁 （2）有哪些服务部门 （3）是否有专人协助经营指导

以上加盟评估项目需要加盟者事前多了解，多比较。加盟者要多一分事前准备的功夫，以免导致加盟失败。

三、特许商业务计划评估

1. 对早教机构特许商业务计划评估的范围

（1）该业务是如何组织的？

（2）早教特许商将如何帮助加盟商加入此业务？

（3）有哪些应考虑的操作因素？

（4）加入特许体系的详细步骤？

（5）有哪些经营中的服务项目？

一般情况下，特许商应向加盟商提供一系列服务，以帮助加盟商部署营业场所并做好开业前的一切准备，也有一些特许商将开张前的所有准备工作一手包揽下来。特许商选择好地点，进行装修、陈列等工作，等一切就绪后才将钥匙交给加盟商，并收取所有的费用。在这种情况下，加盟商可在开业筹备期间接受培训，而不必参与任何筹建和安置工作，特许商会在筹建期间与加盟商保持密切联系，及时通报筹建工作的进程，征求加盟商的意见，而加盟商则要承担筹建工作的费用。

2. 加盟商应向特许商提出的问题

加盟商可向特许商提出以下问题，通过这些问题以了解特许商的业务计划。

（1）在该特许组织体系下建立一个单店的总费用？

（2）这些费用包括哪些项目？

（3）除了筹建企业的费用还有哪些其他费用？

（4）是否需付定金？是什么项目的定金？假如不能履行合同，是否将失去定金？

（5）首期特许费是多少？

（6）需要多少流动资金？计算的标准是什么？

（7）从筹建到实际开张需要多长时间？

（8）特许商提供什么样的初始服务？

（9）培训地点和培训设施？培训时间、期限和内容？

（10）由谁支付培训费及培训期内的路费和住宿费？

（11）特许商是否为加盟商的员工提供培训设施？有什么条件？如果不提供，那么谁来培训？如果要加盟商来培训，能从特许商那里得到什么帮助？

（12）加盟商可预期的毛利是多少？请详细列出加盟商的预期费用。为了达到收支平衡，加盟商需要获得多少总收入？需要多长时间才能达到该标准？

（13）加盟商能否查阅特许商的项目实际账目表？该表是否可靠？

（14）可以得到什么样的财政方面的特别安排？有何回报条件？利率多少？

（15）是否有一项由某家银行实施的特许经营财政方案？如果没有，是否曾向某家银行申请过而遭拒绝？

（16）早教特许商能提供什么样的开业帮助？

（17）早教特许商能否提供加盟店的开张仪式？如果有，是由哪些部分组成？

（18）早教特许商是如何赚钱的？

（19）早教特许商是否索要运营中的特许费？如何计算？

（20）早教特许商出售给加盟商的产品是否加价？如果加价，加多少？怎样保证价格公平合理？

（21）早教特许商是否从向加盟商提供产品或材料的供应商那里收取佣金？

（22）早教特许商是否从与加盟商的交易中获取其他收入或佣金？

（23）加盟商是否必须支付最低限额的后续特许费，或购买最低限额的商品？假如不能完成会产生什么后果？早教特许商如何计算这些最低限额？

（24）早教特许商提供什么广告和促销支持？

（25）加盟商是否必须资助广告和促销费用？数额是多少？特许商能否提供一份证明材料，证明收到的广告和促销费没有挪作他用？

（26）早教特许商提供什么样的POS系统和促销材料，需支付多少费用？

（27）在本地的广告和促销方面加盟商将得到什么帮助？应付多少费用？

（28）加盟商能否招聘到足够数量的员工？这些员工是否需要专门技能？

（29）企业开张以后，早教特许商将提供服务项目（研究与开发，市场测试，为加盟商的利益出面进行批量购买谈判，实地帮助，执行监控，整体业务咨询，广告、营销和促销）中的哪几项？

（30）早教特许商是否还提供其他后续服务？具体是什么？

（31）在开业以后，早教特许商将派什么样的现场帮助人员来进行沟通联系？

（32）早教特许商的员工已经工作了多长时间，有没有签服务合同？

（33）早教特许商将采用什么方法和程序来帮助加盟商建立业务？

（34）早教特许商帮助选址，还是加盟商自己选址？

（35）早教特许商和加盟商、加盟商和加盟商之间保持联系的机制是什么？

（36）在特许组织里，有没有加盟商协会？

（37）在加盟商能出售什么产品方面有没有什么限制？

（38）加盟商在经营中遇到不能解决的问题时会发生什么情况？能得到什么帮助？

（39）加盟商如何能确认早教特许商将会按允诺去做？

四、特许商产品服务评估项目

对早教机构特许商产品或服务的评估，主要包括图2-5所示的项目。

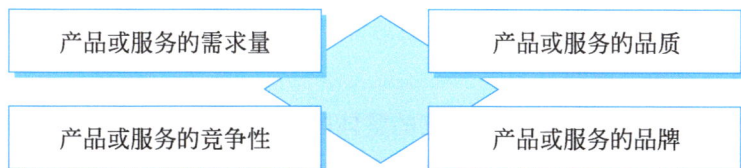

图2-5 特许商产品服务评估项目

1. 产品或服务的需求量

（1）早教行业中产品或服务在过去3年间，市场需求量或接受程度是否显著增加？

如果过去市场上的需求量显著增加，表示目前仍应处于成长阶段，而市场成长与否，是决定此行业前景的绝对重要指标。当市场需求量大量增加时，对加盟商最为有利。

（2）加盟总部或是其他机构（如各种协会或政府单位），对未来3年该产品或服务的预测（相对于目前需求量而言）如何？

其中除了过去需求量的记录之外，由各机构或是加盟总部对未来市场的成长预测，则是另一项行业前景指标。必须注意的是，编制此数据的单位，必须是参考有关人口统计资料、政府景气预测或其他背景资料而预测的，必须具有权威性。

2. 产品或服务的竞争性

（1）该产品或服务是全新产品，抑或是改良产品？

产品差异性所要表达的是，产品是否具有较特殊卖点或优越性能，产品差异性愈高，则愈能突显出此加盟店特色，并吸引消费群体。一般而言，如果是全新开发出来的产品，则其产品的差异性与独特性通常较高。

（2）该产品或服务是否和其他同业有相当明显的差异，具有许多不同或明确而易辨别的特色？

为了避免激烈的同业竞争，加盟总部的产品或服务，应该有特殊之处，在此必须附加注明。如果该加盟总部产品并不特殊，但其采用特殊的销售方式（如直销），或是加大明显不同的"商业包装"（使之以不同方式呈现给大众），也是特殊的优势。

（3）目前提供该早教产品或服务的加盟系统与独立开店者之间的竞争是否相当激烈？

竞争状况也是显示获利能力与经营风险的重要指标，应注意该加盟总部与其他同业者是否正面临激烈竞争。竞争激烈的行业并非一定不可加入，但要具有某些优势（产品或价格等），才能降低失败风险。

（4）在加盟者欲开店的区域内（加盟总部划定经营区域内），是否已有多家同业竞争业者，以致竞争相当激烈？

这里指的是加盟商开店时可能面临的整体区域竞争，在竞争激烈的情况下如有少许差异就足以影响经营成果，此时应特别注意店面位置（如一楼或二楼、街口或巷内）、招牌形式与悬挂位置，甚至是服务态度。

3. 产品或服务的品质

（1）一般人（包含加盟商本身）对于该加盟店销售的产品或服务的品质评估如何？

产品或服务品质评估并不容易，事实上许多加盟系统提供的无形服务，使得评估"服务品质"更加困难，所以要求加盟商参考一般顾客、亲友与本身的判断，对其整体品质作五等级分类，对差和极差两等级的都不予以考虑。

（2）该加盟店的产品或服务，是否有事故记录？频率是否高于其他同业？

事故频率是品质最明确的指标，但是这项指标并不易得知，通常如果直接询问加盟总部人员时，往往不易得到答案或只能得到较保守的数字，因此宜根据现有顾客的经验去估计。另外，加盟总部是否设置专业的客服部门和营销部门，也必须加以考虑。

4. 产品或服务的品牌

（1）品牌知名度如何？

特许商知名度对不同行业的重要性各有不同，对于一般消费品或便利品而言，知名度并不是首要因素，但如果是特殊商品或服务，尤其是奢侈品时，则由于单价较高，所以顾客购买次数较少；更重要的是顾客和销售者信息不对称，因此顾客更倾向以品牌知名度作为判断标准，甚至愿意付出较高价格以求保障。早教机构主要向顾客提供服务，所以必须仔细考察其知名度。

（2）品牌声誉如何？

特许商的品牌声誉良好，具有和品牌知名度高同样的效果。

（3）产品或服务的价格水平如何？

产品价格偏高，并不等于丧失竞争力；相应地，产品的价格较低，但也不一定会畅销。这是因为产品在顾客心目中的知觉价格，取决于顾客对产品所认定的价值，而非单以定价为评估标准。因此加盟商还须考虑此产品或服务在顾客心目中的价值。

🔗 **相关链接：**

如何选择早教机构品牌

1. 找出品牌的差异，在市场上的竞争力如何

做生意都讲究"人无我有，人有我优，人优我独"，销售幼儿产品也是一样。现在市面上的幼儿产品多如牛毛，如果没优势就容易被埋没。

2.看企业的服务是否到位，服务是成功的关键

选择品牌加盟为的就是获得总部的支持。因此，该企业是否有为加盟者提供足够多的服务也是投资者衡量的标准之一。

3.考察工作人员的工作是否诚恳和专业，这会影响到以后合作的气氛

投资者在和特许商的工作人员进行联系时，可以考察下他们工作人员是否专业和诚恳。他们的态度很重要，也能看出很多问题。毕竟加盟者以后要经常和他们打交道。

4.不要只贪图价格低，要对比多个品牌，找出适合自己，性价比最高的

因为加盟商有个品牌积累和放大的过程。如果一开始就选择一个相对而言性价比较高的品牌，后期经营上也会比较容易，投入的精力也会相对少些。

五、识别特许加盟陷阱

1. 识别常见的加盟陷阱

作为加盟商，在投资中如果遇到下列情况，切记保持警惕，一定要按照规范的程序进行学习、考察、分析与评估。

（1）有一项很赚钱的特许经营业务，但特许商是一个自然人而不是一个法人机构。

（2）有一项很赚钱的特许经营业务，但其商标不是注册商标，不受法律保护。

（3）有一项很赚钱的特许经营业务，但特许商从未自己经营过，只是卖给投资者一个概念，号称"知识经济时代，知识就是金钱"。

（4）有一项很赚钱的特许经营业务，特许商虽然自己有过经营历史，但却从未赚过钱。千万别指望自己的运气比特许商好。

（5）有一项很赚钱的特许经营业务，特许商保证只要投资就能百分之百地赚钱。

（6）有一项很赚钱的特许经营业务，不管是谁，只要买够几十万元的产品就可以加盟，且特许商坚决不让退货。

（7）有一项很赚钱的特许经营业务，当想了解加盟商的经营情况时，特许商就支支吾吾。

（8）有一项很赚钱的特许经营业务，当仔细考察情况时，特许商却说，有数不清的人要加盟，时间就是金钱，赶快掏钱吧，否则过了这村就没这店。

（9）有一项很赚钱的特许经营业务，特许商表示只要肯"杀熟"，介绍亲朋好友加入，就可赚大钱。

（10）有一项很赚钱的特许经营业务，当对总部管理能力进行考察时，发现人员很不稳定，换人就像走马灯，若问其中原因，得到振振有词的回答："这就是特许经营的特点，干事靠体系不靠人，这里的政策就是铁打的营盘流水的兵。"

2. 避免掉入陷阱的方法

（1）看特许商总部的规模。特许商总部须成立一段时间之后，各项工作、营运模式才能建立，所以比较成熟的特许商至少成立3年以上或拥有5家以上的直营店。如果将尚在试验期、不成熟的加盟模式推出，倒霉的一定是加盟商，若所有技术情报尚未文字化、标准化、系统化，则无法将所有技巧、精华、经验传承给加盟商。如果总部本身管理机制尚不健全，哪有什么能力支持加盟商，更不必谈控制力和推动力了。为什么要有5家以上直营店呢？第一，证明特许商总部的基本财力；第二，好教练一定要是好球员，如果连自己的球都踢不好，如何教导别人踢球。

（2）不要过于相信招商广告。一般而言，有相当发展基础的特许企业，都有很完善的制度，选择加盟商也很严格，不会随便接受不合格的加盟商。但仍有不少投机分子，利用加盟商对行业情况不了解，夸大特许经营的利润、收成，来吸引加盟商。

所以，加盟商在选择早教特许商时，务必小心谨慎，切勿轻信传言及一些不实的招商广告。如图2-6所示，是加盟商在选择早教特许商时需要特别注意的几个方面。

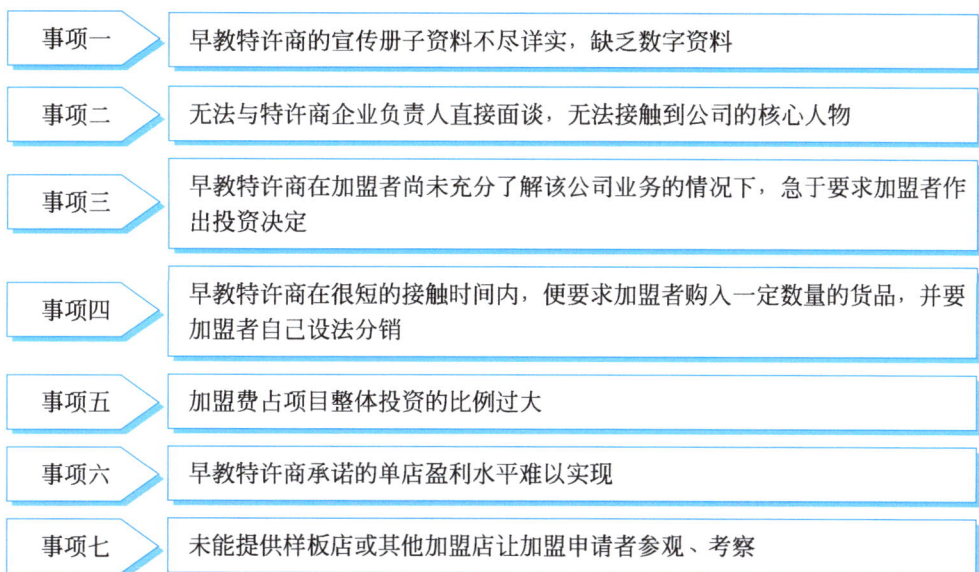

事项一	早教特许商的宣传册子资料不尽详实，缺乏数字资料
事项二	无法与特许商企业负责人直接面谈，无法接触到公司的核心人物
事项三	早教特许商在加盟者尚未充分了解该公司业务的情况下，急于要求加盟者作出投资决定
事项四	早教特许商在很短的接触时间内，便要求加盟者购入一定数量的货品，并要加盟者自己设法分销
事项五	加盟费占项目整体投资的比例过大
事项六	早教特许商承诺的单店盈利水平难以实现
事项七	未能提供样板店或其他加盟店让加盟申请者参观、考察

图2-6 选择早教特许商时需注意的事项

（3）对发展太快的早教特许经营企业要特别谨慎。一家早教特许经营企业如果在成立之初，根基尚未扎稳，便突然膨胀，大肆炒作，四处招商，恨不得在一夜之间建成一个遍布全国的经营网络，加入这样的特许体系，加盟商恐怕是"凶多吉少"。

特许经营是一个系统管理工程，每一个环节都互相紧扣，任何一个环节松脱，都将会影响到整个体系的运作。而一家特许经营企业即使财力雄厚，但如果突然在短时间内增加了许多分店，总部的行政、管理及人力方面，未必能够同步发展，那就会导致整个企业的运作陷入混乱。另外，如果业务没有预期的那么理想，未能在预计期限内达到收支平衡，则整个系统的各项开支，便将会是一个极为沉重的负担。

第四节
签订加盟合同

在加盟之前，签订合同是一个十分必要且重要的环节。合同的签约是对双方权益的保障，同时也是对双方权责的划分。

一、加盟合同应包括的内容

从事特许经营活动，特许人和被特许人应当采用书面形式订立特许经营合同。特许经营合同应当主要包括图2-7所示的内容。

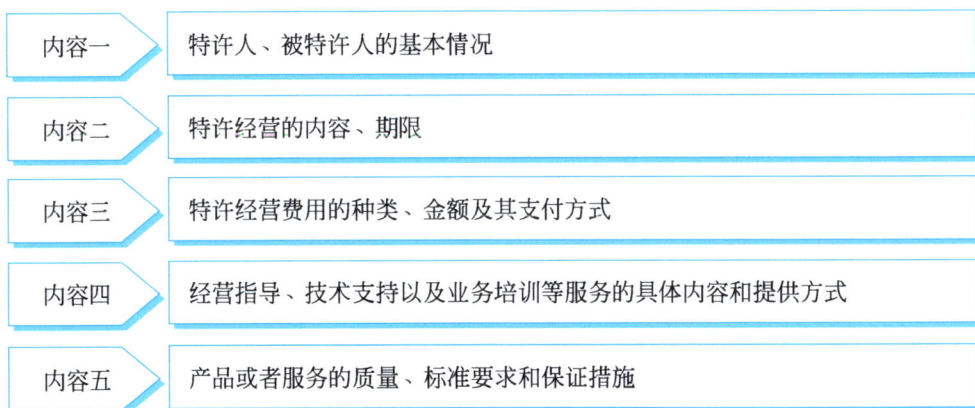

内容一	特许人、被特许人的基本情况
内容二	特许经营的内容、期限
内容三	特许经营费用的种类、金额及其支付方式
内容四	经营指导、技术支持以及业务培训等服务的具体内容和提供方式
内容五	产品或者服务的质量、标准要求和保证措施

内容六	产品或者服务的促销与广告宣传
内容七	特许经营中的消费者权益保护和赔偿责任的承担
内容八	特许经营合同的变更、解除和终止
内容九	违约责任
内容十	争议的解决方式
内容十一	特许人与被特许人约定的其他事项

图2-7 特许经营合同应包含的内容

小提示：

特许人和被特许人应当在特许经营合同中约定，被特许人在特许经营合同订立后一定期限内，可以单方解除合同。特许经营合同约定的特许经营期限应当不少于3年。但是，被特许人同意的情况除外。

二、签订加盟合同应注意的事项

对于投资者来说，在签订加盟合同时，应注意以下事项。

1. 关于服务项目

合同中要详细说明特许人将对加盟店提供哪些服务项目，这些服务包括开业前的初始服务和开业后的后续服务。

（1）初始服务。主要有选址、加盟店装修、培训、开店设备的购置、融资等。

（2）后续服务。包括总部对加盟店活动实施有效监控，以帮助保持标准化和企业利润；总部继续进行操作方法的改进及革新并向加盟店传授；总部进行市场调查研究并向加盟店传送市场信息；总部开展集中统一的促销与广告活动；总部向加盟店提供集中采购的优惠货源；总部专家向加盟店提供的管理咨询服务等。

合同中详列这些服务项目，是对加盟店利益的一种法律保护。

2. 关于加盟费用

一般而言，不同的特许人其特许权使用费的计算比率通常都不一样，计算比率所采用的基数也不统一（以销售收入的一定比例或以销售利润的一定比例计算）。在签约前被特许人应认真研究特许经营费的计算方法，避免因误解引起日后的纠纷。特别要注意特许经营的项目中有无隐藏不可预见的费用。

同时，必须清楚了解以下事项。

（1）加盟金到底包含哪些项目？

（2）加盟金是否包括商标使用费？

（3）多少自备款可开始营业？

（4）是否须缴纳定期的权利金或管理费？如何计算？如何给付？

（5）特许人是否提供技师和管理团队？各是多少名？

（6）是否须缴纳培训费？怎么计算？

（7）是否必须加入合作广告计划？其费用如何分摊？特许人提供哪些产品或促销服务？

3. 关于合同期限

（1）期限长短是否明确？

（2）期限是否和租期吻合？

（3）期满后可否续约？

（4）续约有无条件？若有，条件为何？是否详细列明？

4. 关于授权范围

授权范围包括授权区域、期间、权限等。权限可分为独占、排他、普通三个层次，权限递减。另外，如果被特许人为地区总加盟商，则需明确相关市场的开发权、缔约权、监管权及收益分配方式。

特许经营合同涉及的知识产权如商标、专利及著作权等的使用权限亦应在合同中明确。

5. 关于经营指导、培训等辅助项目

辅助项目至少应包括开业前指导、营业指导、培训等。签约时，应对特许人就上述辅助项目做出明示，比如具体指导事项、培训内容及时间、相关费用的负担、营业指导的经常性（频率）等。应了解以下内容。

（1）特许人是否要求加盟者参加训练课程？

（2）有无继续教育及协助？

（3）是否持续提供加盟单位员工训练？

（4）是否要付费用？费用多少？如何计算？

6. 关于采购、供货

（1）是否采购所有的物资都必须向特许人购买？其价格及条件是否合理？

（2）是否要求加盟者只能向特许人购买所需的物资？或只能向特许人指定的厂商购买？如有，其价格及条件是否合理？

小提示：

被特许人应就品类、质量、价格等做约定，特别注意被特许人应具有采购权而非负担采购义务。就特殊商品，应取得独占特许销售权。

7. 关于广告宣传与促销

特许人广告投放的力度和质量，被特许人发布广告的权限都应予以特别关注。

至于促销权，也应争取，因为这是自主经营权的重要内容，可在市场开发阶段发挥较大作用。促销权应明确促销力度、特许人配合义务、促销方式等。应了解以下内容。

（1）广告是地区性或全国性？其费用支付方法？

（2）如地区性促销是加盟者自理，特许人是否提供过去经验，是否协助规划的实施？

（3）特许人是否提供各种推广促销的材料、室内展示海报及文宣品等？有无另外收费？

（4）加盟者是否可自行策划区域的促销？如何取得特许人的同意？

8. 关于加盟店的转让

加盟者可能会由于种种客观原因而无法继续经营加盟店，这就涉及加盟店转让或出售的问题，加盟店是否能转让、如何转让、转让给何种人等都必须列入合同中，以免将来发生纠纷。

也有些合同明确表明，假如加盟者要转让出售自己的门店，总部将有购买的优先权，或者有权选择转让的对象。在这种情况下，一定要注意说明加盟店的转让价应以市场价为准。应了解以下内容。

（1）加盟者是否可转卖门店资产？

（2）加盟者是否可在门店资产转卖时，同时转让加盟合同？或特许人有义务与承买者签订新合同？

（3）特许人是否有权核准或拒绝转卖，其权利是否合理？

（4）是否须付给特许人部分转让费？

9. 关于加盟者生病或死亡

（1）合同是否直接由继承人承接？

（2）合同是否由遗产管理人承接？

（3）合同者如长期失能，是否必须转让？

10. 关于商圈保护

（1）合同有无授予独占区域？

（2）独占区域是否在营业额达到某种标准后随即终止？

11. 关于门店选址

（1）特许人是否协助选择地点？

（2）谁对地点的选择作最后决定？

（3）装修蓝图是否由特许人提供？

（4）有无定期重新装潢及翻新的要求？

（5）如须申请更改建筑使用执照，谁负责提出申请及负担期间费用？

（6）租约条款是否有约束？

12. 关于财务协助

（1）特许人是否提供财务协助或协助寻找贷款？

（2）如果提供财务协助或贷款，其条件是否合理？

（3）特许人是否提供缓期付款的优惠？

（4）有无抵押？

13. 关于营业范围的限制

（1）合同是否对所贩卖物品的项目有所限制？

（2）限制是否合理？如贩卖其他物品，有无须特许人同意的申请程序？

14. 关于竞业禁止

（1）是否限制加盟者在约满或转让后，不得从事同类型的商业行为？

（2）如有，其期限及区域是否合理？

15. 关于会计作业要求

（1）特许人是否提供簿记及会计服务？

（2）如有，是否额外收费？其收费是否合理？

16. 关于客户限制

（1）有无限制客户对象？

（2）如超越授权的地区，有无惩罚条款？

17. 关于通知条款

（1）若违约，特许人是否有义务以书面通知加盟者，是否有延期、更正的余地？

（2）其期间有多长？是否足够？

18. 关于特许人的优先承购权

（1）合同中有无明示何种情况下特许人可承购？

（2）其承购价格由谁评估？商誉及净值是否列入考虑？

（3）加盟者求售时是否有义务先向特许人求售？

19. 关于加盟者亲自经营的要求

（1）合同是否要求加盟者每日亲自经营？

（2）合同是否禁止加盟者维持其他职业？

20. 关于债权债务

（1）明确对外权利义务及经营风险划分。

（2）被特许人与特许人虽然是分别独立的法人实体，但是由于特许经营活动的特殊性，之间往往存在各种债权债务关系，特别是由于供货等关系，往往会导致特许人占压被特许人资金的现象发生。这是被特许人应特别考虑的一个经济问题。

21. 关于店铺

涉及店铺的设计、装潢、更新及费用负担等环节。

22. 关于更新

特许人掌握了新的技术、服务项目、特殊产品，以及新的商业模式等，应主动与被特许人共享。

23. 关于越权

为了防止特许人在商业特许经营活动中超越其应有的权限而"滥用市场支配地

位"，应该注意以下事项。

（1）防止特许经营合同出现个别条款强化特许人的优势地位，如没有正当理由的被特许人数量限制；供货数量的强制要求；没有正当理由的降价促销的限制；签约后变更特许经营合同的内容；合同到期后，超越合理范围的限制竞争等。这些不合理条款会使特许人获得不当得利。

（2）防止特许经营合同整体上使特许人处于优势地位，如对所经营商品的限制及对经营方式的限制；对销售额的特别规定；是否有权解约以及违约金的数额；合同期限等条款。

（3）关于销售价格，由于特许人和被特许人经营的产品面向相同的消费群，实施相同的营销战略，因此特许人可以根据具体经营情况向被特许人提出建议销售价格。但是，如果特许人对被特许人有不合理的价格限制条件的时候，就可能会出现限制销售价格等不公平竞争现象的发生。

24. 关于终止合同及后果

合同一旦确立，就不能随意撕毁或中途终止。但是，也有加盟双方不遵守合同的事件发生。合同中应明确规定，任何一方违反协议到什么程度，另一方有权终止合同。当然，也应写明违反协议的一方是否有机会弥补其过失，以避免合同终止的后果。

一般来说，合同终止后，加盟者不能再使用总部所有的贸易商标、名称、各种标志和其他权利，在一定时期内也不得从事相类似的经营业务。

除了以上内容外，合同一般还包括地域的限制、营业时间的规定、营业秘密的遵守等内容。不同的行业、不同的企业，其合同内容都不尽相同。应注意以下事项。

（1）特许人是否有义务购买加盟者的生产器具、门店租约及其资产？价格如何确定？

（2）处理费用如何归属？

（3）处理期间多长？是否足够？

25. 关于违约金

特别是特许合同解除的违约金，应当关注。

在签约前，应该了解清楚以下内容。

（1）在何种情况下可以解约，具体手续如何办理？

（2）如果被特许人提出中途解约，是否需要支付解约金或赔偿金？

（3）如果需要支付的话，如何计算？

（4）如果被特许人因经营不善而提出解约，是否仍需支付解约金？

26. 关于违约条款

（1）何种状况视为违约？

（2）违约项目是否属加盟者能力范围所能控制的？

（3）其订立项目与核实标准是否合理？

27. 关于违约后果

（1）违约时，特许人采取何种方式处理？

（2）特许人是否可以直接取消该连锁加盟契约？

（3）有无违约金条款？金额多少？如何计算？

28. 关于仲裁

加盟双方难免会发生一些冲突，解决冲突的方式用仲裁比较合适。仲裁实际是由双方选择的仲裁人进行的私下诉讼，它的优点在于整个程序是在私下进行的。为了节省时间和费用，双方可以事先在合同中设定仲裁的规则，至于仲裁的时间可以根据当时发生冲突的情况而定。

在这里，选择什么样的人做仲裁人十分重要，如果仲裁人选择不当，做出的决定不公平或不客观，会使双方或其中一方不满意，最后反而会扩大矛盾，以致双方走向法院。

29. 诉讼管辖地

（1）特许人指定的诉讼管辖地是否为其总部所在地？

（2）是否考虑改为对加盟者较为有利的加盟店所在地？

早教机构 教学管理

第3章

导言：

　　早期教育的意义不在于背多少单词、认多少数，而在于促进婴幼儿大脑的发育，开发婴幼儿对学习的兴趣，为今后各个阶段的学习做好充分的准备。对早教机构而言，应将自身的育儿理念充分融入课程设计中，为孩子打好发展基础，激发孩子的学习兴趣。

第一节

奠定早教理论基础

不同的早教机构，其教育理念不尽相同，但早教的宗旨不变，任何一家早教机构都应遵循科学性（适龄性），在玩耍中激发孩子的爱好和学习兴趣，激发他们持续学习的能力。

一、明确早教机构的教育理念

科学早期教育理念的普及，打破了早教机构收费高、服务面窄的局限，让亲子教育走进社区、走进家庭，让更多的家长了解、参与亲子教育，让更多的婴幼儿走进早教机构，享受到科学、系统的早期教育。

早期教育要让家长成为主体与执行者，相信婴幼儿，相信自己，先"教"会家长再由家长来"育"婴幼儿，关注婴幼儿的前提是关注家长自己。

以传播科学的早期教育为基础，向家长提供专业、规范的婴幼儿早期教育服务。把新的教育观念、原则、方法融入到具体的活动过程中，用亲子同乐的方式增进父母与婴幼儿之间的情感交流。

遵循0岁起步原则、激发兴趣原则、积极引导原则、生活课堂原则、心灵沟通和平等对话原则，引进国内外先进的教育理念，满足不同的个体发展需要，开展亲子活动，以潜能开发与个性和谐发展为目标，让宝宝拥有最佳的人生开端。

二、遵循早教机构的教育原则

一般来说，早教机构应遵循图3-1所示的教育原则。

1. 自主选择

婴幼儿在游戏、活动过程中，对玩具、活动形式有选择的权利，从他们的兴趣点入手，培养他们的自主性。

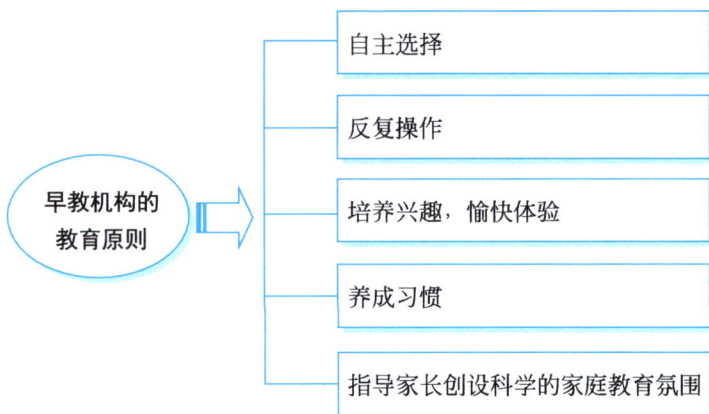

图3-1　早教机构的教育原则

2. 反复操作

早教机构吸收蒙氏的教育理念，遵循婴幼儿成长的自然法则，针对婴幼儿的发展敏感期提供相应的工作和物质环境，满足婴幼儿反复练习的需要。

婴幼儿在不同的年龄阶段，敏感期是不一样的。根据婴幼儿的年龄特点和发展水平，确定符合发展需要的活动目标，婴幼儿通过对他喜欢的玩具和教具反复进行操作，可以使某方面的能力得到充分发展。

3. 培养兴趣，愉快体验

兴趣是最好的老师，也是婴幼儿跨入知识殿堂、融入社会生活的钥匙，培养婴幼儿的兴趣是亲子课程重要的活动原则。在亲子活动过程中培养婴幼儿的愉快情绪，增强他们的愉快体验，将在很大程度上决定他们能力发展的快慢与获取知识的多寡。

由于婴幼儿年龄小，亲子活动要注意动静及户内外交替，集体活动与自选活动相结合，教学环节与生活环节相结合。

为保证教学效果，一个活动可以多次重复进行，但要适当注意调整活动内容和活动节奏。既要防止过度疲劳，又要避免运动量不足；既要防止内容单一、形式单调，又要防止花样繁多、任务过重。尤其是户外活动中，要及时引导、帮助家长，有效组织，防止"放羊"现象。

4. 养成习惯

良好的学习和生活习惯有助于婴幼儿学习、生活能力的培养，可达到事半功倍的效果。早教机构通过婴幼儿喜欢的工作，培养婴幼儿的专注力、秩序感，帮助婴幼儿建立规则意识，养成良好的习惯。

5. 指导家长创设科学的家庭教育氛围

早教机构教育成败的关键，就在于家长教育观念的更新与教育技能的提升。教师要有目的、有计划、有组织地面对家长及看护者（尤其是老人及保姆），开展科学育儿的具体指导活动。

由于婴幼儿年龄及活动时间的限制，早教机构教育效果的显现需要家长的参与。教师要全面了解早教机构家长，针对他们及婴幼儿成长的需要来设计活动目标，选择适宜的内容和方法。除了在活动过程中对家长进行必要的示范和讲解，老师也要采取适当途径，保证家长真正能将新观念、新方法带回家，改善家庭教育环境，从而保证婴幼儿获得可持续性发展。老师通过指导家长与婴幼儿共同游戏和交流，传播教育婴幼儿的新观念，让他们进一步体验教育的原则和方法在实践中的应用价值，提高他们科学育儿的水平和能力。

三、体现早教机构的教育特色

世界上没有完全相同的两片树叶，更不会有完全相同的孩子，早教的目的是通过科学的游戏，观察、了解每个孩子的天性、特质，采用特殊性、针对性的方式，做到因材施教。所以，早教不是控制孩子，让他们按照大人的标准要求自己，而是让他们顺应天性，尽情发挥自己的创造力、想象力。早教中心的作用就是帮助孩子发现潜质，在孩子的成长过程中提供适当帮助。因此，早教机构应体现出自己的教育特色，具体如图3-2所示。

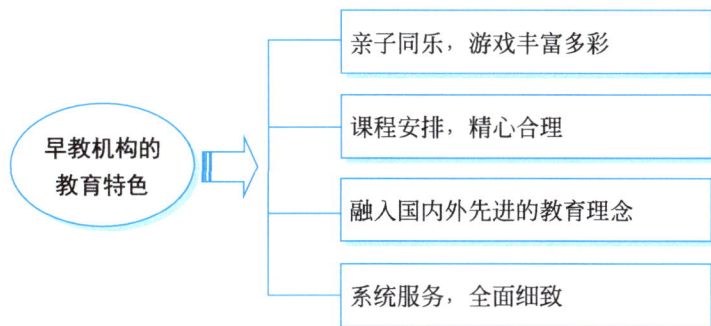

图3-2　早教机构的教育特色

1. 亲子同乐，游戏丰富多彩

亲子游戏包括体能游戏、感觉统合（也称感统）游戏、音乐游戏、美劳和创意活动、亲子互动等，是促进婴幼儿身心健康发展的有益手段。儿童在亲子游戏中通过直接接触各种事物，获得经验和体验，所获得的知识、经验和技能往往比在独自游戏和伙伴游戏中获得的知识、经验和技能更丰富，更有利于认知发展。通过亲子游戏，充分激活婴幼儿大脑细胞，提升宝宝听觉、触觉、视觉、运动觉、前庭平衡、语言智能、动手等能力水平，加深亲子感情，促进宝宝的智商和情商同步发展，逐渐形成良好的行为习惯。这样可以使宝宝的智力与非智力因素在婴幼儿期获得全面发展，创造良好的人生开端。

早教机构教育与家庭教育的区别主要在于教育氛围，而这个氛围是由家长、婴幼儿和老师共同创设的。由于亲子游戏以亲子之间平等的玩伴关系、亲子感情为基础，因此，亲子游戏带有明显的"亲情"性质，能够进一步促进亲子关系的发展，加强亲子间的情感联系。亲子游戏中亲子间的密切关系增加了家长教育和帮助婴幼儿的机会，婴幼儿会愉快地接受家长的建议，有利于改善家庭生活质量。教师要注意家长和婴幼儿间的互动，同时更要注重组织者与家长之间的互动。

早教机构家长的素质普遍较高，爱学习，也有许多丰富的经验和方法，要善于整合利用家长丰富的教育资源。而且因为对婴幼儿的爱，家长对活动抱着很高的期望，要充分调动家长参与活动的积极性。教师可以有意识引导家长之间相互分享、交流教育经验。所以在制订教学计划时，应多和家长沟通，了解家长在教育婴幼儿方面的问题和经验，必要时可以请家长做教师。

2. 课程安排，精心合理

课程安排包括潜能开发亲子活动、数学启蒙亲子活动、蒙氏感官亲子活动、感觉统合亲子活动、逻辑思维训练活动等。寓教于乐，学与玩穿插统一，既让婴幼儿体会到游戏和成长的快乐，同时也有助于形成良好的学习习惯。

3. 融入国内外先进的教育理念

教育理念是课程的灵魂。早教机构的活动融合蒙特梭利与多元智能教育思想、教育理念，尊重幼儿成长的自然法则，及时捕捉婴幼儿发展的敏感期，在活动中培养幼儿的专注力、独立性、秩序感及自信心，培养幼儿做事有始有终的好习惯，促进幼儿完整人格的发展。在亲子互动游戏中，父母更加了解婴幼儿的喜好和品格，会尊重婴幼儿的需要和兴趣，并能针对婴幼儿具体情况进行相适宜的教育，亲子之间充满乐趣、和谐、平等。而且由于有成人的引导与帮助，儿童能很好地承担游戏合作者的角色，有助于社会交往水平的提高。

　　早教机构的教育，本质上不是教授婴幼儿具体的知识，而是给幼儿提供一个发展的平台，学习的内容越浅易越便于婴幼儿理解、迁移、创新。如提供给婴幼儿的歌曲都是源自奥尔夫、柯达依音乐教育体系，能培养婴幼儿的乐感、音准、节奏等音乐最基本的元素和对音乐的感觉、兴趣及愉快情绪，从而发展婴幼儿的音乐素养。

　　教师、父母必须不断提升自己的人文修养，学会用心灵去感知、影响婴幼儿，学会使用知识体系、情绪情感、心灵（第六感觉）去和婴幼儿建立更强有力的沟通渠道和情感纽带。

4. 系统服务，全面细致

　　早教机构的亲子课程服务体系，应包括婴幼儿潜能开发活动、亲子教育及婴幼儿心智发展测评、育儿咨询与指导、妈妈课堂及家长论坛、家庭育儿指导方案等。

四、实现早教机构的教育目标

　　0岁开始的早期教育，关键在于系统训练，运用科学系统的方法，对手脑进行全面开发。早教机构可以依据婴幼儿的年龄特点及发展需要编制课程内容，重在对婴幼儿心理健康的辅导，重在对感知觉和生活能力的训练，以游戏和自然学习的形式进行活动，强调感官训练、体能锻炼和语言、认知、社会交往等综合能力开发，满足婴幼儿身心发展全面需求，增强亲子情感交流。早教机构的教育以促进身体潜能为依托来激发心智潜能，以稳定积极的情感来支持心智潜能发展，以促进婴幼儿社会化为家庭教育指导主要方向。

　　一般来说，早教机构的教育目标如表3-1所示。

表3-1　早教机构的教育目标

年龄		教育目标、内容
0.5～1岁	身心特点	宝宝脑发育的高峰期，也是情感、调控、语言启蒙、认知培养及肢体动作协调的关键期
	教育目的	帮助建立亲子情感纽带，使宝宝了解周围事物，取得对周围事物的信任，并产生安全感。启迪宝宝好奇心，激发宝宝对外界的探索兴趣和学习欲望。训练对语言的理解能力和学习能力，感知音乐的节奏与韵律，促进宝宝爬行、站立、四肢协调及手眼协调能力，适应感觉统合训练，发展前庭平衡能力
	教学方法	在亲子互动的基础上，通过身体抚触、触觉学习、听声寻物、辨别方向、爬行训练等活动，使宝宝初步感受到音乐的节奏、韵律及游戏的快乐，使宝宝在多方面得到锻炼

年龄	教育目标、内容	
1～1.5岁	身心特点	此阶段的宝宝理解能力、吸收能力强，理解简短的词句，能准确回应大人的要求，可以很稳地走路，开始学跑，喜欢四处走，是认知能力、语言、感官、大动作、精细动作发展的敏感期
	教育目的	促进宝宝听、视、触等感觉能力的发展，培养秩序感和动手能力，听懂并执行简单的指令，训练认知2～4种颜色及2种形状，使宝宝对音乐活动有一定的兴趣，使宝宝的四肢协调及前庭平衡能力有所提高
	教学方法	通过声音、味觉、触觉等多方面的刺激，通过各种类型的音乐欣赏，简单的器乐演奏，亲子互动的游戏活动，训练宝宝的触觉、前庭平衡觉及四肢协调能力
1.5～2岁	身心特点	宝宝已经走得很稳，会跑，会单脚站立，会搭积木、玩套桶，会口头数数，喜欢说话，喜欢被称赞，善于用表情表达感情，此阶段是观察和语言发展的敏感期
	教育目的	培养宝宝做事情的专注力、秩序感、学习语言的积极性和主动性，使宝宝形成良好的语言习惯。对宝宝身体的大肌肉动作、手的精细动作、认知能力、生活自理能力进行锻炼。培养宝宝对音乐活动的兴趣和爱好
	教学方法	学习人称代词"你、我、他（她）"，以亲子互动游戏、感统训练、体育活动等训练宝宝的触觉、身体平衡及协调能力
2～2.5岁	身心特点	初步形成时间、空间知觉概念，会说一些简单的代词，能完成3～5以内的按手或按物点数，会用笔画直线，此阶段是宝宝语言快速发展、计数能力发展及模仿能力发展的重要时期
	教育目的	通过蒙氏教具，以"叮当韵律"及音乐活动对宝宝进行引导，培养宝宝做事情的专注力、秩序感、学习语言的积极性和主动性，使宝宝形成良好的语言习惯。对宝宝身体的大肌肉动作、手的精细动作、认知能力、生活自理能力进行锻炼。培养宝宝对音乐活动的兴趣和爱好
	教学方法	对数字做初步了解，了解10以内数的前后关系和数量多少的比较，增强宝宝语言理解、认知学习（如方位词、时间代词）的能力，通过感统训练、体育活动对宝宝进行锻炼
2.5～3岁	身心特点	此阶段是宝宝控制身体的平衡能力、语言秩序感、社会交往能力、大肌肉动作、手指精细动作及认知能力发展的关键期，宝宝可以很自如地走、跑、跳跃，可以认识7～12种颜色，对语言有一定的理解能力
	教学目的	培养宝宝动手操作能力，强化语言表达，提高对音乐的节奏、韵律的掌握，训练宝宝有目的地用笔、剪刀、筷子等，在游戏中培养宝宝的社交能力
	教学方法	通过感统训练、蒙式学习、亲子互动与幼儿进行沟通交流，尊重宝宝个性的发展，使宝宝掌握更多的词汇，通过动手操作培养其审美能力，并取得成就感。特别针对此年龄段而设计的感统训练及体育活动，可以锻炼幼儿大肌肉动作的综合能力

相关链接：

××早教机构培训目标

一、0到1岁（婴儿期）目标

1.健康标准

（1）建立婴儿自主免疫力，少生病。

（2）前庭训练，让婴儿不吐奶，营养全面。

（3）排除睡眠障碍，让婴儿自然入睡。

（4）充分运动，让婴儿远离便秘、胀气、腹泻、肠绞痛。用健康天然产品，消除湿疹。

（5）喂养均衡，调理脾胃，身体匀称。

2.智力

（1）正确认识家庭成员的文字，并和家庭成员沟通。

（2）认识十种以上水果、颜色或用品，并用简单数字表达出来。

3.品德

（1）不会无理取闹、爱哭、发脾气。可以理解简单的道理解释并遵守去做。

（2）有良好的意志力，当碰到困难时，会想办法去完成。

4.心理发育

（1）10个月后具备初级人际交往能力。

（2）能直立行走和简单语言交流。

5.动作发育

（1）2个月抬头90°。

（2）4个月翻身自如。

（3）5个月独坐。

（4）7个月爬行自如。

（5）10个月直立行走。

（6）没有X腿O腿，没有内外八字脚。走路不踮脚。无肘关节形变。

二、1岁到3岁（幼儿）培训目标

1.健康标准

（1）完全建立幼儿自主免疫力，相比同龄宝宝生病次数明显减少。

（2）有标准健康体型。

（3）有良好运动能力、身体协调能力。

2.智力

（1）有简单的阅读能力。

（2）有音乐、舞蹈、体操表演能力。

（3）有沟通能力，与玩伴，老师，家长交流畅通。

3.品德

（1）懂得基本的人际交往礼仪礼貌。

（2）能日常生活自理。

（3）有正确是非观，能够听懂道理并实施。

4.心理发育

（1）具备儿童的人际交往能力。

（2）具备初级创造能力，爱动手，勤于思考。

（3）有初级的想象思维，学习力强，求知欲强。

（4）喜欢新的事物并探讨，喜欢旅游。

（5）无感统失调、自闭症症状。七大感觉器官协调性好。

（6）和同龄孩子相比，学习知识快、容易，花的时间短，效果更好。

第二节

构建早教课程体系

不同年龄段的孩子有着不同的敏感期，如0～1岁是对口唇的敏感期、1～3岁是对秩序的敏感期。基于此，早教课程的设计应该从儿童发展的规律和特点出发，运用科学的理念，根据孩子成长敏感期与重点，开创不同年龄段的早教课程体系。

一、精细动作训练

吸收、借鉴蒙氏的教育思想、理念、方法，培养宝宝的专注力、独立性、秩序感、耐力、毅力及良好的行为习惯。

1. 总的目标

（1）训练婴幼儿手眼协作的准确性和手的控制力。

（2）培养宝宝的探索意识和好奇心。

（3）使幼儿的无意识动作发展到有意识的动作。

（4）培养宝宝的耐力、毅力和思维能力。

（5）培养幼儿的独立性、专注力，同时让幼儿在潜移默化中养成了做事有始有终的好习惯。

（6）活动中加强了对幼儿顺序性的培养。

2. 活动的原则

（1）自由选择，满足婴幼儿内在的发展需要，培养独立性。

（2）反复操作，通过重复练习，让婴幼儿不断完善自我。

3. 活动的内容

（1）发展小肌肉动作：手指、手腕的灵活性及力度的练习。

（2）手眼协调能力：手的控制能力、双手的协作能力练习，提高婴幼儿心理活动的目的性，锻炼动作的精确性、准确性。

（3）手脑协调：双手协调动作的发展为智能发展铺垫基础。

（4）感官训练：视觉、触觉、听觉、味觉、嗅觉、前庭觉和本体感觉活动。

4. 活动的要求

（1）尊重婴幼儿的年龄特点、个体差异和需要，让婴幼儿自己选择玩具。

（2）不打断婴幼儿的学习，培养婴幼儿的专注力和持续力。

（3）让婴幼儿自己取放、整理玩具，培养婴幼儿的独立性。

二、亲子音乐活动

1. 活动目标

（1）培养音乐兴趣、发展听觉、培养节奏感及愉快情绪，开发婴幼儿的音乐智能。

（2）发展婴幼儿听觉能力、音乐感受力、节奏感。

（3）加速婴幼儿语言和认知能力的发展。

（4）配合游戏，增进婴幼儿肢体协调能力。

2. 活动的原则

（1）以培养兴趣为主，让婴幼儿对音乐产生兴趣，培养节奏感和兴趣，如学习《走走停停》《小手跳舞》《捏拢放开》。

（2）以培养愉快情绪为主，将音乐的快乐带到日常生活中，让婴幼儿学会享受音乐的乐趣。活动内容融入奥尔夫音乐体系、内容、方法，培养婴幼儿节奏感和对音乐的爱好。

（3）语言发展，将儿歌歌词运用说唱的形式进行节奏练习。

（4）歌舞表演，用动作表现出音乐及歌词中的内容。

三、语言认知活动

1. 活动目标

（1）培养婴幼儿的阅读兴趣，发展婴幼儿的视觉和听觉。

（2）在动手学习的过程中，发展婴幼儿的认知。

（3）培养婴幼儿良好的阅读习惯，开发智力，发展认知能力、语言能力。

2. 活动的原则

（1）提供适当的语言刺激（倾听，理解，表达）。如唱儿歌：小转椅，转啊转，宝宝宝宝转一转，说转它就转，说停它就停。

（2）提供适当的模仿对象（说话，手势，动作）。如让婴幼儿跟着老师一边唱儿歌，一边做动作：小小手，小小手，合在一起说"谢谢，谢谢"；小小手，小小手，摇摇小手说"再见，再见"。

（3）提供各种不同的活动经验。提供能促进视觉、听觉、触觉等方面能力的活动和玩具，提供环境让婴幼儿可以自由活动；让婴幼儿去摆弄、敲打、推拉各种玩具，提高兴趣；在不同活动中提供不同的语言刺激，这些活动可促进婴幼儿理解能力。

3. 活动的内容

（1）语言刺激：将儿歌加入到各种活动之中，注重语言的发展。

（2）认知内容：认识自身器官、颜色、小动物等，促进婴幼儿的知识增长并发展能力（如通过蝴蝶找花、图形找家、小动物找家等活动）。

（3）亲子关系：活动中体现出家庭对宝宝的爱，有利于心理健康发展。

（4）身体协调：游戏活动促进婴幼儿身体发育，发展大肌肉协调动作。

四、感觉统合活动

1. 活动的目标

（1）发展婴幼儿的平衡感、触觉、前庭觉、本体感。

（2）发展婴幼儿的肢体协调动作。

（3）保障婴幼儿左右脑的均衡发展。

2. 活动的内容

（1）平衡感的训练：平衡感是人类行动的基础，可从爬、晃动开始（如荡秋千、摇马、摇动游戏等）。

（2）触觉的训练：触觉是人体的重要感觉，发展触觉有助于提高婴幼儿对外界的认识（可通过按摩球、平衡步道、触觉板等）。

（3）前庭觉的训练：辨别身体的空间位置，提高头、眼、双侧的协调性，灵活身体（可通过滑梯、滑板等）。

（4）本体感的训练：强化前庭平衡、大小肌肉、双侧协调、灵活身体的活动。

五、亲子美工创意活动

1. 活动目标

（1）培养婴幼儿对色彩、线条、形状、绘画及参与手工活动的兴趣和敏感性。

（2）发展婴幼儿动手能力及想象力。

（3）培养婴幼儿良好的学习习惯。

2. 活动的原则

（1）创造具有艺术氛围的环境，让婴幼儿有意无意地接触色彩。

（2）尊重婴幼儿的想象和选择，鼓励和欣赏每一个婴幼儿的表现，使每个婴幼儿都获得成功的喜悦。

（3）培养婴幼儿良好的习惯：培养做事有始有终的习惯，不得中途放弃；有固定的地方放东西，用完放回原处，学会整理用品。

3. 活动的内容

让婴幼儿运用生活中的材料进行简单的美术创作，使其得到愉悦的情绪体验，培养初步的感受力、表现力、创造力。

（1）色彩、线条、构图的创造活动，培养婴幼儿对色彩、线条以及构图的兴趣，使其尝试各种涂鸦、涂画、添画的美术活动。

（2）各种材料的造型游戏，让婴幼儿运用手指、手腕的活动进行撕、折、粘、拼、揉等操作，大胆尝试多种材料做创意造型。

（3）让婴幼儿尝试使用各种美术工具材料，初步掌握一些工具、材料，如油画棒、水彩笔、剪刀、胶水等的使用技能。

六、体能游戏

1. 活动的目标

（1）在充分尊重婴幼儿成长发育规律的前提下，通过生动有趣、形式多样的亲子互动游戏，发展走、跑、跳、蹲、弯腰、钻爬、投掷等基本动作（大肌肉动作），发展平衡能力、触觉、本体感及四肢协调能力。

（2）促进婴幼儿各器官正常发育，增强体质，提高健康水平。

（3）在体育活动中培养婴幼儿的胆量、耐力、毅力，培养婴幼儿愉快情绪，促进社会性发展。

2. 活动的原则

（1）以发展基本动作为基础：根据婴幼儿不同年龄段的动作发展阶段与重点进行相应的体能游戏。

（2）全面性、重复性：动作技能练习应全面（大小肌肉、躯干四肢平衡协调发展），技能练习与感觉练习兼顾（运动与视、听、看、触等活动协调），动作技能与身体素质培养并重（技能与耐力、平衡能力、协调能力同步发展）。

（3）提供机会，支持发展（成人示范，婴幼儿观察、吸收、加工、模仿）。

（4）动静交替、定时定点、劳逸结合、有序锻炼、愉快体验。

（5）重视安全和安全教育，促进婴幼儿机体的生长发育，提高对环境的适应性。

3. 活动的内容

（1）发展婴幼儿趴、翻身、坐、爬、站、走、跑、钻、攀、跳的全身动作技能。

（2）促进动作的平衡、灵活、协调和身体控制能力的发展。

（3）融入语言、认知方面的内容，开展体能训练、游戏及学习为一体的活动。

七、数学启蒙游戏

1. 活动目标

（1）学前数学潜能开发，通过游戏活动培养婴幼儿对数学的兴趣爱好及好奇心。

（2）在动手活动中培养婴幼儿对数量的感知。

（3）培养婴幼儿良好的学习习惯，为今后数学学习打下良好的基础。

让婴幼儿在动手、动口、动脑、游戏中感知数量，主动探索，理解记忆，在游戏中进行数学方面的学前准备，发展婴幼儿数的概念，奠定数学发展的基础。

2. 活动的内容

（1）配对活动，结合一一对应的操作活动，引起婴幼儿对操作和数学的兴趣。

（2）排序活动，按大小、高矮等特征对物体进行单一顺序的排队。

（3）分类活动，按颜色、大小、形状分类的活动。

（4）对物体量的感知，如大小、长短、粗细、薄厚等。

（5）对数量多少的感知。

八、蒙特梭利感官教育活动

用蒙氏教具刺激宝宝的感官，在活动中培养幼儿的专注力、独立性、秩序感、自信心及完整人格。其活动内容如下。

（1）用教具刺激婴幼儿的感官及实体认知感觉。

（2）发展视觉活动：大小、颜色、形状的识别。

（3）发展触觉的活动：皮肤、温度、重量等感觉。

（4）发展听觉的活动：音的强度、高低。

（5）发展味觉、嗅觉：基本味觉识别及各种气味的辨别。

九、亲子阅读活动

发展婴幼儿的视觉听觉，在动手学习过程中，培养其阅读兴趣及良好的阅读习惯。

十、英语游戏

在游戏中进入英语世界，培养对英语的兴趣，发展对英语听说的敏感性，主要以英语律动、歌谣等形式出现。

十一、亲子游戏

1. 活动的原则

以建立亲子亲情为基础，加强亲子间的情感联系，促进婴幼儿安全依恋感的形成，培养愉快情绪，使家长和婴幼儿一同享受成长的快乐。

2. 活动的内容

活动主要包括发展运动能力的游戏（大小肌肉的训练），增进认知能力的游戏，培养科学头脑的游戏等。

十二、逻辑思维操作活动、创意游戏

让婴幼儿在动手操作活动中开动脑筋、发展智力，发展逻辑思维能力，从而培养出聪明的婴幼儿。具体可进行"什么不见了""少了一个什么"等游戏。

鼓励婴幼儿发现新的点子，在活动中和婴幼儿一起发现各种新鲜、好玩的玩具和游戏，放手让婴幼儿自己解决问题。让婴幼儿有机会参与生活，开发婴幼儿不同的潜能（如球的各种玩法、积木的各种搭法、用各种物品当乐器等）。

相关链接：

小马阿姨早教培训课程提纲

第1个月			
第1课	第2课	第3课	第4课
听懂新生儿哭声	音乐律动《泰迪熊》	音乐律动《泰迪熊》	音乐律动《泰迪熊》
倒悬垂抬头	被动操10节	听力训练（给新生儿穿衣服）	被动操10节
左右、前后摆动	左右旋转	左右旋转	颈部前群肌肉训练
音乐律动《摇篮曲》《进行曲》	抓、握海绵球	抓、握各种软硬球	摇摆和左右旋转
抱新生儿	拉伸运动	颈部两侧肌肉训练	牵拉手（半悬垂训练）
游泳训练	俯卧抬头	全身按摩	翻身训练（仰卧→俯卧、俯卧→仰卧）

续表

第2个月			
第5课	第6课	第7课	第8课
音乐律动《找朋友》	音乐律动《找朋友》	音乐律动《找朋友》	音乐律动《找朋友》
被动操10节	全身按摩	仰卧手舞足蹈	仰卧，左、右脚踢气球
借用枕头训练翻身	自主翻身训练（90°侧卧翻身）	手击球	独立完成俯卧→仰卧
肘撑俯卧抬头	拉手悬垂	摇摆和左右旋转	荡秋千
童车操	肘撑俯卧抬头	婴儿的"吃"	玩自己的脚
髋关节柔软训练	腰部柔软训练	柔软训练（转肩）	手的抓、放训练
第3个月			
第9课	第10课	第11课	第12课
音乐律动《小铃铛》	音乐律动《小铃铛》	音乐律动《小铃铛》	音乐律动《小铃铛》
主动全身运动	成人扶婴儿腋下旋转	拉手、脚旋转	舌头运动
手、脚悬垂游戏	七彩木珠	连续翻身	拉手仰卧起坐
斜面仰卧起坐	斜面翻身	吹气游戏	俯卧蹬腿
脚夹球	双手击吊球	传递球游戏	翻身取物
学习手语（拍手、再见）	仰卧蹬腿	摇沙锤	看图画
第4个月			
第13课	第14课	第15课	第16课
音乐律动《两只老虎》	音乐律动《两只老虎》	音乐律动《两只老虎》	音乐律动《两只老虎》
髋关节柔软训练（横一字）	靠坐	俯卧撑	竹竿操1～2节
滚球游戏	连续翻身取物	识字游戏	手拉放氢气球
俯卧直臂支撑	学习手语（你、我、他、睡觉、吃、喝、好、鱼）	拉脚成手倒立	坐位后滚翻
小竹竿拉手仰卧起坐	斜手倒立	蹦蹦乐跳跃	学习手语（球、香蕉、水、太阳、不要、要、上、下）
扶腋下下蹲起跳	左右传手	摇拨浪鼓	拉手悬垂上下震动

续表

第5个月			
第17课	第18课	第19课	第20课
音乐律动《小手爬》	音乐律动《小手爬》	音乐律动《小手爬》	音乐律动《小手爬》
接反弹球	扶肩空中后滚翻	仰卧—坐	跪撑爬行
看图画识字（爸爸、妈妈）	坐位左右旋转	仰卧后滚翻	学习手语（来、去、鸭子、牛奶、帽子、灯、大象、汽车）
跪撑	仰卧→坐	扶手下蹲起立	后滚翻经手倒立成俯卧
独坐	跪撑爬行	爬下沙发	吹喇叭
手棒击球	拣葡萄干	识字（爸爸、妈妈）	竹竿操3～4节
第6个月			
第21课	第22课	第23课	第24课
音乐律动：《马来了》	音乐律动：《马来了》	音乐律动：《马来了》	音乐律动：《马来了》
上坡爬行	竹竿操1～4节	识字（数字1、2）	前滚翻
握竹竿仰卧起坐→直立	前滚翻	不倒翁	躺→爬行
团身练习	盒子中取物	撕纸	跪的训练
击打玩具	帮助跪撑爬行	捉迷藏	相互递物
手倒立爬行	柔软训练（坐位转肩）	双手捧杯喝水	手拉竹竿悬垂
第7个月			
第25课	第26课	第27课	第28课
音乐律动《我有小手》	音乐律动《我有小手》	音乐律动《我有小手》	音乐律动《我有小手》
坐→爬行	徒手操1～3节	攀登→悬挂	蹦蹦乐
徒手操1～2节	识字（香蕉、苹果）	徒手操4～5节	徒手操1～5节
爬行钻山洞	爬行取球	爬行→坐	爬上桌子
照镜子	蹦蹦乐荡秋千	单臂荡秋千	垒沙包
攀登→悬挂	成人扶持站立取小铃	手指游戏	爬楼梯滑下

续表

第8个月			
第29课	第30课	第31课	第32课
音乐律动《小猪睡觉》	音乐律动《小猪睡觉》	音乐律动《小猪睡觉》	音乐律动《小猪睡觉》
攀登梯子	识字（电视机、冰箱、空调）	倒立爬行比赛	翻越围栏
徒手操5～6节	手指抠洞	攀登梯子	悬垂→半翻转
爬行比赛	翻越围栏	绳子拉汽车	后滚翻倒立爬行
积木垒高3～4块	握手旋转两个方向	爬越障碍	前滚翻组合
双语教育	取出碗内的玩具	竹竿操第5节	跪撑爬行→扶物起立
第9个月			
第33课	第34课	第35课	第36课
音乐律动《洗手绢》	音乐律动《洗手绢》	音乐律动《洗手绢》	音乐律动《洗手绢》
爬楼梯滑下	学习手语（飞机、花、书、猫、马、爱、老）	独立攀登	前滚翻组合
跪撑爬行→扶物起立→横行	爬上沙发再下来	识字（数字0～9）	柔软训练（左、右腿前后一字）
识字（全部家庭成员）	扶竹竿行走	找小动物	悬垂
抓移动的吊球	障碍爬行	柔软训练（左、右腿前后一字）	推学步车行走
翻越围栏	提两小桶	藏猫猫	柔软训练（坐位转肩）
第10个月			
第37课	第38课	第39课	第40课
音乐律动《合拢放开》	音乐律动《合拢放开》	音乐律动《合拢放开》	音乐律动《合拢放开》
手指游戏	攀登滑梯	捉迷藏	腰部柔软训练
倒立→前滚翻→爬行	识字游戏（认识动词）	翻越障碍	徒手操7～9节
翻越障碍	悬垂移动	竹竿操6～8节	独立直立位旋转
敲小鼓	七彩树	直立→坐	爬行→取球→直立行走回来
直立位旋转	直立行走的亲子活动	穿洞洞	涂鸦

续表

第11个月			
第41课	第42课	第43课	第44课
音乐律动《数鸭子》	音乐律动《数鸭子》	音乐律动《数鸭子》	音乐律动《数鸭子》
认字（认识颜色）	插积木	腰部柔软训练	爬高跳下
徒手操10～11节	跳蹦床	徒手操8～11节	双腿跳跃
走楼梯	坐→直立	爬高跳下	儿歌《毛毛虫》
套塔游戏	球类游戏（投固定的门框）	球类游戏（拍球）	孩子之间传递东西
球类游戏（投篮）	切小菜游戏	种蔬菜游戏	棍子够取远处的玩具
第12个月			
第45课	第46课	第47课	第48课
《拉德斯基进行曲》舞蹈	《拉德斯基进行曲》舞蹈	《拉德斯基进行曲》舞蹈	《拉德斯基进行曲》舞蹈
认字（开关）	徒手操8～11节	击打玩具	滑板车
直立行走的保护	绘本馆内看图书	倒走	套杯游戏
球类游戏（成人和孩子之间传接球）	摆脱困境	跨上台阶	跨越小沟
捏响球	拖拉拉	球类游戏（踢球）	兔跳二
兔跳一	前后滚翻	钓鱼	玩手电筒
第13个月			
第49课	第50课	第51课	第52课
音乐律动《小手小脚》	音乐律动《小手小脚》	音乐律动《小手小脚》	音乐律动《小手小脚》
走楼梯	斜面快走	走低平衡木	孩子和孩子之间传接球
捏水球	摆脱困境	后滚翻成蹲撑	小丸放入瓶内，盖瓶盖
手推小车	踢塑料南瓜	集体竹竿操	前滚翻→后滚翻→前滚翻游戏
斜面前滚翻	8字行走	小飞机	捡鸡蛋
认字（来、去）	堆软包	瓶中取物	多米诺骨牌

续表

第14个月			
第53课	第54课	第55课	第56课
音乐律动《找五官》	音乐律动《找五官》	音乐律动《找五官》	音乐律动《找五官》
认字两位数的数字	旋转→直立行走	推小车游戏	兔跳三
斜面快走变跑	悬垂横移	旋转取物比赛	攀登上→悬垂横移→攀登下
穿珠	投固定的球门框	手电筒（拆开、整合）	儿歌《毛毛虫》
旋转→直立行走	大球游戏	大象走路	跳远比赛
滑板车	水中捞月游戏	贴图画	气球游戏
第15个月			
第57课	第58课	第59课	第60课
音乐律动《背萝卜》	音乐律动《背萝卜》	音乐律动《背萝卜》	音乐律动《背萝卜》
推大球比赛	直立传接球	推小车游戏	接力赛
看图书《龟兔赛跑》	完成前滚翻	斜坡向下快速行走	障碍比赛
大象走路比赛	脱鞋子	钓鱼比赛	玩具：舀汤圆
足球射门比赛	学步车走8字	投篮比赛	跳高比赛
搭积木比赛	开锁	跨栏比赛	辨别不同颜色的球
第16个月			
第61课	第62课	第63课	第64课
音乐律动《来跳舞》	音乐律动《来跳舞》	音乐律动《来跳舞》	音乐律动《来跳舞》
转圈不倒	跨过小山	开火车	丛林冒险
猜猜球在哪只手上	实物配对	给扣子宝宝排队	做面包
倒立推小车	捡乌龟蛋	压饼干	吹泡泡
把圆形玩具送回家	摘苹果一	做太阳	贴小花
小手拍拍一	大拇指	小鸡小鸡	大皮球

续表

第17个月			
第65课	第66课	第67课	第68课
音乐律动《火车开啦》	音乐律动《火车开啦》	音乐律动《火车开啦》	音乐律动《火车开啦》
小马过河	小白兔跳跳取萝卜	送小动物回家一	登上云霄
小熊穿衣服	舀汤圆比赛	串糖葫芦	小纽扣回家
小摆钟	骑大马	踢球游戏	有趣的泡泡
做汤圆	画草莓	给豆豆涂色	盖印章
大苹果	划小船	儿歌《种豆》	请你跟我这样做
第18个月			
第69课	第70课	第71课	第72课
音乐律动《身体音阶歌》	音乐律动《身体音阶歌》	音乐律动《身体音阶歌》	音乐律动《身体音阶歌》
捉蝴蝶	送小鱼回家	小小野战兵	红绿灯
穿积木	信封装物	种豆豆	做糖果
横行的螃蟹	快乐的小火车	小狗倒立爬	倒车，请注意
套指环	给小鸡小鸭涂色	装车轮	贴气球
形状歌	拉钩钩	不吃手指头	大公鸡
第19个月			
第73课	第74课	第75课	第76课
音乐律动《快乐的小青蛙》	音乐律动《快乐的小青蛙》	音乐律动《快乐的小青蛙》	音乐律动《快乐的小青蛙》
寻宝取物	小青蛙回池塘	金鸡独立	揪尾巴
送小动物回家二	插工程积木	夹盘子	舀汤圆比赛
高人矮人	捡铃铛进盒子	碰一碰	开火车
小鱼吐泡泡	阅读《小布谷鸟让座》	画手	手指画果实
儿歌《光脚丫》	开汽车	小鸭子	小手拍拍二

第20个月			
第77课	第78课	第79课	第80课
音乐律动《我的身体会响》	音乐律动《我的身体会响》	音乐律动《我的身体会响》	音乐律动《我的身体会响》
炒黄豆	走过小桥套环	小袋鼠找妈妈	龟兔赛跑
戳洞洞	送动物回家比赛	奇妙的口袋	颜色接龙穿纽扣
玩具去哪儿了	躲避球	做三明治	滚动大龙球
认字（下雨、太阳、云朵）	小鱼吐泡泡	阅读《不同的乐器声》	阅读《不同的动物声》
猪小弟	小手碰碰	小青蛙	小汽车
第21个月			
第81课	第82课	第83课	第84课
音乐律动《农场里动物多》	音乐律动《农场里动物多》	音乐律动《农场里动物多》	音乐律动《农场里动物多》
送形状娃娃回家	踩石头过河	红绿灯游戏	过障碍给小鸭喂鱼
舀乒乓球进杯子	连接毛毛虫	切切看	百变雪花片
俯卧大龙球	骑大马	坐坐大龙球	滚雪球
美丽的花	喂叮当猫吃面条	给数字1、2夹夹子	贴小路
种豆	爸爸瞧妈妈看	大木桶	炒菜
第22个月			
第85课	第86课	第87课	第88课
音乐律动《走路》	音乐律动《走路》	音乐律动《走路》	音乐律动《走路》
过障碍投小球入圆孔盒	送数字宝宝回家	扑蝶游戏	荷花游戏
分类游戏	按图钉（太阳）	按图钉（蝴蝶）	按颜色串珠
滚过来滚过去	躺躺平衡台	摇晃平衡台	坐旋转大陀螺
拼小熊卡片	点连线（苹果）	放彩色毛线入瓶	给小鱼点眼睛
小老鼠上灯台	手指歌	金锅盖	造房子

续表

第23个月			
第89课	第90课	第91课	第92课
音乐律动《踢踏舞》	音乐律动《踢踏舞》	音乐律动《踢踏舞》	音乐律动《踢踏舞》
采蘑菇	晒手帕	大象运木头	小蚂蚁送食物
卖豆豆	毛毛虫回家	玩米	勺子舀颜色片
趴趴旋转大陀螺	滚动旋转筒	摇篮摇摇	跳床跳跳跳
小兔吃草	做比萨	捏饺子	手帕变变变
两个好朋友	找朋友	小花炮	小象
第24个月			
第93课	第94课	第95课	第96课
音乐律动《太阳眯眯笑》	音乐律动《太阳眯眯笑》	音乐律动《太阳眯眯笑》	音乐律动《太阳眯眯笑》
拔萝卜	过铁索桥	摘苹果二	推车运球
认识1和许多	夹蜜蜂一	夹蜜蜂二	记忆棋
小袋鼠跳跳跳	圆盘旋转游戏	大象爬	滑车板游戏
树叶	小鸭游泳	点连线（气球）	贴项链
喇叭花	瓜瓜花	秋风来	四季歌
第25个月			
第97课	第98课	第99课	第100课
音乐活动《小叮当》	音乐活动《小雨沙沙》	音乐活动《跳起来》	音乐活动《吹泡泡》
瓢虫拼图	蜻蜓拼图	小鸟拼图	小鱼拼图
微笑迷宫一	微笑迷宫二	微笑迷宫三	微笑迷宫四
数字串珠	数量关系1～5	数量关系6～10	数量关系1～10
海洋动物影子	交通工具影子	森林动物影子	家禽动物影子
软绳水果穿珠	插蘑菇钉	勾小鸭子	涂色（苹果）

续表

第26个月			
第101课	第102课	第103课	第104课
音乐活动《圆啤酒桶》	音乐活动《Wash Your Hands》	音乐活动《身体音阶歌》	音乐活动《吹泡泡》
大树拼图	小马拼图	青蛙拼图	花朵拼图
颜色接龙（小椅子）	数字接龙1～3	形状木桩	字母接龙A-B-C
小丑天平	二拼图形（圆、三角、正方）	数字猫头鹰	夹豆子
仙人掌一	老鼠吃奶酪一	智慧树	数字屋
拧螺丝	蘑菇插画	钓鱼游戏	涂色（帆船）
第27个月			
第105课	第106课	第107课	第108课
音乐活动《火车轰隆隆》	音乐活动《猫和老鼠》	音乐活动《小雨滴》	音乐活动《Mary Had a Little》
大象拼图	蝴蝶拼图	毛毛虫拼图	轮船拼图
彩虹树	猴子垒高	五彩缤纷树	组合金字塔
夹甜甜圈	运笔磁性绕珠（小鱼）	制作冰激凌	垒高彩色小帽子
仙人掌	分豆（黑、黄、红）	三拼图形	纺锤棒箱
不规则拼盘	黏土制作玉米	涂色（巴士）	搓纸树
第28个月			
第109课	第110课	第111课	第112课
音乐活动《握紧拳头》	音乐活动《Row, Row，Row Your Boat》	音乐活动《彩色纱巾》	音乐活动《请你跟我这样做》
小鸡成长拼图	恐龙成长拼图	兔子成长拼图	企鹅成长拼图
彩色蘑菇钉插画	立体小鸡蛋	形状插画	组合金字塔
微笑迷宫五	微笑迷宫六	微笑迷宫七	微笑迷宫八
夹子夹小球	绳子穿珠	筷子夹空心粉	插座圆柱体AB
涂色（柠檬）	涂色（草莓）	爱护牙齿	涂色（茄子）

续表

第29个月			
第113课	第114课	第115课	第116课
音乐活动《高人走矮人走》	音乐活动《雨儿别下啦》	音乐活动《我的头我的肩》	音乐活动《伦敦铁桥》
蝴蝶成长拼图	鸭子成长拼图	狮子成长拼图	长颈鹿成长拼图
企鹅天平	小瓢虫记忆棋子	数字卡位游戏	筷子夹水果颗粒
微笑迷宫九	微笑迷宫十	微笑迷宫十一	微笑迷宫十二
运笔磁性绕珠（公鸡）	动物平衡船	筷子夹小球	插座圆柱体CD
涂色（菠萝）	涂色（胡萝卜）	黏土制作煎蛋	涂色（青菜）
第30个月			
第117课	第118课	第119课	第120课
音乐活动《Little Star》	音乐活动《Rain Rain Go Away》	音乐活动《五只猴子》	音乐活动《小兔乖乖》
草莓成长拼图	玉米成长拼图	青蛙成长拼图	蜗牛成长拼图
物体对应关系	数字形状盒	小动物找身体一	水果接龙一
数字临摹1～3	找不同	几何形状配对	微笑迷宫十三
穿鞋带	拔钉子建筑积木	立体钓鱼游戏	插座圆柱体ABCD
涂色（香蕉）	涂色（汽车）	给父母设计发型	涂色（热带鱼）
第31个月			
第121课	第122课	第123课	第124课
音乐活动《十个手指扭一扭》	音乐活动《我爱我的小动物》	音乐活动《合拢放开》	音乐活动《我的朋友在哪里》
太阳花成长拼图	小兔子拼图	小鱼拼图	猴子拼图
数字火车0～10	数字形状屋	小动物找身体二	水果接龙二
穿纽扣	蝴蝶磁性绕珠	彩色圆柱体（高低排序）	二三四拼图形
插座圆柱体ABCD	小丑天平二	制作手环	小鸟吃果果
	拓印画（葡萄）	有趣黏土	手指画（冰糖葫芦）

续表

第32个月			
第125课	第126课	第127课	第128课
音乐活动《手心手背》	音乐活动《库企企》	音乐活动《好吃的食物》	音乐活动《风儿你带什么来》
小龙拼图	小猪拼图	绵羊拼图	老鼠拼图
迷宫练习	迷宫练习	迷宫练习	迷宫练习
几何阶梯图形（排序）	五颜六色一	四拼图形	数字找朋友（数卡）
蜗牛平衡天平	拔萝卜	穿鞋带	图形接龙
扣扣子	彩色子弹	涂色（蛋糕）	涂色（洋葱）
第33个月			
第129课	第130课	第131课	第132课
音乐活动《手臂律动》	音乐活动《问候舞》	音乐活动《洒水车》	音乐活动《鞋匠之舞》
中国地图拼图	世界地图拼图	女孩成长拼图	男孩成长拼图
捕抓彩色老鼠	猴子爬树	捕鱼（各色彩虹鱼）	彩色小蘑菇（小号）
彩色小数棒	彩色搭搭乐	小动物俄罗斯方块	夹豆子比赛
仙人掌二	大象驼木头	彩色圆柱体（49根）	数量关系1～10（动物）
制作圣诞树	涂色（樱桃）	制作果树	制作汉堡
第34个月			
第133课	第134课	第135课	第136课
音乐活动《三只小猪》	音乐活动《洗洗小手》	音乐活动《我的身体有什么》	音乐活动Apple
海星拼图	大闸蟹拼图	海贝拼图	热气球拼图
颜色接龙（4～5色）	拧螺丝钉	彩色圆柱体AB（感官）	彩色圆柱体CD（感官）
夹甜甜圈	水果叠叠乐	彩色小人积木垒高	猫头鹰垒高
分数小人	插棒棒糖	图形配对	数字配对（刺猬）
制作爸爸的领带	橡皮泥制作雪糕	涂色（汽车）	蚕宝宝

续表

第35个月			
第137课	第138课	第139课	第140课
音乐活动《小雨组曲》	音乐活动《三条鱼》	音乐活动《猫和老鼠》	音乐活动《点豆豆》
蜗牛拼图比赛	蜜蜂拼图	霸王龙拼图	翼龙拼图
组合交通车辆（职业）	四色小椅子垒高	水管组合	磁力片
迷宫练习	迷宫练习	迷宫练习	迷宫练习
翻滚猴子荡秋千	百变插珠	挂马卡龙饼干	企鹅破冰
制作飞机	涂色（西瓜）	制作快艇	涂色（西兰花）
第36个月			
第141课	第142课	第143课	第144课
音乐活动《许多小鱼游来了》	音乐活动《拔萝卜》	音乐活动《十个印第安小孩》	音乐活动《妹妹背着洋娃娃》
小狗开火车拼图	小熊航海拼图	潜水艇拼图	我们一家拼图
五颜六色二	拆墙	猴子香蕉天平	比萨塔
迷宫练习	迷宫练习	迷宫练习	迷宫练习
运笔磁性绕珠（蝴蝶）	老鼠吃奶酪比赛	夹饼干垒高	鸭子平衡天平
制作海盗面具	十二生肖纸杯	搓纸小树	涂色（哈密瓜）

第三节
创新早教课程模式

一、以游戏活动为主的课程

游戏活动主要包括音乐、美劳综合活动，户外自由活动，音乐与故事活动等环节。以游戏活动为主的课程，其组织形式类似于幼儿园托班的教学，是目前幼儿园办的早教机构主要的课程模式，这种模式便于老师知识、经验的迁移。

时间安排举例如表3-2所示。

表3-2 以游戏活动为主的课程安排

时间	具体内容
8:30～8:50	课前准备，和家长、婴幼儿交流；家长带婴幼儿室内自由活动
8:50～9:00	点名游戏，音乐律动或早操
9:00～10:00	音乐综合活动 美劳综合活动，包括绘画、颜料探索、手工制作、烹饪等
10:00～10:10	如厕、盥洗，洗手吃水果
10:15～10:40	户外自由活动（此环节应该和其他班级活动时间错开）
10:40～11:00	音乐与故事活动，包括音乐游戏及精彩的故事等
11:00～11:30	离园环节：交流，用午餐（根据早教机构条件和家长选择）

某早教机构每周六上午开展活动，由"亲子游戏""朋友多多""能干宝贝""户外活动""自选玩具"等组成。

（1）"亲子游戏"：家长和幼儿一起玩的亲子游戏，每次活动玩1～2个游戏，发展婴幼儿能力，增进亲情。

（2）"朋友多多"：让幼儿做自我介绍，如"大家好！我叫×××，1岁8个月啦"（然后再增加到天气、地点、问好等更多的内容）。也许他只会说这三句，但家长感到很开心，就会给婴幼儿一个积极的鼓励，让他说更多的话，鼓励婴幼儿大胆和小朋友交往，同时还让婴幼儿学会倾听别人的发言。

（3）"能干宝贝"：发展幼儿各种能力的活动，如为大气球涂上漂亮的颜色，为春天的小花添画小雨点等，发展幼儿的动手、动脑、手眼协调等能力，还培养良好的学习习惯。

（4）"户外活动"：玩游戏、做小动物操、玩大型综合玩具。

（5）"自选玩具"：让婴幼儿自选玩具、图书，也可以从家中带来和小伙伴交流分享。

这种课程设计模式对教师、场地和教具的要求较低，操作简便易行，投入小。缺点是专业度不够，对家长的指导少，不能满足较高层次家长的需求，收费标准难以提高。

二、以主题活动为主的课程

该类课程借鉴幼儿园单元主题教学、瑞吉欧方案教学的先进理念，将一系列内容相关联的活动组织起来，改变了以往早教机构各活动之间鲜有关联的局面，有利于家长掌握、参与教学过程。

但是，单个主题活动内部的关联，并不能代表主题与主题之间的联系就是有机的。从课程的整体结构来看，以主题活动为主的课程容易打破教育体系的严密性和完整性，这是要引起我们关注的。

1. 情感教育的专题活动

（1）"我爱妈妈"：将环境布置与主题活动内容相结合，请妈妈带来和婴幼儿一起照的相片。在给"妈妈的礼物"中婴幼儿们认真地用木珠串成项链，戴在妈妈的脖子上。这不仅锻炼了婴幼儿的手指，培养了手眼协调能力，还增进了母子间的亲情。

（2）"我爱我家"：和幼儿一起看家庭的录像、照片，亲子共同讲述家庭的成员、物品、生活趣事等。

（3）"我爱老师"：了解老师的工作情况，请家长和婴幼儿来扮演老师的角色等，开展换位思考，增进师、生、家长之间的了解和联系。

2. 发展婴幼儿社会交往能力的活动

（1）"我和哥哥姐姐在一起"：请大班的小朋友和婴幼儿一起活动，帮他们做一些简单的事情，和他们一起游戏。

（2）"英语歌曲表演会"：和早教机构小朋友共同进行的英语"大带小"系列活动。

（3）"生日会"：家长和老师一起给同月份出生的婴幼儿庆祝生日，发展婴幼儿人际关系智能。

（4）"家庭联谊会"：以家庭为单位，准备游戏、节目，家长和婴幼儿一起进行游戏、表演。可以将不同年龄段的各个亲子班都集中起来，到社区花园或附近的公园进行活动。

3. 帮助 2 岁以上的幼儿适应幼儿园生活的准备活动

（1）"走进幼儿园"：跟班上幼儿一起活动。

（2）"我爱幼儿园"：参观幼儿园环境。

（3）"节日联欢会"：体验集体生活的快乐。

三、以蒙氏理念为指导的课程

此类课程基本活动流程为四大块：走线、唱名；老师线上操作示范、宝宝自选工作（线上活动加转换环节）；亲子（美劳、音乐、语言、感统等）游戏；体育（含户外）游戏。

这种课程模式吸收、借鉴蒙氏的教育思想、理念、方法，以婴幼儿发展的关键期（敏感期）为依据，通过创设丰富的环境，培养婴幼儿的专注力、独立性、秩序感、耐力、毅力及良好的行为习惯。这类课程对环境的创设要求高，而且教具要及时更新调整，对家长的指导力度大，当然对教师的要求也高。课程中的亲子活动程序如表3-3所示。

表3-3　亲子活动程序表

时间：1～2小时

环节	教师	宝宝	家长
接待	热情地向家长和宝宝问好，询问有什么需要，及时帮助	向老师及同伴问好，脱鞋进入活动室	引导宝宝问好，稳定宝宝情绪，协助宝宝喝水、如厕、脱鞋等，做好上课准备
走（蒙氏）线	组织宝宝、家长听音乐，随着音乐节奏走线	跟着教师、家长走线	保持安静，引导宝宝安静、专心地走线
唱名（儿歌、手指谣）	亲切和蔼地向宝宝问好，欢迎宝宝，鼓励宝宝大胆地说出自己的名字	能勇敢、大方地说出自己的名字，介绍自己（小的宝宝老师点名时有反应）	鼓励、协助宝宝大胆表现自我
线上蒙氏活动（20分钟）	展示工作，宝宝工作时教师进行巡回引导、指导	宝宝观摩教师展示工作，然后独立操作	保持安静，尽量地让宝宝独立操作、探索，必要时进行引导、协助
生活环节律动（5分钟）	组织宝宝喝水、如厕等	喝水、如厕	帮助宝宝喝水、如厕
	组织宝宝和家长一起动起来做律动	做律动	鼓励宝宝动起来，一起做律动
亲子游戏（10分钟）	组织宝宝，指导家长进行亲子游戏	宝宝跟老师、家长一起玩亲子游戏	在教师的指导下和宝宝一起玩亲子游戏
户外活动	组织宝宝进行大肌肉运动	户外活动	在教师的指导下和宝宝进行户外活动
亲子诵读	组织宝宝和家长进行分享阅读	进行分享阅读	在教师的指导下和宝宝进行分享阅读
分享交流	和家长分享交流的同时，关注婴幼儿自己或小组的游戏	自己或小组玩积木等游戏	和教师总结本次课，交流育儿经验，提出意见和建议
结束活动	教师给宝宝发小红花等进行奖励，全体唱《再见歌》 宝宝与同伴、教师及其他家长互道再见		

> **小提示：**
>
> 　　这种模式明显拉开了早教机构和幼儿园的差距，普通的幼儿园老师没有经过相关的系统培训，不了解0～3岁婴幼儿发育规律和家长指导要点，是无法胜任早教机构的教育工作的。

　　下面提供一份某早教机构亲子活动操作规范的范本，仅供参考。

范本 ▸▸▸

亲子活动操作规范

一、亲子活动各环节目标

亲子活动各环节目标如下表所示。

亲子活动各环节目标

环节	活动目的
走线	（1）练习身体平衡，学习到优雅的姿势 （2）帮助宝宝平衡左右脑的发展，获得平衡感，使宝宝能控制动作，辨别方向 （3）稳定宝宝情绪，为下面工作做准备
唱名	（1）增强宝宝的交往能力，消除陌生感 （2）培养宝宝听指令做事的能力，增强宝宝的自信心 （3）激发宝宝参与游戏的兴趣
线上蒙氏活动	（1）通过材料、教具锻炼宝宝小肌肉的发展，促进脑发育，达到开发智力的目的 （2）体验工作、游戏的快乐，满足宝宝自身发展的内在需要
分享阅读	（1）激发宝宝的学习动机和早期阅读的兴趣，培养早期阅读的良好习惯 （2）提高宝宝的语言能力、理解能力，开发宝宝的智力 （3）增进亲情互动，使宝宝健康发展
亲子游戏（音乐、语言、美劳）	（1）通过音乐活动培养宝宝对音乐的兴趣 （2）协助宝宝运用肢体语言感受节奏的快、慢、强、弱 （3）使宝宝感受肌肤之爱，体验与成人共同游戏所产生的亲情互动 （4）教师指导宝宝掌握游戏要领，关注宝宝情绪，发挥宝宝游戏的主动性（可随宝宝的兴趣，请宝宝自己选择游戏内容）

续表

环节	活动目的
户外活动	（1）根据宝宝的年龄特点及动作发展，通过游戏有目的地训练，发展宝宝的基本动作 （2）锻炼宝宝动作协调发展的同时，教师注意观察宝宝动作发展的程度及家长的指导方法
聊天角	分享教育经验，交流家园教育情况，进一步促进家园同步教育

二、基本活动流程

接待、问好，走（蒙氏）线，唱名（儿歌、手指谣），教师线上操作示范，宝宝自选工作（线上活动加转换环节），音乐游戏、亲子游戏（美劳、音乐、语言、感统等活动）、分享阅读亲子诵读、体育游戏（含户外）、结束活动（聊天角）。

（一）接待、问好

教师：向家长和宝宝热情问好，简单询问近况，有什么需要，及时帮助。

宝宝：向教师及同伴问好（示意）。

家长：引导宝宝向他人问好，稳定情绪，协助宝宝做好上课准备（衣服、喝水、上厕所）。

（二）走（蒙氏）线

教师：组织宝宝、家长随轻柔的音乐有节奏地走线，姿态优美，轻声交代要求。

宝宝：跟着教师，在家长的陪同下走线，尽量自己走，也可以牵着家长的手。

家长：保持安静，引导宝宝安静、专注地走线，姿态优美。

走线目标：

稳定宝宝情绪，为进行下面工作做准备；练习平衡，矫正脚形，培养优雅的走姿、体态；学会等待，培养专注力。

（三）唱名（儿歌、手指谣）

教师：亲切地向宝宝问好，欢迎宝宝，鼓励宝宝大胆说出自己的名字。

宝宝：能勇敢、大方地说出自己的名字，介绍自己（不会说话的点名时有反应）。

家长：鼓励、协助宝宝大胆地表现自我。

唱名目标：

（1）宝宝能说出自己的名字，互相认识，增强宝宝的交往能力，消除陌生感。

（2）培养宝宝听指令做事的能力，增强宝宝的自信心，激发宝宝参与游戏的兴趣。

（3）发展宝宝当众表达的勇气与语言组织水平，满足宝宝被崇拜的需求。

（4）通过按节奏说名、唱名、英语唱名活动，发展语言能力。

（四）教师线上操作示范

教师：动作规范、态度亲切、姿态优雅、神情专注、语言简练地展示工作，同时交代清楚工作要求、目标。

宝宝：安静等待，观摩教师展示的工作。

家长：把握教师展示要领，以便指导宝宝。

1.宝宝自选工作（精细动作操作）

教师：进行巡回指导。

宝宝：先取工作毯，再选择自己喜欢的工作，然后独立操作。

家长：保持安静，和宝宝面对面坐，尽量让宝宝独立操作、探索。

2.精细动作目标

（1）体验工作、游戏的快乐。

（2）把握各感官的敏感期，培养认真、精确、敏锐地认知、辨异、比较、分析等能力，加强对婴幼儿顺序性的培养，同时让婴幼儿在潜移默化中养成做事有始有终的好习惯。

（3）发展小肌肉动作，使婴幼儿的无意识动作发展到有意识的动作，增强宝宝手眼协调的准确性和对手的控制力。

（4）培养宝宝的独立性、专注力、秩序感、毅力、耐力。

（5）学习自主选择、操作工作，增强自主性、探索意识和好奇心。

3.教师教具示范的要求

（1）教师要事先了解婴幼儿已经掌握或做过哪些工作，尤其是已经在别的早教机构上过课的宝宝。

（2）预备环境时，教具必须完整，并且陈列在婴幼儿能看得到、拿得到的地方。

（3）先自行充分了解每份教具的教育目的，并练习正确的示范步骤，组织好语言。

（4）示范教具时，必须清除环境中不必要的物品，只放置所要示范的教具，减少干扰。

（5）在示范教具时，原则上教师应在婴幼儿的右侧，或以30°角倾斜面对宝宝。婴幼儿面向教具，可以清楚观察老师的动作。

（6）操作时的语言提示，要尽量简单扼要、正确规范；如果家长没有及时领会，要再做相应说明。

（7）教师在示范教具时，要神情专注、兴致勃勃，以引起家长和婴幼儿的关注。

（8）示范教具时，必须让家长和婴幼儿从头到尾完整看清楚，重点、关键环节和重点动作要适当夸张、放慢节奏，让大家都能清楚、明白。

（9）教师应该强调教具的正确使用方法；但若婴幼儿自创有助于其智能发展的工作方式，教师应多观察、分析而不干涉。

（10）教育家长要及时引导婴幼儿自己取放东西，收拾完整，在哪里拿的放回哪里去，从小培养宝宝做事有始有终的好习惯。

（11）为了吸引婴幼儿和家长的注意力，教具需要经常更换；但每次摆放不要太多，应该逐渐替换。

（12）要引导、动员家长积极制作教具，增强参与活动的广度和深度。

（五）宝宝自选工作（线上活动加转换环节）

教师：放节奏欢快的音乐，组织宝宝收拾工作、喝水等。

宝宝：收拾工作、喝水（牛奶）、上厕所。

家长：帮助宝宝收拾好工作、喝水等。

（六）音乐游戏

教师：放动感强的音乐，组织宝宝和家长一起动起来做律动。

宝宝：和大家一起做律动。

家长：和大家一起律动，鼓励宝宝动起来。

（七）亲子游戏（美劳、音乐、语言、感统等活动）

（1）使宝宝感受肌肤之爱，体验与成人共同游戏所产生的亲情互动。

（2）在活动中与同伴、家长、教师互动，扩大交往面，提高社会化水平。

（3）培养亲子亲情、愉快情绪、开朗性格，开发各种潜能，发展肢体协调动作，培养社会交往能力和良好的行为习惯。

（4）发展幼儿的听觉能力、音乐感受力、节奏感和愉快情绪。

（5）培养幼儿对色彩、线条的感知能力及参加美工活动的兴趣，发展艺术想象力。

（八）分享阅读亲子诵读

（1）激发宝宝的学习动机和早期阅读的兴趣，培养早期阅读的良好习惯。

（2）发展宝宝的视觉、听觉和语言能力、理解能力。

（3）增进亲情互动，发展完整人格。

（九）体育游戏（含户外）

（1）在充分尊重婴幼儿成长发育规律的前提下，通过生动有趣、形式多样的亲子互动游戏，发展婴幼儿动作的平衡、灵活和协调，促进婴幼儿各器官正常发育，增强体质，提高健康水平。

（2）在活动中培养婴幼儿的胆量、毅力、耐力，培养愉快情绪，促进社会性的发展。

（3）教师注意观察宝宝动作发展的程度及家长的指导方法。

（十）结束活动（聊天角）

如果班级人数较多，可以由一名教师组织宝宝继续活动（小运动量），另一名教师总结本次课，交流育儿经验，提出意见和建议。如果婴幼儿不多，可以亲子同时在场进行分享、小结活动。

活动后的沟通、反馈：及时听取、主动征求家长意见、建议（尤其是比较懂行或参加过其他亲子活动的家长），可以填写观察记录表或反馈表。

提示宝宝和同伴、老师互道再见。

四、项目式的课程

这种早教机构来源于"东方智能亲子中心"，严格说是一种商业性的运作模式。整个早教机构通常分为亲子游戏室、感觉统合室、感知思维室、认知能力室、艺术活动室、蒙氏工作室等3～8个专业功能室，总面积在500平方米左右。这种模式，与其说是课程模式，不如说是项目经营运作模式，对举办者的项目运作能力、场地环境、师资人数、投资规模、管理水平都有较高的要求。

项目式的课程的内容如表3-4所示。

表3-4　项目式的课程

项目	对象	活动目的	服务项目	时间
亲子游戏活动厅	0～3岁	开发婴幼儿潜能，增进亲情关系	咨询、测评、游戏、讲座、跟踪	每周活动1～5次1～2小时/次
亲子阅读训练室	2～3岁	创设环境，通过数百种游戏，发展其语言、阅读、欣赏及思维能力	听、认、读、欣赏	每周活动1～3次1小时/次
感知思维训练屋	2～3岁	通过感官教具，进行训练活动，培养感知觉能力	训练活动	每周活动1～3次1小时/次
认知能力活动坊	2～3岁	培养兴趣，增强动手能力，发展创造性思维	动手动脑	每周活动1～5次1小时/次
音乐智能馆	2～3岁	评估艺术发展潜质，培养早期艺术素养	测评、训练	每周活动2次1小时/次
美工智能馆	2～3岁	发展视觉空间智能和审美情趣	绘画、手工	每周活动2次1小时/次

早教机构
人事管理

第4章

导言：

　　内部人员工作是否积极对于企业发展有着强烈的影响，早教机构也不例外，建立有效的组织、形成和谐的员工关系可以提高工作效率，增加员工的工作热情，提升早教机构的活力。

第一节

建立组织架构

早教机构应有健全的组织架构和岗位分工。只有组织架构正常运作，才能保证各项制度得以贯彻落实。

一、建立组织架构的好处

早教机构作为一个企业，为了满足顾客（家长和幼儿）的需求，由一群人来提供其相关服务。而这一群人的工作，不但不能有所遗漏或重叠，更须注重工作效率，以达到最佳的服务与营运的目标。于是对这一群人事先做适当的安排是必要的，这就是组织。

1. 组织架构图的作用

可以显示其职能的划分（让员工非常清晰地看出自己的上升空间，从而达到激励员工积极性的作用）。

可以知道其权责是否适当（拥有什么样的能力的人可以胜任此职位，有效利用起人力资源）。

可以看出该人员的工作负荷是否过重（多大的工作量需要几人来做，做到工作的量化）。

可以看出是否有无关人员承担几种较松散、无关系的工作（让工作效率最大化）。

可以看出是否存在让有才干的人没有发挥出来的情形（让人力资源发挥最大的作用）。

可以看出有没有让不胜任此项工作的人担任的重要职位（做到"职对位"，使人力资源发挥最大的作用）。

2. 加强员工了解

通过组织架构图，员工可以了解如下内容。

（1）各人自身的工作权责及与同事工作的相互关系，权责划分。

（2）早教机构中对上司、对下属的关系，应遵循何人的指挥，须向谁报告。

（3）员工升迁渠道，建立自己的事业目标。由此，员工会积极帮助建设团队，发挥最大的团队效能。

二、如何建立组织架构

组织架构图并不是一个固定的格式，关键要考虑是否符合早教机构发展战略的需要，组织架构的功能是为了实现战略效果而将相关工作进行划分，因此要根据企业具体情况制定具体的个性组织架构图。

企业要根据具体情况（如部门的划分、部门人员职能的划分）制定具体的、整体的、个性的组织架构图，各个部门也要制定部门的、具体的、细分的组织架构图。

下面提供一份××早教中心组织架构及岗位说明书的范本，仅供参考。

范本 ▸▸▸

××早教中心组织架构及岗位说明书

一、作业流程与组织架构图

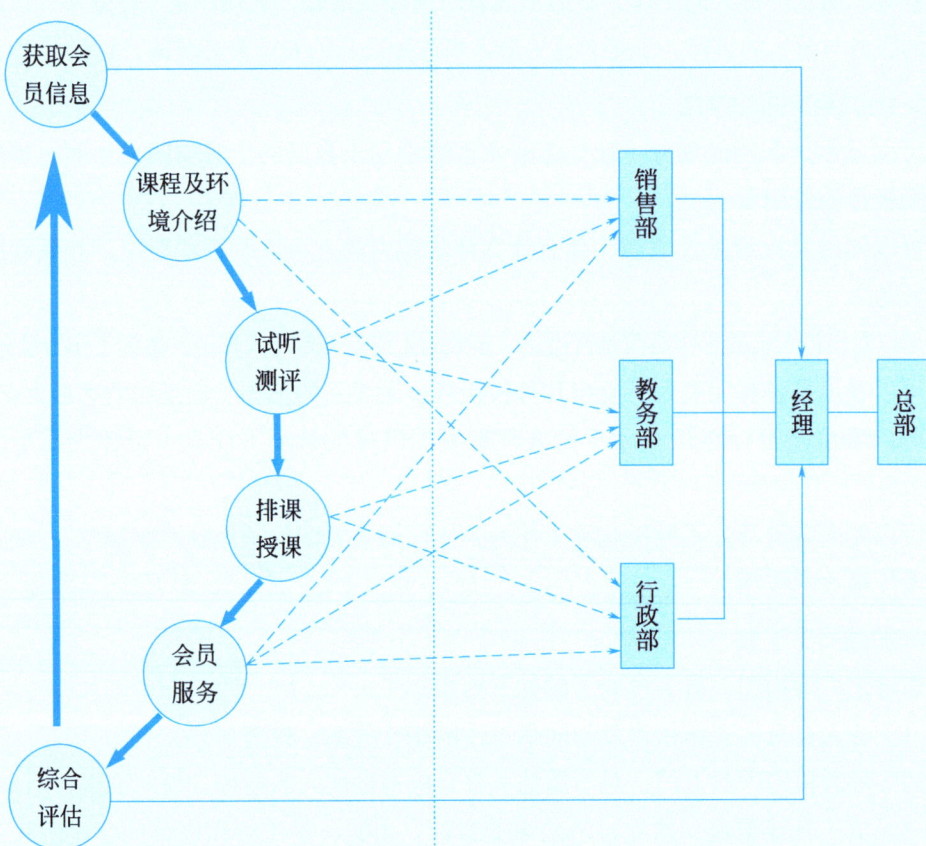

【图示说明】

1.本早教中心作业流程共分六个步骤，彼此承接、首尾循环。

2.本早教中心组织架构共设三大职能部门：行政、教务、销售，工作直接对经理负责。

3.获取会员信息。由总部、本早教中心活动或来电来访获取。

4.课程及环境介绍。包括课程特点、课时组织、师资及环境介绍，由销售顾问完成，行政文员协助。

5.试听测评。由顾问协调安排时间，教师组织完成，教师协助完成销售工作。

6.排课授课。由顾问与会员协调安排上课时间，由教师具体实施教学工作，行政统计会员课时。

7.会员服务。包括针对会员的入学前、中、后一切后勤支援和管理，由行政顾问负责收集，行政统计完成。

8.综合评估。包括各方信息汇总、反馈，教与学质量评测等，由经理组织，各职能部门共同协助完成。

二、经理岗位职责

职位名称	经理	直属上级	总部运营总监	所属部门	——
职位代码		管辖人员	员工	职等职级	经理
工作内容					
• 负责把握本早教中心发展方向，制定符合现阶段运营的教学及销售目标 • 制订年度工作计划和整体经营管理工作，并组织完成 • 推动各项管理规章、制度的建设和完善 • 负责制定本早教中心人员的任用及绩效考核标准 • 组织制订员工培训计划，组织技能考核 • 负责规范本早教中心各部门工作流程，协调激励各部门工作					
权责范围					
权力： • 对本早教中心发展规划、销售计划、课程引入有决定权 • 对文件有审批权或否决权 • 对各职能部门的总体经费支出有审核权或否定权 • 对本早教中心重大经营管理项目有主持权 • 对直属下级有监督、指导权 • 有人力任免权和本早教中心章程赋予的其他权利					

续表

权责范围
责任： • 对本早教中心经营管理的重大决策负主要责任 • 对本早教中心重大经营管理项目负主持责任 • 对本早教中心中、长期发展规划负组织、推动责任 • 对本早教中心全体员工负连带法律责任
任职资格
教育背景：本科及以上学历，经济管理专业、市场营销管理专业及其他相关专业 培训经历：受过管理学、合同法、财务知识、谈判技巧、产品知识、领导艺术等方面的培训 经验：3年以上管理经验，有早教中心或幼儿园教育机构管理经验者优先 技能：有较强的组织、计划、控制、协调、人际交往能力及较高的谈判技巧，能够带领一个团队进行高效工作；对本行业的发展市场有深刻理解；具有敏锐的市场洞察力和出色的预测、决策能力，同时具备快速学习和解决问题的能力 个性特点：态度乐观、积极向上，具备良好的抗压能力及高度的敬业精神

三、销售主管岗位职责

职位名称	销售主管	直属上级	经理	所属部门	销售部
职位代码		管辖人员	销售部所有顾问	职等职级	主任
工作内容					
• 全面负责销售部的市场运作和管理 • 推动销售部招生业务，推广本早教中心课程，组织完成整体招生计划 • 负责协调各部门工作，建立有效的团队协作机制 • 维持并开拓各方面的外部关系 • 管理并激励所属部门的工作绩效 • 组建本部业务团队，规范业务流程，制定业务制度，完成招生目标 • 制订招生预测、预算和相关人力计划，设计并实施促销计划 • 负责对课程销售后的教学进行评估、跟踪及管理 • 深入了解本行业，把握信息，提供高质量的增值服务					
权责范围					
权力： • 有权对本部销售费用的支出进行总体控制 • 有权代表本早教中心对外谈判 • 对下属人员有考核权；对下属完成任务的情况有考核权 • 对经理的决策有建议权 责任： • 对销售部计划的完成负组织责任 • 对销售部合同的签订、履行和管理负总体责任，如因合同的订立、履行及管理不善给本早教中心造成损失，应负相应的经济责任、行政责任甚至法律责任 • 对本早教中心中、长期发展规划负组织、推动责任					

续表

任职资格
教育背景：市场营销或相关专业，本科以上学历
培训经历：受过管理学、合同法、财务知识、谈判技巧、产品知识、领导艺术等方面的培训
经验：从事市场营销或销售工作3年以上；有两年以上整体市场策略、策划、市场综合营销管理经验；从事教育、金融、服务领域或电话销售经验者优先
技能：有较强的组织、计划、控制、协调、人际交往能力及较高的谈判技巧，能够带领一个团队进行高效的市场拓展工作；对本行业的发展市场有深刻理解；熟悉各种商业合同，能够代表本机构对外谈判并签订合作合同及协议；能够指导市场调查，并根据市场调查报告做出方向性建议；具备较强的客户开发能力和客户管理经验；具有敏锐的市场洞察能力和出色的预测、决策能力
个性特点：具有出色的人际沟通能力，极强的开拓精神和组织能力；具有良好的团队建设能力，高度的敬业精神

四、教务主管岗位职责

职位名称	教务主管	直属上级	经理	所属部门	教务部
职位代码		管辖人员	教务处所有教师	职等职级	主任

工作内容
·全面负责教务部的运作和管理（本部教师工作安排、新进人员的工作跟进、教师的在岗培训）
·制定教师从业标准，制定教师专业技能提升方案
·严格把关教学质量，监督教师按照质量标准完成上课内容
·负责对教师的工作绩效及时评定
·管理并激励教务部团队
·组建本部业务团队，规范业务流程，制定业务制度，完成教学目标
·协助销售部门拟定并实施"家长课堂"方案
·监督教师对于会员的维护及会员资料的整理
·监督教师完成教学教案，收集整理，填充成册
·深入了解本行业，把握信息，提供高质量的增值服务

权责范围
权力： ·有权对本部教务费用的支出进行总体控制 ·对下属人员有考核权；对下属完成任务的情况有考核权 ·对经理的决策有建议权 责任： ·对教学计划的完成负组织责任 ·对本早教中心教学质量负主要责任 ·对本早教中心中、长期发展规划负组织、推动责任

任职资格
教育背景：（学前）教育或相关专业，本科以上学历
培训经历：受过蒙特梭利教育、艺术教育、音乐教育等相关培训
经验：从事3年以上早期（幼儿）教育
技能：有扎实的专业基础、优秀的教育活动组织能力和专业技能；具有良好的团队协作意识及灵活变通的能力；有良好的组织能力及管理能力；热爱早教事业，有爱心、责任心，勇于接受挑战
个性特点：形象气质佳，善于沟通，有亲和力；普通话标准，语言表达能力强

五、行政文员岗位职责

职位名称	行政文员	直属上级	经理	所属部门	——
职位代码		管辖人员		职等职级	文员

工作内容
• 接待访客（搞清楚其来访的目的，引导其至相应的地点，回答问题并提供信息）
• 负责公司电话记录、分转、服务等工作
• 维护前台周围、接待区内的整洁，进行该区域内的日常维护和保养
• 负责经理交办文件的整理、归档工作
• 负责周例会的会议记录工作，会议结束后的24小时之内将会议记录复印分发到与会部门
• 收发公司各部门快递物品
• 负责本早教中心环境卫生的监督工作，及时指挥清洁人员清扫
• 负责POS机和会员软件操作管理，会员签到及课时统计
• 负责经理交办的其他工作

任职资格
教育背景：文秘或相关专业，中专以上学历
培训经历：曾接受过社交礼仪、办公文秘、文书写作、档案管理等培训
经验：有前台接待、电话回访、文秘等工作经验
技能：良好的语言能力及书面表达能力；良好的电话应答礼貌及技巧；熟悉使用操作办公自动化设备，包括计算机、打印机、传真机、复印机等设备
个性特点：形象气质佳，有亲和力；认真负责，能较好地执行上级交办的工作；工作效率高，条理性强，有团队合作精神；保密意识强

六、课程顾问岗位职责

职位名称	课程顾问	直属上级	销售主管	所属部门	销售部
职位代码		管辖人员		职等职级	文员
工作内容					

- 协助本早教中心的品牌推广、完成课程销售工作
- 协助销售主管组织实施月、年招生计划；完成每月销售计划，并跟踪执行过程及结果
- 收集同业信息并进行分析预测
- 对本早教中心课程进行调研分析以便更好完成课程销售工作
- 负责客户的签约、排班等相关工作
- 建立家长与中心之间沟通、联系的渠道
- 协助家长取得需要的各种客户服务（调班、请假、活动安排、育儿咨询等）
- 协助教务部门提高教学质量
- 协助行政文员做好玩具区的环境整理
- 配合及参与本早教中心或总部提供的在职训练

任职资格

教育背景：市场营销专业或教育相关专业，大专以上学历

培训经历：受过市场营销学、管理学、产品知识、财务知识等方面的培训

经验：有3年以上的市场营销类工作经历，具备成功地进行过品牌产品市场策划和市场推广经验

技能：有较强的时间管理能力和执行能力；具备敏锐的市场洞察能力及分析能力；语言表达能力强，思维敏锐，文笔好，分析能力强；熟练使用办公自动化软件

个性特点：具备执行能力、注重实效性；性格开朗、学习能力强、敬业；具备强烈的集体认同感和团队合作精神；具有良好的沟通、协调和组织能力，善于与人合作

七、教师岗位职责

职位名称	教师	直属上级	教务主管	所属部门	教务部
职位代码		管辖人员		职等职级	文员
工作内容					

- 根据课程表做好充分的准备工作，并形成备课笔记
- 保证课程完整度以及课堂气氛，保证授课质量
- 认真服务会员，做好升班的沟通及交接工作
- 积极做好会员的回访及维护工作，尽量杜绝延课现象，达到100%续费
- 认真填写《宝宝成长手册》，记录婴幼儿的成长表现
- 负责教具、教室等硬件维护工作；每日清洁当日使用教具，每月第四周的星期三做一次大型清理
- 协助销售部完成每月销售目标
- 配合及参与本早教中心或总部提供的在职训练

续表

任职资格

教育背景：（学前）教育或相关专业，本科以上学历

培训经历：受过蒙特梭利0～3岁、3～6岁的教育、艺术、音乐等方面的培训

经验：具备教育行业从业经验或幼儿相关行业工作经验；亲子教师需具备育婴指导经验或育儿经验；音乐教师需具备音乐教育相关工作经验；艺术教师需美术相关专业毕业，有从事相关教育工作经验；儿童家教师需具备蒙特梭利师资认证，从事蒙氏教育1年以上

技能：有较强的时间管理能力和执行能力；语言表达能力强，思维敏锐，文笔好，分析能力强；具有教育相关专业技能（音乐专业、美术专业、蒙特梭利教育相关资格证）

个性特点：形象气质佳、具备极强的亲和力；普通话标准，表达流畅，富感染力和气氛调动性；性格开朗、学习能力强、敬业；具备强烈的集体认同感和团队合作精神；有良好的沟通、协调和组织能力，善于与人合作

八、办公室值班人员岗位职责

职位名称	值班人员	直属上级	经理	所属部门	——
职位代码		管辖人员		职等职级	——

工作内容

- 接待访客（搞清楚其来访的目的，引导其至相应的地点，回答问题并提供信息）
- 负责详细登记来电、来访记录
- 维护前台周围、接待区内的整洁
- 收发公司各部门快递物品
- 负责前台日常工作（一楼广告单页的摆放、LED灯的关闭和开启）
- 离岗时排除安全隐患（水电等）

工作要求

- 工作时间是9:00～17:30，不得迟到或早退
- 工作态度严谨，认真负责，耐心对待来访和来电客户的咨询
- 维护好本早教中心的品牌形象，注意个人仪表（值班需着工作装）及环境卫生
- 值班期间注意安全

九、清洁人员岗位职责

职位名称	清洁人员	直属上级	行政文员	所属部门	——
职位代码		管辖人员		职等职级	文员

工作内容

- 本早教中心全部地面的每日清洁工作
- 各间教室的玻璃及教具柜每日清尘工作
- 一楼至本早教中心大厅的通道的每日清洁
- 公共区域及各办公室产生的垃圾的每日清理

续表

工作内容
• 游乐区地面周五、六、日的清洁工作
• 游乐区玩具每月双周（第二周、第四周）周日下午做清洁消毒工作
• 鞋柜每日清理，每周日鞋柜内部彻底清理
• 卫生间的日常维护，及高频使用期（六日）后的彻底消毒工作
• 公共区域设施的清洗、清洁及维护（桌、椅、沙发、袜子、拖鞋）
工作要求
• 地面无纸屑、灰尘，光亮、不湿脚
• 教室玻璃、大厅鱼缸无手印等明显污渍
• 洗手间地面干净、不湿脚
• 洗手间内部设施（坐便器、水箱、垃圾桶）光洁、无水痕
• 洗手台镜面、台面光亮、干爽，洗手液、桶等工具摆放整齐
• 垃圾桶外部光洁，内部垃圾不得高于2/3
• 目视范围内整洁，目视范围外无死角
• 勤俭节约
任职资格
• 本市户口，高中或以上学历
• 吃苦耐劳、诚实勤恳
• 有清洁工作经验者优先

第二节

员工招聘管理

一、确定员工的任职条件

要招到合适的员工，首先要了解所需要的员工要具备哪些条件，然后依据这些条件去招人。

1. 员工自身的素质标准

（1）要有健康的身体。

（2）要有良好的职业道德素质。

（3）具有忠诚心、责任心、同情心、宽容心。

（4）要有良好的沟通、协调能力。

（5）要有团队合作意识和环境适应能力。

2. 员工的技能标准

要有较强的专业技能（一专多能），也就是要具备能够胜任工作的能力。

> **小提示：**
>
> 不是找最优秀的员工，而是找最合适的员工。

在招聘中，早教机构应注意员工的基本素质要求，要有服务精神、工作态度良好及渴望工作、身体健康、无传染病和生理缺陷，有团队精神、能服从管理、有早教行业从业经验，并具有学习能力者更好。

在招聘时，多招具有早教经验的教师。这样的教师除了可以快速进入工作状态令早教机构迅速走上正轨之外，还能顺带培训其他的新手。

相关链接：

早期教育机构岗位任职资质要求

1. 基本要求

从事早教工作的服务人员应符合以下要求。

（1）无不良记录，包括但不限于：无刑事犯罪、无失信记录、无职业道德违规记录、无列入黑名单记录等。

（2）无心理疾病、无生理性缺陷、无精神病史和传染病，并持有有效健康证明。

（3）仪容仪表端庄、大方，服饰整洁，不留长指甲，不得佩戴耳环、戒指等饰物。

（4）工作语言和行为应：

① 文明、健康、礼貌、得体；

② 符合照顾婴幼儿年龄特点的需要；

③ 能够引导、帮助婴幼儿形成良好的行为习惯、言语习惯和意志品质。

（5）定期参加职业道德、心理健康、专业知识、专业能力、安全知识、沟通技巧等培训，持续提高服务能力。

（6）机构负责人和教学人员每年应至少参与由国家相关部门或协会组织的24个学时的继续教育培训，内容包括早教政策法规、职业道德、婴幼儿心理学、婴幼儿卫生学、婴幼儿保育与教育、婴幼儿意外事件应急处理等专业知识、专业能力学习，持续提高专业能力。

2.早教从业人员的任职资格、条件和应具备的素质与能力

对早教机构各类人员任职资格、条件和应具备的素质与能力汇总如下表所示。

各类人员的任职资格、条件和应具备的素质与能力汇总表

人员类型	应具备的任职条件	应具备的素质和能力
机构负责人	机构负责人应具备以下条件之一 （1）学前教育、早期教育、教育学、心理学或医学护理类大专及以上学历者，应具有3年以上相关行业领域（托幼机构、妇幼保健部门等）从业经历，并获得由国家相关部门颁发的相关职业资格证书或协会颁发的早教指导师（高级）证书；无上述证书者，应出具高校或市级以上卫生系统颁发的婴幼儿心理学、婴幼儿卫生学、婴幼儿保育与教育、婴幼儿意外事件应急课程类学时证明，课程学时应不低于30学时 （2）非学前教育、早期教育、教育学、心理学或医学护理类专业具有大专及以上学历者，应具有5年以上相关行业领域（托幼机构、妇幼保健部门等）从业经历，并获得由国家相关部门或协会颁发的高级育婴师职业资格证书或早教指导师（高级）证书；无上述证书者，应出具高校或市级以上卫生系统颁发的婴幼儿心理学、婴幼儿卫生学、婴幼儿保育与教育、婴幼儿意外事件应急处理类课程学时证明，课程学时应不低于100学时	（1）能贯彻执行国家有关的法律法规、方针政策 （2）具有早期教育专业知识和技能，能对教学及其他服务人员进行业务指导 （3）具有一定的组织管理和沟通协调能力，能充分利用家庭和社区资源 （4）具有一定的（早期教育）数据收集与信息处理的能力 （5）能维护工作人员和服务对象的正当权益
行政管理人	（1）应具备大专或以上文化程度 （2）应熟悉早教培训、服务、管理相关事项和政策	（1）行政管理人员主要负责管理早教机构的日常行政事务，应具备一定的机构管理和沟通协调能力 （2）熟悉早教机构的日常事务，了解早教课程、机构教学人员情况的基本情况

续表

人员类型	应具备的任职条件	应具备的素质和能力
教研人员	教研人员应具备以下条件之一 （1）学前教育、早期教育、教育学、心理学或医学护理类大专及以上学历，并获得由国家相关部门颁发的相关职业资格证书或协会颁发的早教指导师（初级及以上）证书；无上述证书者，应出具高校或市级以上卫生系统婴幼儿心理学、婴幼儿卫生学、婴幼儿保育与教育、婴幼儿意外事件应急处理类课程学时证明，课程学时应不低于30学时 （2）非学前教育、早期教育、教育学、心理学或医学护理类专业但具有大专以上学历，具有3年以上托幼机构从教经历，并获得由国家相关部门或协会颁发的中级（或高级）育婴师职业资格证书或早教指导师（初级及以上）证书；无上述证书者，应出具高校或市级以上卫生系统婴幼儿心理学、婴幼儿卫生学、婴幼儿保育与教育、婴幼儿意外事件应急处理类课程学时证明，课程学时应不低于100学时	（1）具有婴幼儿课程研发水平和能力 （2）掌握不同年龄婴幼儿身心发展特点、规律及促进婴幼儿发展的策略与方法 （3）具有婴幼儿早教家庭指导服务、沟通能力与技巧
教学人员	教学人员应具备以下条件之一 （1）学前教育、早期教育、教育学、心理学或医学护理类大专及以上学历，并获得由国家相关部门颁发的相关职业资格证书或协会颁发的早教指导师（初级及以上）证书；无上述证书者，应出具高校或市级以上卫生系统婴幼儿心理学、婴幼儿卫生学、婴幼儿保育与教育、婴幼儿意外事件应急处理类课程学时证明，课程学时应不低于30学时 （2）非学前教育、早期教育、教育学、心理学或医学护理类专业但具有大专以上学历，具有3年以上托幼机构从教经历，并获得由国家相关部门和协会颁发的中级（或高级）育婴师职业资格证书或早教指导师（初级及以上）证书；无上述证书者，应出具高校或市级以上卫生系统婴幼儿心理学、婴幼儿卫生学、婴幼儿保育与教育、婴幼儿意外事件应急处理类课程学时证明，课程学时应不低于100学时	（1）掌握关于婴幼儿生存、发展和保护的有关法律法规及政策规定，如《中华人民共和国未成年人保护法》《中华人民共和国教育法》 （2）掌握不同年龄婴幼儿身心发展特点、规律及促进婴幼儿发展的策略与方法 （3）能设计安全应急处理预案，掌握意外事件和危险情况下婴幼儿安全防护与救助的基本方法 （4）具有婴幼儿早教家庭指导服务、沟通能力与技巧

续表

人员类型	应具备的任职条件	应具备的素质和能力
财务人员	财务人员应具有财会人员资质	（1）具有教育行业工作经验 （2）熟练运用各种办公软件 （3）具有良好的职业道德；工作条理性强，效率高；具备扎实的财务专业知识
法律顾问	获得相关的法律资格证书	（1）有较强的逻辑思维能力和适应能力，了解早教行业的基本状况，能协调机构相关业务部门之间的关系 （2）具有管理控制和风险防范能力，能根据早教机构实际情况，规范机构管理行为，依据风险来源，制定相应的风险防范措施，降低机构风险
其他人员	其他人员应满足以下条件 （1）其他人员应符合本标准附录B1的要求 （2）其他人员主要负责反馈处理、活动场所与设施检修、安全卫生管理、餐饮管理等工作 （3）其他人员应具备支持早教工作顺利实施的工作能力，应持有国家统一颁发的相关职业资格证书	

二、人员招聘渠道

目前企业对外招聘方式主要有以下几种方式。

1. 媒体广告

媒体广告以当地招聘广告业务突出的媒体为主，主要为报纸广告，在地域较小的城市有的强势媒体为电视，一般费用较高，效果较明显。

2. 店面 POP 广告

在店面显要位置张贴与招募相关的POP（Point of Purchase，意为卖点）广告，其主要针对店前的过往人群，一般费用节省，效果较不明显。

3. 人员推荐

通过熟悉的人员、早教中心的教师或相关幼教界人士的推荐，来招募人员，一般费用节省，效果较好。

4. 人才交流中介

人才交流中介机构拥有较多的人力储备，可以通过人才库信息查询与参加人才交流活动获得人力资源，但目前人才库信息的准确性与时效性较差，人才交流活动周期较长，一般费用较低，有一定效果。

5. 校园招聘

与幼教学校建立联系，便于招聘应届毕业生与实习学生，这对早教中心后备人员与兼职人员的储备有较大帮助。

6. 网络招聘

早教机构还可以在招聘网站上发布相关的招聘信息，让更多的求职人员可以进行应聘，从而也会拓宽企业的人才引进渠道。

> **小提示：**
>
> 在各大网站上进行招聘，对于收集到的简历，可统一设置关键词，利用招聘工具进行筛选，这样不仅可以提高招聘效率，还可以利用系统自动记录简历，为往后的招聘做准备。

三、人员招聘实施

1. 写招工启事

招工启事一定要说明用工政策，其中包括了工资待遇、食宿、休假等日常问题。

在招聘时，多招有工作经验的人，这可以使其快速进入工作状态，还能顺带安排他培训其他的新手。

2. 人员面试

应聘者通常需填写面试人员登记表。当面试员工时，不仅要看他们的技能，还要看他们的态度，可以向应聘人员提出下列问题。

（1）你原来在哪里工作，具体做什么工作？

（2）你为什么想来本企业工作？

（3）你希望得到什么职位？

（4）你认为你有哪些长处和弱点？

（5）你怎么支配业余时间？有什么兴趣爱好？

（6）你喜欢和别人在一起工作吗？当有人对你态度不好时，你会怎么反应？

3. 录用报到

如有录用意向，应电话通知应聘者，确定报到日期，通知的内容应包括：录用职位、工资标准和报到时应带的身份证明及当地法规要求的其他证明。

4. 签订合同

新员工报到后，应及时为员工办理入职登记并签订劳动合同。

5. 新员工的试用期

新员工有1～3个月的试用期。通常管理人员和接待员试用期3个月，文员试用期1个月，早教老师试用期可视人员技能情况决定。

相关链接：

早教机构如何管理新员工

1. 招聘源头上要把控好

人力资源部门最重要的工作就是招人，留人，育人，用人。

优秀员工是公司最重要的资产，一家公司要想持续健康地发展，在选拔人才方面必须下大力气。所以，很多早教中心的管理层，总是把人才的选拔当作最重要的工作来对待。

选人是管理者最重要的一项工作，如果这项工作没做好，后面出问题是必然的。

2. 让新员工感受到公司的文化氛围

有句话是这样说的："员工选择一家公司，往往是钱的因素；员工离开一家公司，往往不单是钱的原因。"

因此，新员工进公司，就像是新媳妇进婆家，既兴奋，又有点拘束。如何让新员工尽快融入新环境呢？可以派一个老员工教他熟悉公司的环境，了解各种配套的生活设施、工作流程和细节。这样新员工很快熟悉了工作环境，也和部门内外的人员熟悉了，不再有拘束感，感受到了一种关心协助的文化氛围。

3.给新员工学习的机会

新员工进来，一般主要提供以下课程来培训新员工。

第一堂课：企业文化与经营理念。所谓志不同，道不合。哪些是公司倡导的，哪些是公司反对的；在员工与同事、与客户的关系中，公司是持什么态度和立场的，这些都体现在企业文化与经营理念中。

因此，应把这堂课放在重中之重的位置，而且尽量邀请总经理或其他高管来授课，因为他们体验最深，也能讲得最透彻。

第二堂课：产品专业知识。面对同质化产品竞争的外部环境，企业的销售团队，更需要顾问式的、专家式的销售人员。只有对公司产品熟悉，对同行产品了解，对行业趋势有见解，才能引导客户和教育客户，使其成为公司的忠实的合作伙伴。

第三堂课：销售技能培训。巧妇难为无米之炊。在具备以上二条的基础上，再通过一些实际的案例、互动培训，让员工掌握一些阐述产品价值、沟通表达、客户开发、客户服务等方面的技巧，从而让客户产生认同感，提高忠诚度，进而提升客户满意度水平，最后达到口碑宣传的效果。

4.关心、尊重并信任新员工

以人为本的企业文化是留住人才的根本，新员工是企业未来价值的创造者，关心、尊重新员工，信任新员工是留住新员工一个最为基本的条件。企业要努力创造以人为本的企业文化，给员工充分授权，给员工自主完成工作的机会。

当新员工抱着美好的愿望和憧憬踏进早教中心时，往往希望能受到管理层和部门同事的欢迎、关心和重视，希望能得到上级领导的信任。企业若忽视新员工的预期想法，对新员工的到来不闻不问，就会直接导致新员工对企业的满意度降低，企业因此也就可能失去一个优秀的新员工。

5.建立公平、公正的绩效考核制度

在众多的企业中，执行的是双重的绩效考核制度，即把新员工的绩效考核和老员工的考核分开。这种考核制度有其科学的一面，但若制定缺乏合理性，如新员工考核标准过高，执行过程就会有失公平，导致对新员工的不合理评价。新员工就有可能因此出现愤恨和不满的情绪，从而降低员工对企业的满意度，造成新员工的离职行为。

6.密切沟通，并及时解决新员工抱怨

和老员工相比较，新员工在入职的初期最容易产生抱怨，这时的新员工不可能完全融入企业。企业应通过内部的正式沟通和非正式沟通，让新员工有机会得以宣泄，释放工作、生活、心理上的压力。

抱怨的产生既有客观的原因，如企业文化不良、职责范围不明、个人才能得不到发挥等因素，也有主观方面的原因，如自我估计过高、不合理的要求得不到满足等。

作为企业的管理者，必须留意下属员工的言行，注意观察下属的工作态度和思想状态，从而及早认识到抱怨的产生并及时处理，将离职诱因消灭在萌芽状态中。

7.建立职业生涯规划

一般来说，新员工进入企业，最初的动机大多是获得短期内稳定的工作，但工作稳定后，就会考虑个人的发展机会和前途问题。每个人都自觉或不自觉地有自己的职业发展计划，如薪金职位的提升，工作知识及专业技能的提高，自身价值的实现等。

作为企业员工，其职业发展的途径，通常是从低级的岗位或职务向高级的岗位或职务升迁，从简单工作向复杂工作过渡，或从不喜爱的工作岗位到喜爱的岗位等。如果员工发现在企业无法实现其职业计划目标，他就可能跳槽到更适合自己发展的其他单位去。因此，建立职业生涯规划，帮助新员工成长，是稳定优秀员工的重要手段。

第三节

员工培训管理

系统培训是早教机构成功运营的关键，也是风险最小、投资最小、回报最快、影响最久的运营手段，因此，早教机构应建立具体的员工培训计划和培训机制，并有步骤地开展实施。

一、员工培训的内容

1. 应知应会的知识

员工要了解企业的发展战略、企业愿景、规章制度、企业文化、市场前景及竞争；员工的岗位职责及本职工作相关的基础知识和技能；如何节约成本，控制支出，提高效益；如何处理工作中发生的一切问题，特别是安全问题等。

2. 基础理论培训

对员工进行早期教育的理论知识（如蒙特梭利教育），0～3岁婴幼儿的发展特征等相关内容的培训。

3. 专业技能培训

技能是指为满足工作需要必备的能力，而技巧是要通过不断练习才能得到的，熟能生巧，像打字，越练越有技巧。企业高层干部必须具备的技能是战略目标的制定与实施，应进行领导力方面的训练；企业中层干部的管理技能是目标管理、时间管理、有效沟通、计划实施、团队合作、品质管理、营销管理等，需进行执行力的训练；基层员工是按计划、按流程、按标准等操作实施，主要进行完成任务必备能力的训练。

而早教老师的培训内容则包括：开班培训，熟悉亲子活动流程、教育环境、教具；活动中加强观察、反思，及时关注活动中婴幼儿的反馈，听取家长意见。

4. 服务意识培训

所谓的服务教育是以掌握顾客内心活动作为教育的中心。在实际培训中，早教机构可以将技术培训和服务教育同时进行，即在待客服务中有技术，在技术中展现服务，这样才能提高实际的效果。教育培训并不是以教育为目的，归根结底是为了开发员工的潜力，提高他们的服务水准，从而获得顾客的好评。

5. 态度培训

态度决定一切！没有良好的态度，即使能力再好也没有用。员工的态度决定其敬业精神、团队合作、人际关系和个人职业生涯发展，决定其能不能建立正确的人生观和价值观，决定其能不能塑造职业精神。

二、员工培训的方法

对毫无营销经验的工作人员选择在教育场所对其实施教育，进行角色扮演、实地教学、示范、当面指导等。而对有经验的人员则是从工作的实际业务中学习，即在工作中培养实践经验。前者须依照规定的课程表实施，还必须聘请外界的顾问、讲师等来指导。当这种训练结束后，还必须实施后一种培训。

1. 讲授法

讲授法是应用最广泛的培训方法，其普及的主要原因在于经济而非效果。此法为单向沟通，受训人获得讨论的机会甚少，因此不易对讲师反馈，而讲师也无法顾及受训人的个别差异。总之，此法最适用于提供明确资料的情况，可作为以后培训的基础。

2. 个别会议法

个别会议法即双向沟通法，可使受训人有表示意见及交流思想、经验的机会，且令讲师容易鉴别受训人对于重要教材的了解程度，有时可针对某一专题讨论，也可由一组专家领导讨论。由个别工作人员参加讨论的会议，其针对性强，可找出不同个体的不足，以便加以改正。

3. 小组讨论法

小组讨论法即由讲师或指定小组组长领导讨论，资料或实例由讲师提供。小组人数以少为宜，但可允许一部分人员旁听。此法适用于工作人员之间的经验交流，可提高营销效率。

4. 实例研究法

实例研究法是指选择有关实例，并用书面说明各种情况或问题，使受训人就其工作经验及所学原理，研究解决之道，目的在于鼓励受训人思考，并不在于如何获得适当的解决方案。

5. 示范法

示范法是指运用幻灯片、影片或录像带的示范培训活动，此法只适合中小型场地及人数较少的培训，如果主题是经过选择的，且由具有经验及权威的机构来制作，则在提高受训者记忆效果方面是最强的。

三、员工培训的计划

要分析早教机构员工的技能状况、服务状况，有目的、有计划地实施培训，因此要制订培训计划。如果是加盟店的话，还要上报连锁加盟早教机构的主管总经理和培训部进行审批。

下面提供一份××早教中心员工培训计划的范本，仅供参考。

范本 ▶▶▶

××早教中心员工培训计划

时间	内容	目的	形式
4月23日（上午）	早教行业的过去未来与现在	让中心老师清楚知道早教行业的发展前景，坚定他们从事这个行业的信心	幻灯片
4月23日（下午）	0～3岁婴幼儿动作发展	对老师进行基础理论培训 帮助老师们学习0～3岁婴幼儿动作、语言、认知、社会性的发展规律，再结合学习0～3岁婴幼儿的营养与保育全面提升老师的理论知识，为今后编写教案、与家长沟通奠定坚实的理论基础	幻灯片
4月30日（上午）	0～3岁婴幼儿语言发展		
4月30日（下午）	0～3岁婴幼儿认知发展		
5月7日（上午）	0～3岁婴幼儿社会性发展		
5月7日（下午）	0到3岁婴幼儿营养与保育		
5月14日（上午）	如何进行有效沟通 电话沟通技巧	对老师进行营销培训 让老师们学到沟通技巧，使其在面对家长时能够进行良好沟通	幻灯片
5月14日（下午）	课后沟通技巧 新老会员的维护	增加老师电话预约的成功率，让老师学会在试听课后与家长营销的策略	幻灯片
5月21日（上午）	0～6个月婴儿神经系统发育课程	让中心老师学会0～6个月婴儿神经系统发育的课程	教案
5月21日（下午）	7～9个月亲子启蒙课程 10～12个月亲子启蒙课程	让老师学到如何通过之前的理论来设计教案	教案
5月28日（上午）	13～15个月亲子启蒙课程 16～18个月亲子启蒙课程		教案
5月28日（下午）	19～21个月亲子启蒙课程 21～24个月亲子启蒙课程		教案
6月4日（下午）	0～3岁早期综合发展 隔代教育中的利弊	让中心老师了解婴幼儿的早期发展及教育利弊	幻灯片
6月11日（上午）	理论基础考试	检测老师理论知识的掌握程度	
6月11日（下午）	课堂演练考试	检测老师是否具备课堂教学的基本能力	

四、员工培训的控制

为确保员工能积极地参加培训并产生良好的培训效果，可从以下几个方面进行控制。

（1）制定员工培训记录表（见表4-1）。针对每个员工的状况进行分析，找出其弱项，有针对性地提供培训。

（2）对员工培训进行考核，并将考核结果纳入绩效奖金的范围。

（3）员工受训后要对员工进行现场的跟踪指导，有进步的及时表扬，做得不对的及时纠正。

（4）保存员工的培训记录。

（5）利用阴雨天或者业务不繁忙的时候开展培训。

表4-1　培训实施情况记录表

培训名称			培训时间		
培训地点			培训教师		
培训主要内容					
考核方式					
序号	姓名	部门	职务	考核结果	备注
培训有效性评价： 评价人： 日　期：					

注：有效性评价可在培训一段时间后进行。

五、如何安排教师培训

早教机构必须充分意识到，办学质量的提升基础，是对教师的充分信赖与对教学质量的常抓不懈，所以安排教师培训必须做到以下几点。

（1）机构负责人必须深入了解早教机构的运作，创设必要的条件，放手让教师去做；时时关注工作的开展，了解工作中存在的问题并及时予以解决，帮助教师不断成长。机构负责人不能仅仅交给个别教师去做就撒手不管，那样是不会深入下去的。

（2）不是所有的教师都优秀，适合做并能把早教机构做好的教师永远都只是少数，所以要根据本机构教师的情况，挑选对该项目感兴趣、精力充沛、反思型、学习型的教师来承担相关工作。只有高素质的教师才能保证高质量的教育。

（3）要注意承担早教工作的教师的工作责任心、人品（保密）和工作的长期性，避免或降低教师个人短期行为给机构带来的不必要损失和风险。

（4）培训之前要进行必要的动员，讲清将要进行的工作内容、教师和早教机构发展的关系，提高教师对课题的重视程度和认识水平，激发教师学习的欲望和积极性。

（5）要对学习的内容和目标有基本的了解。早教机构应先行组织教师熟悉教材、教具，观摩教学光盘（或重点），讨论即将开展的课程和现有课程（或认识）的异同，比较哪些内容是自己熟悉，哪些内容是需要重新学习的，哪些方法是更新、更有效的，做到有的放矢，提高培训的针对性和学习效率。

（6）在培训时间的选择上，尽量安排在早教课程排班不多的两天进行。经过两天的理论讲解、现场演示、模拟操作、录像观摩，教师们对课程的内容基本熟悉，对活动（操作）的流程或环节也大致明了。

（7）安排集体备课。集体培训过后，教师们对课程还停留在"了解"的水平上，不能立即进入"操作"的层面。这时需要参加活动的几位教师坐下来集体备课，从教学内容的选择、活动步骤、教学方法、家园联系等方面展开讨论和说课，进一步明确操作层面的细节性问题，为真正开展活动做好准备。

（8）建设团队。古语有云，独学而无友，则孤陋而寡闻。知识是在合作与分享中不断产生与发展的，因此教师的成长必须在开放、充满交流的团队中才能实现。参与式研讨、学习型组织等，都是团队合作的重要形式。在实践的基础上，大家通过相互质疑、脑力激荡、案例解读，能够达到多向互动和智慧共享，不断获得专业技能的提升和专业素质的发展。

第四节

员工日常管理

一、编制员工手册

　　员工手册是企业规章制度、企业文化与企业战略的浓缩，是企业内的"法律法规"，是员工了解企业形象、认同企业文化的渠道，也是工作规范、行为规范的指南。员工手册通常由下表所示的几部分组成。

表4-2　员工手册的组成部分

序号	组成部分	具体说明
1	手册前言	对这份员工手册的目的和效力给予说明
2	机构简介	使每一位员工都对早教机构的过去、现状和文化有深入的了解，可以介绍早教机构的历史、宗旨、客户名单等
3	手册总则	手册总则一般包括礼仪守则、公共财产、办公室安全、人力资源档案管理、员工关系、客户关系、供应商关系等条款。这有助于保证员工按照早教机构认同的方式行事，从而达成员工和早教机构之间的彼此认同
4	培训开发	一般新员工上岗前均须参加早教机构统一组织的入职培训，以及早教机构不定期举行的各种培训以提高业务素质以及专业技能
5	任职聘用	说明任职开始、试用期、员工评估、调任以及离职等相关事项
6	考核晋升	考核晋升一般分为试用转正考核、晋升考核、定期考核等。考核评估内容一般包括：指标完成情况、工作态度、工作能力、工作绩效、合作精神、服务意识、专业技能等。考核结果为：优秀、良好、合格、延长及辞退
7	员工薪酬	薪酬是员工最关心的问题之一。应对早教机构的薪酬结构、薪酬基准、薪资发放和业绩评估方法等给予详细说明
8	员工福利	阐述早教机构的福利政策和为员工提供的福利项目
9	工作时间	使员工了解早教机构关于工作时间的规定，往往和费用相关。基本内容是：办公时间、出差政策、各种假期的详细规定以及相关的费用政策等
10	行政管理	行政管理多为约束性条款。比如，对办公用品和设备的管理、个人对自己工作区域的管理、奖惩、员工智力成果的版权声明等
11	安全守则	安全守则一般分为安全规则、火情处理、意外紧急事故处理等
12	手册附件	与以上各条款相关的或需要员工了解的其他文件，如财务制度、社会保险制度等

下面提供一份××早教中心员工手册的范本，仅供参考。

范本 ▸▸▸

×× 早教中心员工手册

一、××早教中心保密声明

本手册包含了××早教中心的各项行为准则和规章制度，基于××早教中心对员工统一管理的原则及建立良好团队合作伙伴关系的需要，现郑重声明如下。

（1）员工入职后将得到本手册的保管权，此手册将指导每位员工的日常工作，请每位员工认真学习，15天内向分店店长上交本手册的学习心得体会。

（2）员工在本手册保管期间应严格遵守各管理条例，如有疑问应向店长提出。

（3）员工领取的手册均有独特编号，在本手册保管期内，不得复印、抄写或将之借阅他人。

（4）员工应本着在××早教中心长期健康发展的原则，有义务对不健全之处向各分店店长提出修正建议。

（5）员工在本手册保管期内对本手册的安全负责，离职前将本手册完整退还××早教中心。如有遗失，需缴纳赔偿金＿＿＿元。

（6）本员工手册每六个月考核一次，考试成绩为全中心第一名（且分值不低于95分）的教师给予每月底薪上调＿＿＿元的奖励。

（7）××早教中心保留对本手册的最终解释权。

××早教中心

二、××早教中心简介

××早教中心国际化早教机构总部在A市，是从事0～6岁早期教育的专业机构。2006年××早教中心联合A市蒙特梭利教育研究中心推出了一套适合中国儿童发展发育特点的"0～3岁系列早教课程""3～6岁系列特色课程"，打造了全新的婴幼儿教学体系，构建起了儿童早期教育新模式。目前有数万名婴幼儿接受过系统教育，受到家长及专业人士的好评。2010年6月××早教中心国际化早教机构正式登陆B市，在××路开设第一家直营店，并于2012年6月开设第二家××直营店，规划在2014年12月31日前在C市开设四家直营店。为每个家庭提供最系统、最全面、最完善、最方便的早期教育是××早教中心的发展宗旨。目前中心开设的课程如下。

（1）亲子启智课程：招收6～24个月宝宝。

（2）创意亲子课程：招收24～36个月宝宝。

（3）音乐课程：招收18个月以上宝宝，分为妙士多及奥尔夫两种班级。

（4）创意美术课程：招收2岁以上宝宝。

（5）感觉统合课程：招收2岁以上感统失调或剖宫产宝宝。

（6）感统专注力课程：招收4岁以上注意力不集中的宝宝。

（7）蒙氏数学课程：招收3.5岁以上宝宝。

（8）英语课程：招收2岁以上宝宝。

（9）双语全日托及半日托：招收18～36个月的宝宝。

三、××早教中心员工职业道德

1.依法执教

自觉遵守《教师法》及学前教育等法律法规，在教育教学中保持一致。

2.爱岗敬业

热爱教育、尽职尽责、教书育人，注意培养学员良好的思想品德。认真备课上课、认真批改作业、不敷衍塞责、不传播有害学员身心健康的思想。

3.热爱学员

关心爱护全体学员，尊重学员的人格，平等、公正对待学员。对学员耐心教导，不讽刺、挖苦、歧视学员，不体罚或变相体罚学员，保护学员合法权益，促进学员全面、主动、健康发展。

4.尊重家长

主动与学员家长联系、认真听取意见和建议，取得支持与配合。积极宣传科学的教育思想和方法，不训斥学员家长。

5.严谨治学

树立优良学风，刻苦钻研业务，不断学习新知识，探索教育教学新规律，改进教育教学方法，提高教育教学和科研水平。

6.团结协作

谦虚谨慎、尊重同志、相互学习及帮助、维护其他教师在学员及家长中的威信。

7.廉洁从教

坚守高尚情操，发扬奉献精神，自觉抵制社会不良风气影响，不利用职责之便谋取私利。

8.为人师表

遵守社会公德，衣着整洁得体，无奇装异服、语言规范健康，举止文明礼貌，严于律己，作风正派，以身作则，注意身教。

四、各岗位职责及要求

（一）特色课教师岗位职责

（1）与分店店长及全体员工共同努力完成每月总部下达的第一及第二营业额目标。

（2）具有早期教育观念，了解当前国内外早期教育发展新动向、新成果、新趋势，能理论联系实际，不断提高自身的教学水平。严格按照××早教中心课程体系的基本要求进行教学计划，认真编写教案，设计游戏、组织好课堂教学。

（3）负责授课班级宝宝的管理及出勤登记及在分店学习期间的安全和纪律问题，尽量提高宝宝出勤率，对缺课学员在授课结束后的24小时进行回访工作，了解缺课原因、加强请假意识并第一时间安排补课。

（4）负责各项教学服务、讲座的执行，教具设计制作等。

（5）加强与家长的沟通，负责保持、维护及增加所授班级的宝宝数量及提高横向报名率。

（6）多阅读育儿（生理）方面的书籍，为家长提供育儿方面的知识。

（7）负责授课前、后教室及分管卫生区域的清洁工作。

（8）负责授课期间所用书籍、磁带、CD和教学用具的保管。

（9）配合店长落实其他教学日常工作，积极主动地策划各种适合中心宝宝与家长互动的活动。

（10）与其余工作人员共同进行市场执行、市场宣传、大型活动等。

（二）特色课教学管理制度

1.主课教师（也称主班教师、主班）

课前工作	（1）每位教师在授课之前都要精心备课，并写出详案（含过渡语、目的总结等） （2）教案以符合宝宝月龄发展特点为主要出发点，充分体现个性化教学 （3）备课应按照模板课的规定，以幼儿发展能力为主要依据，并结合实际情况研究，及时了解幼儿的身心发展情况，以便有的放矢、因材施教 ①教师必须熟练掌握《幼儿心理学》《幼儿教育学》《0～36个月宝宝发展指标和教养策略》《3～6岁幼儿的发展指标》中的内容，同时熟练掌握课程设置、常见疾病症状及治疗等知识 ②教具要有创新，要延伸出多种符合婴幼儿操作的游戏方法 ③教案要符合幼儿的发展特点 （4）所有学科均要写有教案，教案的编写需依据模板格式编写；教案要有教学内容、教学目的、教学重难点、教具准备和教学过程；所写教案要包括教学目的和完成的教学任务；教案要有教学时间的分配以及家庭指导等 （5）教案中要预测到本次课的课堂效果；如果出现突发事件，解决方案也要写出来 （6）教师必须提前两天备课、写教案、过课或共同评课 （7）主课教师要与配班教师一起练课，在上课之前至少要每天练课不少于2次，达到熟练的程度才可上课 （8）提前5～10分钟准备授课所需教具 （9）上课前组织幼儿及家长，准备进入教室上课 ①教师要以高昂的情绪、面带微笑组织家长进入教室，开始课程 ②教师不得把个人的喜好、情绪带入课堂，避免影响家长和幼儿的情绪
课上配合	（1）教师应严格按照既定的教学目标完成教学任务 （2）教师需有序组织教育活动，加强家长与宝宝之间积极有效的互动 （3）教师在课堂上需具有较好的随机应变能力，当出现突发事件时，应立即妥善解决 （4）教师需与配班教师配合默契，传递教具要用正确的手法 ①主课教师与配课教师协助，不能出现课堂空场的现象 ②教师必须关注到每位家长和宝宝，不得有歧视
课后工作	（1）教师课后一定要与家长沟通幼儿课上的表现及幼儿在家的情况，达成家庭与××早教中心共育 （2）主班教师完成教学后，需两周给家长打一次回访电话，回访幼儿最近的表现及幼儿发展情况，给予家长一些建设性意见 （3）教师课后须将宝宝课上的表现及对课程的完成程度做记录，认真填写并做好详细记录 （4）主班教师要定期做家长回访，回访有两种形式：一种是电话回访，另一种是家访 （5）主班教师要给会员建立档案

课后工作	（6）课后对会员的跟踪，主班教师应与配班教师合理分配（沟通的问题） （7）教师要在每周五下班之前把本周的工作总结上交给店长，便于店长检查教师工作的完成情况 （8）教师每4个月要上交给总部一篇课程教案的创新
关于试听课及关单流程	（1）在上试听课之前，要与接待教师交流了解宝宝的基本信息及家长试听要求 （2）根据试听宝宝的实际情况，做试听课准备 （3）试听课过后，主班教师必须第一时间跟踪家长，力求当场关单 （4）教师要在试听课之后，填写试听宝宝的情况及关单追踪等信息

2.配课教师（也称配班教师、配班，特色课人数达7人以上增配班1名）

课前准备	（1）协助主班教师做好课前准备 （2）配合主班教师组织好家长和幼儿，等待上课 （3）配合教育活动，给幼儿和家长必要的指导 （4）配班指导幼儿喝水、上厕所、换鞋、锁门 （5）指导家长换鞋、穿鞋套，把鞋摆放整齐，保持有序、安静卫生的环境
课上配合	（1）配班需在课上配合主班教师进行教学 （2）配班在课上需配合主班教师开关音乐，传递教具 （3）配班应在课上协助主班教师维持课堂秩序，解决课上可能发生的突发事件 （4）协调家庭与家庭之间的关系 （5）协助主班教师组织课堂，指导幼儿和家长，纠正幼儿的动作 （6）配班在上课时要仔细认真观察幼儿上课的表现，协助主班教师完善教学情况表
课后工作	（1）课后配班需将课上教具整理回教具柜，准备下节课所需教具 （2）与家长沟通，给予家长一些教养、保育方面的指导 （3）教室及教具的维护和管理

（三）特色课教师课堂语言要求

1.上课语言

要求：语速适中，态度温和，语言生动、有趣、儿童化。

细则：使用普通话，用词规范；语气柔和，忌大声呼叫；咬字准确，吐音清晰；抑扬顿挫，语速适中。

2.课间语言

要求：活泼欢快，亲切温柔，力求言简意赅。

细则：语言生动活泼，精神饱满，目光恰当；说话时不可过分夸张，不过分喜怒形于色；杜绝训斥、讥讽的语言；杜绝给婴幼儿造成惧怕、恐慌心理的语言。

3.生活语言

要求：亲切关爱，体贴入微，力求体现母爱。

细则：不讲粗话、脏话，忌训斥幼儿；忌大呼小叫，不离听者太近；时刻面带微笑，保持恰当的目光；不催促婴幼儿过快饮食，引导幼儿养成良好习惯。

（四）特色课教师上课注意事项

（1）教师在传接教具时应使用双手，不能使用单手，不能互相扔教具，不能在地面上推教具或用脚踢教具，并且互相要使用礼貌用语"谢谢"和"不用谢"。

（2）教师讲课时要使用标准的普通话，不带地方语音。

（3）上课时教师不能面对家长喝水，不能将手机带入教室，主班和配班之间不允许聊天。

（4）上课时教师应尽量使用标准的手势语，不能用一个手指头指家长或宝宝，应以全手掌指示。

（5）主、配班教师不得随意离开教室，上课期间不得出现教学空场的现象。

（6）在上课期间教师不能面对家长和会员抠鼻子、掏耳朵、抓痒或随意摆弄头发。

（7）教师上课期间身上不能喷香水、涂抹指甲油等；不得戴项链、耳环等影响宝宝视觉或容易产生危险的饰品。

（8）教师在上课时不得与家长聊与课程及宝宝无关的话题。

（五）前台教师日工作流程

（1）到岗。

（2）打扫卫生。

（3）翻看前一天的来电来访、外出收集电话本及工作交接本。

（4）完成交接表中移交的工作。

（5）联系有意向会员并将追踪情况予以记录。

（6）拨打前一天收集的电话，了解其带养方式及相关信息，邀约其来游玩或试听，约定具体时间后登记至相应的本子上。

（7）网站上传最新分店信息、刷新分店帖子。

（8）协助日托班教师维持秩序。

（9）对非会员或会员来电、来访、团购、试听等进行接待并填写到相应的本子上。

（10）外出收集资料（10个/人）或户外活动。

（11）回分店将收集的资料登记至相应的本上。

（12）填写日工作交接本。

（13）整理前台（桌面、桌底及背景墙、洗手台、POS机、饮水机等接待区域），关闭电源，打扫卫生并消毒。

（六）日托班主、配班教师职责

1.日托班师资配备

16人以下：1教师+1保洁员+1特色课教师。

16人以上：1教师+2保洁员+1特色课教师。

2.日托教师应注意的细节

（1）夏季教室温度在26℃左右，秋冬季在20～22℃；梅雨季节开窗时间为8:00～8:30，17:00～17:30。

（2）日托教室每日消毒。每天早9:00前，中午午休时间，16:45后需开窗通风（梅雨季节除外）。

（3）午睡时间播放阿尔法脑波音乐（以音量适中为宜）。

3.主班职责

（1）负责日托学员报特色课、续费、老带新等工作。

（2）负责日托学员的安全维护，及时排除安全隐患，负责对因病请假的学员追踪问候。

（3）负责每2～3月召开一次的日托班家长会，每次40～60分钟，并发放《发育商测评表》及点评意见。

（4）负责安排配班日、周、月的具体工作。

（5）负责每月、每周日托班教学计划表及菜谱点心的安排。

（6）负责每周六或周日下午与宝宝家长交流宝宝学习及生活等信息。

（7）负责与日托有关的一切教学工作，包括但不限于：网络下载动画片、歌曲、舞曲、童谣等。

（8）负责填写日托班生活及上课反馈表及批改亲子互动作业。

（9）负责统计并填写日、周、月宝宝的出勤记录，午餐点心消费记录，日托学员到期时间及费用交纳统计等情况。

（10）负责在家长接走宝宝时回答家长的提问并做离园前的常规收尾工作。

4.配班负责

（1）严格按照主班教师要求完成当日交代工作，消除安全隐患、杜绝安全事故。

（2）负责在上午10:00以前电话通知送餐阿姨当天午餐用餐人数并做好统计。

（3）负责在上午10:00前对未经请假却缺勤的家长电话交流（餐费照扣）。

（4）根据分店制度在月底报销上月的日托班两点一餐的费用（先经主班审核签字）。

（5）负责协助主班教师授课，维护舞蹈、外出时的秩序。

（6）负责日托班宝宝就餐及餐后餐具的消毒及清洗，室内开窗通风等。

（7）负责日托班宝宝午睡及起床等工作。

（8）负责日托班宝宝每天的个人卫生清洁（尽量避免尿裤子，注意卫生整洁及干净清爽等）。

（9）负责在家长接走宝宝时回答家长的提问并做离园前的常规工作。

（10）负责分配区域的卫生打扫及当日的收尾工作。

教师需了解以下文件：《日托班日工作流程》《药品登记表》《考勤表》《餐费消费表》《日托班协议》《家长须知》《家长需备物品》《晨检、晚接表》等。

五、××早教中心员工考勤管理制度

1.目的

（1）为加强××早教中心管理，维护××早教中心的正常工作秩序，根据国家相关法律法规的相关规定，并结合本机构的实际情况特制定本制度。

（2）本制度适用××早教中心早教机构全体员工。

（3）认真贯彻执行考勤管理制度是每个员工的职责与义务。每个员工都要自觉遵守考勤制度，做到不迟到、不早退、不旷工或无故缺勤。

（4）月度内有迟到、早退、事假、病假、婚假、丧假、旷工、旷课等现象一律取消当月全勤奖。

2.工作时间

（1）××早教中心特色课教师实行六天工作制，每周一或周二公休（采取轮休制）。配班教师根据各分店情况实行六天制或五天制，周末休息。

（2）行政工作时间：夏季，5月1日～9月30日，每天8:30～18:00，中午不离岗；冬季，10月1日～4月30日，每天8:30～17:30，中午不离岗。若托班学员未接走，日托班工作人员必须陪同宝宝直至家长来接。若有班级授课，前台接待及授课教师需在上课时间前的15～30分钟到岗做好相关工作。日托主班教师每日到岗时间为8:15；配班教师秋冬季7:50到岗，夏季7:40到岗。

（3）暂定每周四13:30为各分店行政会议时间，由店长主持。所有工作人员需阐述上周工作总结及下周工作计划。

3.请假

（1）病假：员工因病需要治疗，无法正常出勤，经本人提出书面申请报店长审批安排人员接岗后，方可休息；病假3日以上，须持有区县级以上医院病休证明或病历并且需总园长审批。

（2）事假：员工因个人私事需处理，经本人提出申请并经店长审批后可休事假。

（3）年度内事假、病假累计不得超过1个月；原则上月度内事假、病假累计不超过3天。

（4）婚假：凡在分店工作满一年以上且男年满25周岁，女年满23周岁以上均可享受7天有薪婚假；凡符合婚姻法规定，在分店工作满一年以上的且男不满25周岁、女不满23周岁者，或符合婚姻法规定且试用期满但工作不满一年的员工，均可享受3天的婚假。

（5）产假：按照国家规定，在不违背计划生育前提下，产假为98天，产假期间分店按照本市最低生活保障发放薪酬。

（6）丧假：员工亲属（父母、配偶、子女、配偶父母、兄妹）死亡，可休3天有薪丧假。

4.相关规定

（1）所有员工的请假（突发病假可除外）必须提前3天申请，经批准后方可休假；员工如因突发性情况来不及提前请假，应于行政班上班前的1小时或上课前的12小时电话请示分店店长，以便其安排工作，否则按旷工处理。

（2）员工请事假1天以内由店长审批，1天以上由总园长审批。员工将审批后的假条交店长备查。

（3）员工突发性情况请假应在销假上班后的24小时内补交审批签字的请假单给店长。

（4）本规定所指的事假、病假、婚假、丧假、产假均包括法定节假日及休息日。

5.监控制度

（1）分店实行监控考勤制度，故员工每15天需与监控设备核对时间及校准。

（2）因公外出办事，须在考勤表中注明外出时间、事宜、返岗时间等信息，经店长或总园长批准后方可外出，否则按旷工论处。

6.旷工

有下列情况之一，按旷工处理。

（1）未请假或请假未通过，擅自不上班或离开工作岗位者。

（2）假期结束后无特殊原因，不按时上班者。

（3）不服从分配和拒绝接受安排工作者，且未在规定的时间内到达岗位者。

（4）迟到、早退超20分钟以上。

7.处罚及财务核算制度

（1）行政班旷工一次按当天2倍工资扣除，取消其当月绩效奖励及全勤奖。例会、大型活动、上课等旷工或私自调课、代课、停课均按当天3倍工资扣除，并取消其当月绩效奖励及全勤奖。

（2）月度内累计旷工2次以上（含2次）或一年之内累计旷工3次以上者，属严重违反××早教中心劳动纪律，可按员工自动离职处理或直接解除劳动合同，以当月薪水作为违约金，并追究其带来的经济损失，不足部分通过法律形式予以裁决。

（3）迟到：日托班主班或特色课带班教师8:15前或行政班8:30前未到岗，视为迟到。

（4）早退：员工在下班时间前5分钟离岗视为早退。

（5）迟到和早退的处理按以下规定执行。

① 迟到或早退5分钟以内扣薪资____元/次，取消当月全勤奖。

② 迟到或早退6～20分钟扣薪资____元/次，取消当月全勤奖。

③ 迟到或早退20分钟以上按旷工1次处罚，取消当月全勤奖。

④ 月累计迟到或早退达4次以上属于严重违纪行为，××早教中心有权解聘。

（6）员工请假工资核算方式如下。

事假核算方式：事假3天以内扣其当日全额工资及全勤奖；事假月累计3天以

上者，按当月实际出勤天数核发工资，并取消当月行政绩效及全勤奖。

病假核算方式：病假月累计3天以内每日扣发日工资的50%，并取消当月全勤奖；病假月累计3天以上者，按当月实际出勤天数核发工资，取消当月行政绩效及全勤奖。

注：员工日工资＝（月薪−全勤奖）/26（或22）

（7）下班时间已到但仍有家长在咨询，需等家长咨询结束后方能离开或离岗。若各分店员工有通过语言或肢体语言催促家长离开的行为处罚＿＿元/次。

（8）考勤周期

考勤周期为每月1日至月末最后一日，由店长审核并计入工资表。

六、××早教中心机构安全管理制度

为进一步强化安全责任意识，明确有关安全职责，加强安全工作管理，现对于中心的安全工作管理予以规范。

1.杜绝安全事故

员工在日常教学、服务过程中应始终把宝宝的安全问题放在首位，采取不同教育方式，杜绝安全事故，以确保宝宝人身安全和各分店财产安全为准则，宝宝在分店的全部安全工作由店长、带班教师（主、配班教师）或接待人员负责。

2.预备药箱

分店预备药箱，进行常用药储备，每3个月更新一次。

3.成立安全事故处理小组

小组成员须保持通信畅通，避免事态恶化。

组长：×××；

副组长：各店店长及主负责教师；

组员：当日前台及配班。

4.安全事故应对处理方案

（1）发生安全事故后，联络人第一时间上报副组长，将宝宝情况如实告知，由副组长安排人员接替教师工作。主责任教师通知家长并将宝宝带至最近医院就医（不得与家长发生争执，不发表任何评论，仅阐述事情经过及道歉）。

（2）副组长立即赶至现场（或医院）同时将宝宝情况汇报组长。

（3）副组长及联络人（事发3小时内）调取当日视频材料，并复制至移动硬盘备查；主负责教师阐述事发经过并形成书面材料（事发12小时内）。

（4）副组长及联络人以分店负责人名义与家长沟通解决方案并购买礼物上门慰问及表达歉意（事发24～48小时内，一般经费为____～____元）。

（5）带班教师进行电话家访（事发第2天起，每2天一次，直至宝宝康复回分店）。

（6）副组长与家长进行电话沟通，问询宝宝康复情况（每周1次）。

（7）安全事故小组对事故进行定位并公布处理结果（事发7天内）。

5.安全事故责任划分

（1）因教师监管不到位、教师主观因素造成的宝宝受伤（拉伤、烫伤、割伤、打架、磕碰、食物呛喉等事故）：由教师承担全部责任。

产生费用在____元以内的：主要责任人承担50%，主班教师承担25%，店长承担25%，分店承担____元以内的探望费用，扣除当月分店行政绩效奖励。

产生费用在____元以上：主要责任人承担45%，主班教师承担25%，店长承担15%，分店承担15%及____元以内的探望费用，扣除当月分店行政绩效奖励；若安全事故的学员为日托班的学员，取消相关人员当月全部日托补助，性质恶劣的将追究事故责任人相关经济及法律责任。

（2）因硬件设施造成的安全事故：店长承担40%，主负责教师承担20%，配班承担20%，分店承担20%。

七、××早教中心卫生管理制度

为建立健全室内外环境清扫制度，采取专人常年打扫和集体定期打扫相结合的办法。每天一小扫，每周一大扫，每月一大清理，应作湿性扫除，消灭蚊蝇及蟑螂等害虫。划区定片，责任到人，定期评比，限期整改。

（一）卫生制度

1.建立卫生清扫制度

讲究卫生，让每个宝宝身处在优美、雅观的教室，整洁、舒适、温馨的活动区域是早教中心教学环境的重要组成部分。因此，增强卫生意识，改变卫生环境，建立严谨的卫生清扫制度是中心日常工作的一个重要环节。

2.清洁用具

清洁用具要分类，并保持卫生干净。

（1）拖把：厕所、教室、室外的拖把需专用，不能混乱使用。每把拖把应做标记，便于区分。

（2）抹布：擦桌子、玩具、教具、门窗的抹布必须严格区分使用。

3. 自查维护卫生

每天上班及下班离岗前10分钟，各岗位的工作人员要负责打扫、整理办公区域的卫生，按照中心卫生标准进行严格自查。所有工作人员均有义务维护中心的卫生。

4. 卫生大扫除

每周三将进行卫生大扫除，确保各分店室内外卫生保持一流标准，无卫生死角。对于不认真打扫卫生，不遵守卫生制度的个人，将给予批评。

（二）卫生用品及注意事项

（1）毛巾：包括厕所用、教具柜用、大厅台面及展柜用、大厅地面清洁用、教室地面清洁用、擦异物用这几大类。要求每日清洗和消毒（擦异物用的毛巾要及时清洁）。

（2）拖把：分四类，包括厕所用、大厅用、教室用、室外用。要求每日清洗和消毒（擦异物用的拖布要及时清洁）。

（3）消毒用品：消毒液、消毒片、去污粉。注意消毒用具品应放在宝宝触摸不到的位置。

（4）厕所用品：洁厕灵、手纸、洗手液、洗涤剂、肥皂、香皂、洗衣粉。

（5）教室用品：抽纸、宝宝用消毒纸巾、毛巾。

（三）卫生标准

（1）通风：教室要经常保持室内空气流通、阳光充足。夏天要开有纱窗的窗户，防止蚊虫进入。冬天也要定时开窗通风换气，每天至少开窗通风两次，每次10～15分钟。室内要有防蚊、防蝇、防暑和取暖设备。

（2）前台、墙壁：要求桌面无污垢，地面干净无灰尘、无杂物、无积水，办公用品、资料及宝宝档案要摆放整齐。

（3）家长休息区、咨询椅：桌面光亮整洁、无污渍，家长来访需倒水，家长离开后需立即清理。

（4）饮水机、风扇：饮水机每日擦拭2次，风扇每月擦拭1次。

（5）教室：课前、课后需打扫、消毒。确保室内无异味，地面上无纸屑、无尿渍，墙上无污渍，垃圾桶无残留，凳子无灰尘、无污渍。

（6）教具：干净、摆放整齐。每天用紫外线消毒灯消毒1次，每次30～40分钟（幼儿不在场时）。婴幼儿玩教具要保持清洁，定期消毒、清洗。玩具每周用0.3%的消毒水泡15分钟，幼儿阅览的书籍阳光下晒1小时。课前教具须在前一天晚上用消毒片进行消毒，注意木质教具不宜长时间用水浸泡。

（7）门框、玻璃：要求门框边沿无浮灰，玻璃要洁净明亮无污渍、无痕迹。每半个月必须全面擦拭一次。

（8）电脑及电器：要求机身干净，摆放规范，无灰尘污迹，无损坏，保管良好。

（9）楼梯走廊：要求干净整洁，无纸屑、无污渍，两边墙壁无污渍痕迹，扶手无灰尘、无损坏，手触摸处干净且无棱角。

（10）卫生间：清洁通风，保持空气清新，地面干爽。每小时打扫一次，确保室内无异味，洗手台无积水、无垃圾，纸巾、洗手液无空缺；地面、厕面无积水，每次需用毛刷洗刷，再用拖把擦拭，做到无污垢、无堆积物；厕所要定时打扫并消毒。婴幼儿用的便盆，每次用后要立即倾倒，刷洗干净，然后浸泡在消毒液中，1小时后再用。坐便器的架子每天用消毒水消毒1～2次。大小便池（槽）要随用随清洗，每天早晚用消毒水彻底洗刷一次，做到无污物、无臭味。

（11）活动区地面：随时整理、清理；确保地面无水渍、无垃圾；每天拖地2次，周三用消毒水拖地1次，保持地面清洁，不能有头发。

（12）教具：每天用消毒水擦拭消毒，定期对教具进行紫外线消毒（每周2～3次）。

（13）鞋架：工作人员应主动将家长的鞋子进行整理，摆放整齐。员工上班后须统一着软底舞蹈鞋，将外出鞋摆放到指定区域。

（14）其他：纸屑、果皮、废弃物品要及时投入铺好垃圾袋的垃圾篓，并及时倾倒清理，洗刷垃圾篓。能用消毒水擦拭的物体，可用消毒水每天擦一次。（消毒水与水的比例为1：1000，传染病时期为1：500）

（四）卫生检查方式

1.总园长不定期抽查

总园长不定期对各分店卫生情况进行抽查。

2.店长对于所管区域进行自查

（1）对在卫生检查工作中，卫生状况优良的相关工作人员给予表扬，并给予适当的经济奖励。

（2）对在卫生检查工作中，卫生状况不合格的责任人将责令其立即整改，情节恶劣将于全体会议通报批评并给予相应经济处罚。第一次违纪自行保管罚单；第二次违纪以＿＿＿元/次开出罚单，并纳入到级别考评。保洁人员或当日主职为卫生打扫的人员连续三次卫生抽查不合格将立即解聘。

八、××早教中心员工薪酬、绩效制度

1.目的

为了提高中心教学、服务质量，充分体现"多劳多得，优质优酬"的精神，让有能力的员工有更好发展空间，特制定此标准。

2.薪酬

（1）特色课教师薪酬＝基本工资＋养老保险＋餐补＋工龄补贴＋日托班零事故奖励＋营业额计提＋日托班补助＋课时费＋绩效

（2）配班教师薪酬＝基本工资＋养老保险＋餐补＋日托班零安全事故奖励＋日托班生源补助＋日托班续费或报特色课计提＋绩效

（3）保洁人员薪酬＝基本工资（不含竞业禁止）＋绩效奖励（根据分店当月业绩及工作状态）

（4）课程顾问薪酬＝基本工资（含基本任务）＋营业额计提

3.薪酬构成

（1）基本工资＝岗位工资＋保密费＋竞业禁止补助＋全勤奖

（2）养老保险：按照本市社保标准购买。

（3）餐补：＿＿＿元/餐（按实际出勤日）。

（4）工龄补贴：工作满12个月的次月底薪上调＿＿＿元。

（5）日托班零事故奖励。

4.附加福利

（1）店长行政绩效权：店长可根据当月分店的营业额，员工的工作能效、责任心、创造的业绩、人际关系等给予＿＿＿～＿＿＿元的团队绩效奖励。

（2）工龄一年以上的教师每年8月可享受5天带薪假；春节可享受7天带薪假，最长不超过9天。有薪假当月无权享受店长绩效（福利不重叠，但当月营业额超标除外）。

（3）端午节、中秋节、教师节、春节，店长有权依当月分店业绩给予＿＿＿～＿＿＿元/人的福利发放。

5.备注

（1）员工不得随意对外界及同事透露自身薪酬、课时、绩效等信息，违反将取消当月全部补助。

（2）员工出现抢单导致产生不良言论，该笔营业额计提充公。

九、××早教中心空调开放制度

空调的开放具体细则如下。

（1）大厅：室温高于28℃，低于6℃时可开放（需注意门窗），家长来访时需调节。

（2）温度要求：夏季温度26℃，冬季温度20～22℃。

（3）××店各区域空调配备情况：办公区每小时耗电＿＿＿度；音乐区域每小时耗电＿＿＿度；感统区每小时耗电＿＿＿度；亲子教区每小时耗电＿＿＿度；大厅每小时耗电＿＿＿度；娱乐区每小时耗电＿＿＿度；每年12月～3月××店每月最高用电量不得超过＿＿＿度，4月～6月最高用电量不得超过＿＿＿度，7月～9月最高用电量不得超过＿＿＿度，10月～11月最高用电量不得超过＿＿＿度，超出部分由店长利用行政绩效补齐差额。

注：1度＝1千瓦·时

十、××早教中心员工宿舍管理制度

为保证宿舍环境卫生，让大家工作之余能有一个安全、休闲、舒适的场所，特制定以下制度，望严格遵守。

1.住宿要求

各分店承担宿舍租金的100%，其余水、电、煤气、物业管理费用（＿＿＿元/月）由入住人员进行平摊，由寝室长统一收取。

2.员工申请住宿

（1）凡××早教中心外地籍正式员工均可申请免费入住宿舍，但应提前申请并办理入住手续。

（2）如实填写住宿申请表，交由店长进行审批后，由店长通知寝室长方可入住。

3.由寝室长担任宿舍监督管理

（1）处理一切内务，分配床位，清扫，保持整洁，维持秩序，收取水电物业管理等费用。

（2）协调同事关系，落实上传下达工作。

4.宿舍现有的设备

宿舍现有的设备（如微波炉、洗衣机、电冰箱、家具、门窗、床铺等固定资产）以完好状态交给员工使用，如有疏于管理或恶意破坏，由寝室长协调安排现住人员负担该项修理费或赔偿，并视情节轻重论处。

5.公共卫生

不得在公共走廊、楼梯或其他公共场所堆放物品，不得随地吐痰、乱倒垃圾，不得在室内饲养宠物，不得留宿非××早教中心员工。

6.住宿员工规则

（1）服从寝室长管理与监督。

（2）室内不得使用或存放危险及违禁物品，宿舍严禁吸烟。

（3）保持宿舍内原有设施原状，不得擅自增拆水龙头、电插座、开关等水电设施，不得在宿舍任何地方（包括门、窗、墙壁等）乱涂乱画，乱钉钉子。

（4）23:00后需控制电子产品音量，不得妨碍他人休息。

（5）夜间最迟应于23:00时前返回宿舍。

（6）宿舍卫生由寝室长安排住宿人员轮流清洁整理。

7.住宿员工处罚规则

住宿员工有下列情况之一者，寝室长有权通知店长将其清理出宿舍。

（1）不服从寝室长的监督及工作安排。

（2）蓄意破坏公用物品或设施等。

（3）擅自于宿舍内接待异性客人或留宿外人者。

（4）有偷窃行为者。

8.其他

迁出员工应将使用的床位、物品、抽屉等清理干净，不得携出不属于本人的物品。

十一、××早教中心优惠制度

（一）范围

××早教中心员工直系及非直系亲属，××早教中心发展所关联的周边人员的直系和非直系亲属。

（二）具体内容

1.××早教中心员工的直系亲属的优惠方案

员工的直系亲属来各分店报特色课享受正常对外价的5折优惠，不再同时享受中心统一的促销优惠（即折上折的优惠）。需要享受优惠的员工将店长及总园长签字的优惠单附到缴费票据后，便于财务复核，开票及收费人员须在收费单上注明优惠原因。

员工的直系亲属来各分店报双语全日托：学费＿＿＿＿元/月，餐费不打折；半日托＿＿元/月（赠送英语课）。

2.××早教中心员工非直系亲属的优惠方案

（1）普通员工：非直系亲属报特色课享受正常对外价的9折优惠或赠送同价值课程；全日托在牌价基础上再优惠＿＿＿＿元/月；半日托在牌价基础上再优惠＿＿＿＿元/月。

（2）店长以上级别：非直系亲属报特色课享受正常对外价的8折优惠或赠同价值课程；全日托在牌价基础上再优惠＿＿＿＿元/月；半日托在牌价基础上再优惠＿＿＿＿元/月。

（3）各分店推出折扣在5折以下（含5折）的促销活动不再享受特殊优惠。

（4）特殊情况，由店长申请报总园长审批。

3.社会关系户的优惠方案

根据关系户对各分店产生的效益决定优惠力度，最高享受五折优惠，最低八折优惠。以上优惠，将不再同时享受各分店其他的促销优惠，即折上折的优惠。

十二、××早教中心财务制度

1.日常费用报销相关规定

借备用金及报销审批流程具体如下图所示。

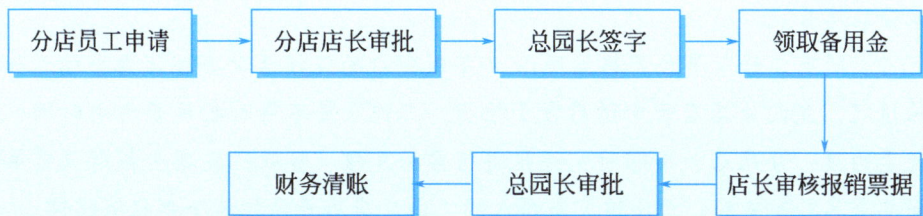

分店员工申请 → 分店店长审批 → 总园长签字 → 领取备用金

财务清账 ← 总园长审批 ← 店长审核报销票据

（1）报销申请：报销申请人在报销时必须提供真实有效的发票，并对所申报的各项单据的真实性、合法性负责。

（2）因公个人借款不得跨月清账；跨月清账的，财务处有权从该员工当月的工资中扣除该借款。特殊情况需店长及总园长特批。

注：各分店一律不办理任何个人原因的借款或薪酬预支手续。

（3）所有以借款申请单支出的款项按照谁经手谁借款的方式进行挂账，并由本人负责提供发票和合同进行销账。所有财务单据的填写以及签字必须全部使用黑或者蓝黑色碳素笔或钢笔。在填写单据时信息必须完整，不得涂改。发票开头的名称必须是本市××文化艺术学校。

（4）报销审核时间：款项申请、财务销账时间为每周五；前台收银人员周收入对账时间为每周一下午14:00起；大额现金支出（人民币＿＿＿元以上），需提前48小时上报申请。

（5）报销特殊票据的说明：如果因发票丢失或其他原因而使用与报销内容不符的发票时，必须要附情况说明并经分店店长审核，否则财务人员有权拒绝接受该票据。报销单据中填写的报销内容必须与发票内容一致。

2.固定资产

采购政策以及实物管理：采购物资原则上要注意"保证质量，货比三家，取得最低价"，在报销签字后第一时间落实到专人管理。所有固定资产采购后必须第一时间落实责任人并填写相对应的入库单。

3.预算制度

各分店在每月25日之前将下月的财务预算发送给总园长，逾期有权将此费用延后至次月。

4.结账制度

（1）财务清算为日结制。前台收费人员每日下班前将当日收费金额上交分店店长，确保款项不隔夜、不滞留。因公外出等特殊情况造成款项滞留需第一时间联系分店店长。

（2）所有工作人员应严格按照××早教中心的促销活动办理优惠手续。如有特殊情况，先向分店店长申请后方予执行。工作人员不得私自延长优惠时间、加大优惠力度，分店店长清账时需逐张进行票据复核、签收，发现金额有误需第一时间要求其补齐差额。无法追究当事人的，由分店店长承担其全部经济赔偿。

（3）特殊情况为了留住客户可先收取定金，定金不得低于100元，且需在开课前的48小时补齐差额。

（4）各工作人员应妥善保管票据，票据不得涂改、私自撕毁，票据遗失按照单张××早教中心最高收费予以处罚，在当月薪水中扣除，并需出示媒体登报申明。

（5）公款遗失按原价由遗失者自行赔偿。公款私存或滞留、挪用公款，将按私存、滞留或挪用金额的双倍进行处罚，情节恶劣，××早教中心将其移交司法机关。

5.工资结算制度

（1）基本工资、课时费、营业额计提等费用的核算时间为每月1日至月底。

（2）每月20日发放上月薪酬（如遇节假日将提前发放）。

（3）每月5号前由员工自己提交薪酬结算单至分店店长处，由分店店长审核并造表。

二、制定工资标准

早教机构应按照员工的职位、岗位、工作资历、工作能力等情况制定工资标准，为激励员工，早教机构每年对工资都要有一定幅度的上调。当员工在早教机构连续工作满一定年限后，应该按月在其原有工资的基数上增长一定的数额。这个工作年限一般定为一年，具体的增长数额可以根据早教机构经营业绩、员工的工作时间长短、员工的工作岗位、职位高低以及以往工作表现等确定。一般技术类岗位的员工增长数额，在工作时间相同的情况下应比其他岗位的员工高一些，职位高的员工增长数额应高于职位低的员工。

每到月底须做好统计工作，分析员工个人对早教机构的收入贡献率，如对多劳多产者，要相应提高工资待遇，对末位者需要警告提示。末位者极有可能是偷懒者，必要时可以解雇，解雇工作消极的员工可以提高整个团队的工作效率。

三、实行有效激励

1. 奖惩分明

对于业绩突出的员工要进行奖励，对于工作中出现差错的员工要进行处罚，做到奖惩分明。早教机构对员工奖励的形式主要有奖金奖励、荣誉奖励等。奖金奖励分为定期奖励和临时奖励，定期奖励一般在月末、年末进行。当月度考核或年终考核时，员工达到优秀级别、良好级别的评定结果时，应该根据早教机构的盈利状况给予奖金奖励，并在员工会议上点名表扬；年终奖励应颁发荣誉证书。这一方面是给予员工与其劳动付出相对等的报酬，另一方面，可以大大提升被奖励员工的忠诚度，同时激励后进员工努力工作。

小提示：

即使早教机构经营出现亏损，只要员工在考核中获得优秀或良好的评定结果，也应该奖励，这种情况下奖励的数额可以少一点。

2. 晋升激励

为培养懂技术、会管理的人才，激励员工积极向上的意识，早教机构应建立晋升激励制度。这项制度给员工设定一个目标，员工只要努力工作，经考核达到晋升的条件，即可晋升到更高一级的职位上，从而既实现了早教机构的经营目标，又实现了员工的个人理想。具体做法是将每一个岗位分成一至三个职级，只要员工在较低的职级上工作满一年或半年，经考核获得优秀，就可直接升任高一级的职级，考核评定为良好的员工可以晋升半级，累计两次评定为良好可升任一级。连续3年或18个月晋升一级的员工则可以升任该部门的副职，如果在部门副职的岗位上连续3年或18个月晋升一级，则任命为该部门的主管。

3. 股权激励

用高薪在经营良好的竞争对手中挖一两个人才，给予其一定的权力，这些人才可以做许多事，远比早教机构自己摸索着培养人才要有效，尤其在刚刚起步的时候有助于早教机构快速成长。好的员工可以留客聚客，糟糕的员工不仅留不住客人，甚至可能导致公司破产。为了留住优秀的员工，可以让优秀的员工与公司分享每一笔收入，也就是提成和分红，甚至在初期把个别业务承包给优秀的员工，员工就会把公司的生意当作自家的生意来经营。

四、实行教师考核

早教机构对教师的考核非常重要，因为早教教师的教学效果直接影响早教机构的招生、运营。

1. 考核的基本方法

考核的基本方法如表4-3所示。

表4-3　考核的基本方法

序号	方法	具体说明
1	试卷考核	教师经过基本入门培训后，通过答写书面试卷的形式，帮助教师了解早教机构的基本框架
2	答辩考核	采取命题抽签法，提前10分钟公布抽签的所有内容，让大家有思考的机会。也可以就某个话题或内容，提前1～2天让教师做好准备再进行，考察教师的领悟能力
3	咨询考核	用内部电话咨询考核，主要锻炼教师说话的语态，考核教师对家长提出的问题讲解得是否清楚
4	实际组织活动考核	通过模拟说课、实际组织一个环节或部分环节及至整个活动，结合自评及他评，帮助教师逐步掌握实际操作活动的能力
5	家长反馈考核	教师每天都要面对家长，家长的评价是十分直接、重要的信息来源和参考
6	细节考核	（1）教师要用心观察婴幼儿及家长的反应，关注活动中的细节，才能抓住教育契机。能够记住一些活动中的细节，从而形成案例，这是转变家长理念、提升家长教育技能的捷径。 （2）家长和教师可以结合《宝宝成长记录册》等档案或观察记录，共同留下宝宝在早教机构的成长足迹，使教师和家长了解幼儿的成功体验，进行相关教育。 （3）要求每位家长在平时与婴幼儿共同的游戏中，保持经常性的记录；教师也能够留下研究性学习的"每一个脚印"，以便今后在回顾自己学习的过程中体验、感悟，提高反思能力
7	活动后记等考核	教师写的活动后记、教育笔记等材料，能够促进教师组织活动的进一步完善、改进和提高，鞭策教师自我评价、自我剖析，形成自我反思意识，不断提高教师研究能力，升华教师的教育艺术。活动后记包括以下内容。 （1）哪些活动内容和教育方法能够引起幼儿兴趣及家长的关注，哪些不能？原因何在？ （2）幼儿在操作玩具时存在的问题是什么？活动中幼儿闪现了哪些具有创造性的智慧火花？ （3）家长提出了哪些深刻而尖锐的问题？ （4）活动中出现了什么突发事件？自己是如何处理的？方法和效果如何？ 各种总结、教育笔记，既是教师对活动的总结，也是教师对活动组织的认识、感悟、感想和设想。教师对教材与活动的把握，是不断反思、不断升华的根本。 考核抽查活动后记，强化教师写活动后记的及时性、实用性和归纳性，这是教师自我提高、自我反思的重要途径

2. 测评系统

（1）判断的依据。教育评价实质是一种价值判断，而这种判断的依据包含图4-1所示的几点。

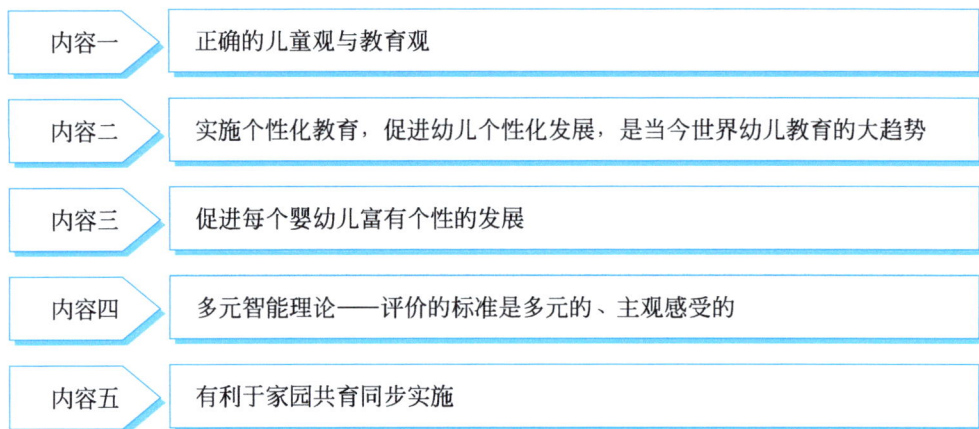

内容一	正确的儿童观与教育观
内容二	实施个性化教育，促进幼儿个性化发展，是当今世界幼儿教育的大趋势
内容三	促进每个婴幼儿富有个性的发展
内容四	多元智能理论——评价的标准是多元的、主观感受的
内容五	有利于家园共育同步实施

图4-1 判断的依据

（2）测评的参与人员。测评的参与人员包括教师、家长、婴幼儿、同伴、教育管理者。

（3）测评的种类

① 活动中测评，活动过程中随时进行的动态、随机评价，如幼儿自述、小组互评、操作讲述、情境评价、游戏中评价。

② 发现婴幼儿的强势智能。

③ 专门性情境测评。

④ 根据教学目标的量表性测评（阶段性）。

⑤ 观察记录。

⑥ 一日生活各个环节中的互动。

⑦ 教师自主性评价——活动前、活动中、活动后三个阶段评价。

早教机构 营销管理

第5章

导言：

市场营销管理被视为企业管理中最重要的管理活动之一。面对社会的多样化需求，早教机构的发展必须重视市场导向和营销策略。

进行品牌建设

对于早教机构而言，要想在市场中占有一席之地，在众多的竞争对手中脱颖而出，就必须树立品牌意识，确定品牌形象，在宣传上体现品牌特色，树立起良好的品牌认知和品牌美誉度，达到口碑营销的效果。

一、树立品牌战略意识

早教机构品牌战略是统帅早教机构一切营销传播活动的大法，它能使早教机构一切营销传播活动有章可循。

1. 规划品牌战略意识

早教机构品牌战略由早教机构品牌战略架构和早教机构品牌识别系统构成。早教机构品牌识别系统包括图5-1所示的内容。

在图5-1的这些品牌识别系统中，应具体界定规范一个早教品牌的核心价值，产品的类别、特色、用途、品质、档次，企业的理念文化、价值观和使命，企业在同行业中的地位，企业社会责任感，企业行为制度，员工行为制度，品牌的VI（Visual Identity，视觉识别）系统、影视广告、海报等。这些早教品牌识别系统应具体界定早教机构营销传播活动的标准和方向，使早教机构品牌核心价值这个抽象的概念和早教机构日常活动有效对接具有可操作性。同时，要把早教机构品牌战略的文字性东西，分解到早教课程的研发、特色、渠道、广告、促销、服务等方面，甚至每个员工的行为上。

因此，早教机构的经营者，要通过学习现代营销知识、现代教育管理知识，了解国

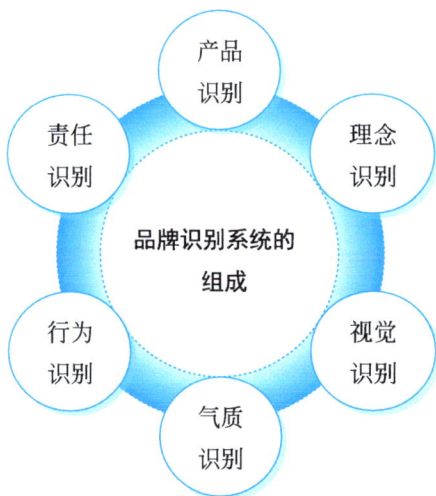

图5-1 品牌识别系统的组成

内与国际早教机构发展的形势，审时度势，及时抓住机遇，实施和推进本早教机构的品牌战略。实施品牌战略是现阶段争夺市场份额、求得自身生存与发展的根本手段之一，更是早教机构为国家、为民族教育做出应有贡献的一大途径。早教机构的经营者，应从这样的高度和理念出发，树立起强烈的品牌开发战略意识，以高度的政治责任心和紧迫感实施和推进本机构的品牌战略。

2. 找准品牌定位

在树立自身的品牌开发战略意识后，要找准品牌定位，即早教机构为自身确定一个适当的市场位置，建立自己的核心竞争力，使自身在社会、家长、学生的心中占领一个有利的位置。在教育产品越来越同质化的今天，要成功打造一个早教机构品牌，品牌定位举足轻重。定位不可过高，也不可过低，更不能混乱和模糊。在自身定位的过程中，早教机构要注意图5-2所示的三点。

图5-2　品牌定位要注意的事项

（1）要注重内容与客户互动。对于整个早教机构而言，早教所呈现出来的内容无疑是核心中的核心，而这些内容的呈现依靠的是教学理念，没有好的教学理念就失去了其灵魂。但只有好的教学理念，却没有互动，那么这个好的教学理念也只能是一潭死水。对此，早教机构可以在互联网上建立一个良好的互动平台，方便让家长随时将早教个性化方案实施过程的感受讲出来，将他们在育儿方面的点滴经验与大家分享。这种内容互动的方式不仅拓宽了家长的思路，建立其育儿自信心，同时也能及时纠正家长在早教方面的误区，切实提高育儿质量。

（2）要注重创新与价格互补。任何早教机构都有一定的生命周期阶段，从引入期、成长期、成熟期到衰退期，整个生命周期的过程或长或短取决于竞争。当市场竞争激烈时早教机构的生命周期会缩短，因为有新的早教机构来代替，反之则会延长。一个早教机构可能无法完全掌握竞争的程度，但可以不断进行创新，从自身的形象到功能都可以引申出不同的创新点，然后根据竞争的程度，适时推出创新的教育方式。

同时，把价格杠杆与创新作为一对互补，当创新的早教产品推向市场时，可以把进入成熟期或是衰退期的产品价格下调或进行促销，更好地分开价格层次，以延长原产品的生命周期或在衰退前迅速获得更高的利润。

（3）要注重形象与热点结合。产品形象是由图5-3所示的三方面构成的。产品的视觉形象是人们对产品形象认知的一部分，是客户最先认识也是最直观的形象。对于早教机构而言，这个形象要能让孩子认知，愿意看并愿意和这个形象相处，这就要和热点的形象进行结合。

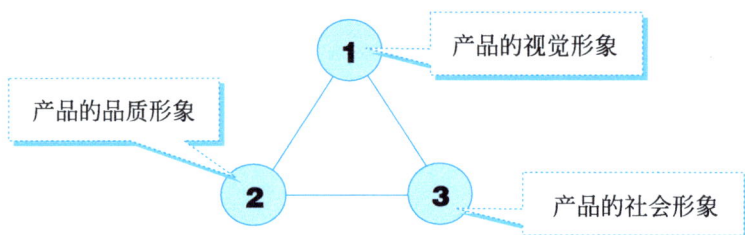

图5-3　产品形象的构成

通过调查显示，1～6岁孩子喜欢的卡通形象为喜羊羊、海绵宝宝、天线宝宝、奥特曼、迪士尼系列等。这些已经是在电视、广播、音像、图书中让孩子们非常熟悉的形象了，早教机构形象和这些热点结合，不仅可以达到事半功倍的效果，也可以提升用户黏度。

> **小提示：**
>
> 早教机构自身的优势在哪里，特色就在哪里，早教机构个性就在哪里。只有充分发掘出早教机构的办学优势，才能找到办学特色的立足点和出发点，也才能形成早教机构个性。

二、提炼品牌核心价值

早教机构品牌核心价值是早教机构品牌的灵魂和精髓，是早教机构一切营销传播活动所围绕的中心。

1. 确定品牌核心价值

品牌的核心价值，作为早教机构的灵魂，贯穿整个早教机构的所有经营活动。品牌的核心价值的提炼，必须进行全面科学的品牌调研与诊断，充分研究市场环境、行业特性、目标消费群、竞争者以及早教机构本身情况，为品牌战略决策提供详细、准确的信息导向，并在此基础上，提炼高度差异化、清晰的、明确的、易感知、有包容性、能触动和感染消费者内心世界的品牌核心价值。一旦核心价值确定，在传播过程中，把它贯穿到整个早教机构的所有经营活动里。

比如，金宝贝的品牌核心价值是"尊重孩子的个性与不同"，它给人们一种对教育个性化的美好向往。它把早教机构的理想、文化、产品和婴幼儿追求的境界连在一起，容易得到人们心灵的共鸣。

在品牌传播和营销活动中，要积极打造品牌个性，把品牌核心价值概念表现得淋漓尽致，从而达到提升品牌价值的目的。

2. 规范品牌识别系统

在确定品牌核心价值的基础上，需要进一步规范品牌识别系统，并把品牌识别的元素执行到早教机构的所有营销传播活动中去。以品牌核心价值为中心，规范品牌识别系统，使品牌识别与早教机构营销传播活动的对接具有可操作性；使品牌识别元素执行到早教机构的所有营销传播活动中，使每一次营销传播活动都演绎和传达出品牌的核心价值、品牌的精神与追求，确保早教机构的每一次营销广告的投入都为品牌做加法，从而为品牌资产作累积。同时，还要制定一套品牌资产提升的目标体系，作为品牌资产累积的依据。

比如，金宝贝的"PLAY & MUSIC"标志，随处所见，特别醒目，人们会被它的"PLAY & MUSIC"所吸引。当走到任何一家金宝贝里面时，"PLAY&MUSIC"无处不在，小到纸巾、杯子，大到招牌、墙报，无形中给人视觉的记忆；同时，金宝贝在进行互动或促销活动时，同样能够让人感受到"PLAY&MUSIC"的存在。

三、重视早教内容的个性化和创新性

要想张扬早教机构个性，熔炼品牌精髓，打造名牌早教机构，就需要在"创新"上求发展，在"特色"上做文章。重视教育创新，其实并不仅仅是提高教育质量，更重要的是打造个性化早教方案，这就需要不断变化的思维。孩子在变化，时代会迈步向前，家长需求也在不断改变，早教机构要不断迎合变化的潮流，不断用新理念、新知识、新活动增加来品牌的时代感。

1. 树立正确的早教观念

早期教育是培养创造力的关键，这也是早教兴盛的原因。早教的使命应该是培养一批具有思维能力、创造能力、高情商的幼儿，但前期的成绩不会太显著。这就需要早教机构不断对早教的正确观念予以引导，让大家知道，早教是要带给孩子快乐，让他们在"玩"中获得收获，成为人生发展的奠基。

小提示：

让幼儿养成一个良好的学习习惯，具有生活自理能力、坚忍的品质和良好的承受能力是早教的真正方向。

2. 重视教育科研

早教需要用人类学、医学、教育学、心理学、脑科学、行为学等分析孩子各个年龄阶段的特点，然后采取科学而系统的早教方式。如果没有先进的教育理念和优秀的专家队伍，就很难维持一个早教品牌的生命力。

现在国内有名的早教机构每年都会拿出5%～10%的利润投入科研，同时积极跟国内外知名教育机构合作，不断引进新的项目。由此可见，在品牌早教机构建设的过程中，教育科研是最重要的支撑力量，是打造品牌早教机构的助推器。

实践证明，教育科研是早教机构品牌的最大看点，通过教育科研使早教机构展示和提升自己的形象，同时实现最实惠、最经济、最深入人心的宣传。用教育科研打响早教机构的品牌，是最优的路径。依靠并通过教育科研，使早教机构长期稳定保持较高的教育水平，总结提炼出早教机构独特的教育理念，是早教机构快速崛起的最好办法。只有坚定地依靠教育科研，早教机构品牌才能站得住、立得稳、走得远。

3. 突出个性化方法

早教质量是早教机构的生命线，是彰显品牌早教机构形象的窗口，是品牌早教机构发展的永恒主题，是衡量一个早教机构办学水平的重要标志。教育的目的在于促进人的发展，早教机构发展的目的，在于为幼儿提供更好的受教育机会。早教机构在发展中创品牌、创特色，必须建立在受教育对象的发展上。因此，早教机构的早教质量、办学水平才是支撑品牌早教机构的基础和核心。而早教质量的好坏又与教学方法有紧密的关系，故而加强早教质量的一个有效途径即是突出个性化方法。针对每一个早教机构的会员综合智力测评的结果，制定针对性极强的个性化家庭早教方案，充分体现儿童各年龄段的个体差异，又尊重每个儿童自身各项能力发展之间的差异。尊重儿童，以个体为中心，是早教机构打造自身品牌的宗旨。

相关链接：

××早教机构个性化早教方案的制定与实施

1.个性早教方案制定的依据

在孩子成为早教机构的会员后，经测评老师测试后得到该会员五项智力发展的数据，并及时按会员的基本情况（姓名、性别、实际月龄、各项能力发展的特点及特殊情况等）制定个性早教方案。

2.个性化早教方案的制定过程

针对孩子的具体情况，参照基本方案，征询早教专家的建议和意见，制定出具体翔实、操作性很强的家庭早教指导方案，并经专家讨论修正后再通过互联网进行回传。

3.个性化早教方案的内容

（1）大动作：包括各种运动技能、体格锻炼、动作发展等。

（2）精细动作：小肌肉动作训练，包括美术活动、手工操作、书写练习等。

（3）语言发展：包括语言识别能力、理解能力、音乐活动等。

（4）认知能力：包括数学活动、认知活动、适应能力等。

（5）日常行为：包括社会交往、思想品德、情感培养、控制能力培养等。

4.个性化早教方案的实施

婴幼儿父母根据早教机构制定的个性化早教指导方案在家中认真实施，观察孩子在活动中的反应和能力表现，进行适时引导，确会收到以下效果。

（1）方案中使用的材料、教具和玩具是家庭中经常用到的一些日常生活用具以及孩子经常玩的玩具，操作简单方便，家长和孩子都易于接受。孩子在活动之后能获得各项智能发展，从而提高孩子的智能发育，促进孩子在生理、心理上健康成长。

（2）为孩子制定的个性化指导方案是依据儿童九大敏感期的特点以及"玩中学、做中学"的原则，将教育融于日常生活中，结合生活中的每一事每一物，让家长和孩子实施起来感觉轻松自然，从而达到了"让教育轻松起来，让孩子快乐起来"的素质教育的目标。

（3）个性早教指导方案特别重视孩子大动作、精细动作、语言发展、认知能力、日常行为等的培养；在方案中，强调家长启发引导孩子独立地去体验学习的快乐，自发地获得知识和技能，培养孩子的主动学习习惯，塑造孩子健全的人格和独立的个性。

（4）整个方案还特别重视孩子非智力因素的养成，如：良好生活习惯的养成、高尚品德行为的培养、美好情感的形成、社会交往能力的锻炼、自理能力和独立自主意识的形成、自信心的培养等。通过方案的实施让孩子在各项活动及日常生活中体验非智力因素在成长过程中的重要性。

四、建设一流的管理人员和师资队伍

师资是实现早教机构教育目标的核心和关键。品牌早教机构离不开一流的师资队伍。建设一流的师资队伍，是早教机构立足的基石、前进的动力，是早教机构品牌的重要内容。早教机构要把建设高水平师资队伍作为根本，坚持引进、培养、聘用并举，大力加强师资队伍建设，打造一支专家型、学者型的"个体素质较高，群体结构合理，富有创新精神"的师资队伍，为打造品牌早教机构提供智力支持。

具体来说，为提高教师早教工作能力，早教机构要开展形式不一的培训。

1. 开展早教教研活动

早教工作研讨与日常的教研融合在一起，活动前给教师明确的研讨主题，活动中让教师结合自己的工作实践和理论学习体会进行研讨。因为一般青年教师早教工作方面的经验相对比较缺乏，通过交流，教师间可以相互学习，同时教师通过多途径交流获取的早教工作信息、经验可对自己已有经验进行再充实。

2. 进行教学活动交流

每次早教活动开展前，早教负责老师集中全体教师对活动开展的相关事宜，活动进行的注意事项、安全预案等进行逐一交流。不同形式的培训会让教师对早教工作有新的认识，早教指导工作的方法也会逐渐丰富。

3. 加强与国外的沟通

不可否认的一点是，国外的早教行业起步比我国早，发展比我国快，更趋于合理化。同样，国外的人才培养机制要比我国更加完善，早教机构应多进行学习，避免闭门造车。

五、营造优良的内外环境

早教机构实施和推进品牌战略不是轻而易举的事，既要有早教的内部环境，还要有一个优良的外部环境。

1. 内部环境

良好的内部环境是早教机构师生员工创造的，独特的早教机构文化环境为特色早教机构提供了生长的基础，一定的文化环境孕育了一定的早教文化。优秀的早教文化与品牌密不可分，传统积淀、文化氛围、早教理念、学风、教风等要素构建起了早教机构品牌的根基。早教机构可参考图5-4的措施来构建企业文化。

措施一　　加强早教机构自身文化建设

> 早教机构自身企业文化的建设有将品牌和企业形象合并的使命，品牌形象有效地加强了早教机构自身的文化建设，也加速了品牌的文化建设

措施二　　注重发展传统文化

> 早教机构应在学习西方先进教育理论的基础上，结合中国婴幼儿早教实情，多发展本土的传统文化

措施三　　重视对物质环境的改善

> 增强早教的感染力，让早教机构建筑设施布局合理，园容园貌整洁、优美、充满生机与活力，让师幼生活在安全、舒心、优雅的环境中

措施四　　致力于精神环境的建设

> 让早教文化氛围健康有益、积极向上、丰富多彩，让人际关系民主、平等、和谐，使生活在这里的人都自由、协调地发展，让早教机构成为环境美、心灵美、语言美、行为美的教育圣地和师幼的精神家园

措施五　　坚持以情感建设为主导

> 早教机构的用户群体为0～6岁孩子，而真正的购买人群是这些孩子的父母、爷爷奶奶，早教机构从情感的角度出发，以给孩子和家庭带来欢乐为目的去强化自身的内部建设，将会达到事半功倍的效果

图5-4　构建企业文化的措施

2. 外部环境

早教机构实施和推进品牌战略要营造良好的外部环境，具体措施如图5-5所示。

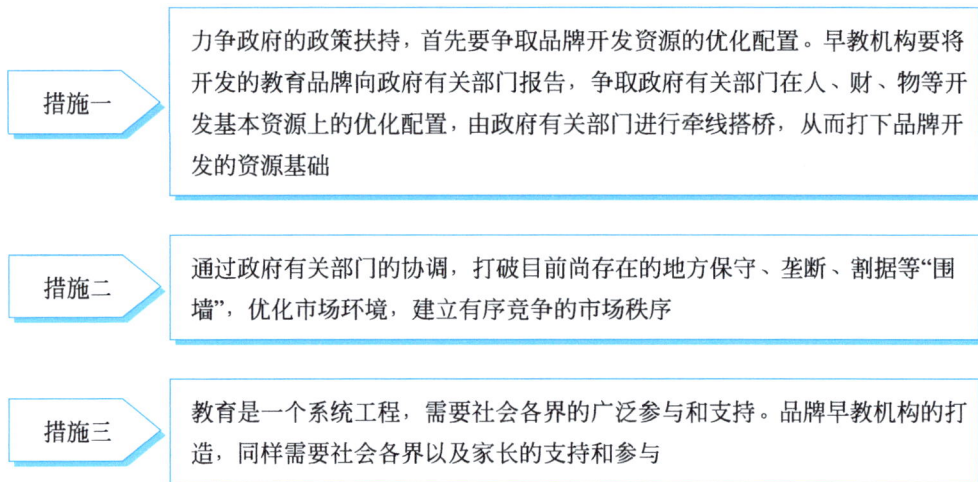

措施一	力争政府的政策扶持，首先要争取品牌开发资源的优化配置。早教机构要将开发的教育品牌向政府有关部门报告，争取政府有关部门在人、财、物等开发基本资源上的优化配置，由政府有关部门进行牵线搭桥，从而打下品牌开发的资源基础
措施二	通过政府有关部门的协调，打破目前尚存在的地方保守、垄断、割据等"围墙"，优化市场环境，建立有序竞争的市场秩序
措施三	教育是一个系统工程，需要社会各界的广泛参与和支持。品牌早教机构的打造，同样需要社会各界以及家长的支持和参与

图5-5　营造良好外部环境的措施

打造品牌的过程就是建立和维护与家长、幼儿、员工和社会关系的过程。早教机构的品牌存在与否不是由企业说了算，而是存在于家长和幼儿的心目中的。只要把握好创建品牌早教机构的初衷与方向，以实事求是的态度去适应外界客观条件的变化，营造良好的教育环境，一定会完成品牌建设的目标。

六、加大品牌宣传力度

早教机构品牌战略一旦确定，就应该进行全方位、多角度的早教机构品牌传播与推广，使早教机构品牌深入人心。

早教机构品牌传播与推广没有一成不变的模式，应结合自身情况制定相应的传播与推广策略。早教机构品牌传播与推广应把握图5-6所示的原则。

一个强大的早教机构品牌不是由创意打造的，而是由"持之以恒"打造的。因此，早教机构品牌核心价值一旦确定，早教机构的一切营销传播活动都应该以滴水穿石的定力，持之以恒地坚持维护它，这已成为国际一流早教机构品牌创建金字招牌的秘诀。

| 原则一 | 合理布局，运用广告、公关赞助、新闻炒作、市场生动化、关系营销、销售促进等多种手段。单一的广告往往只能提高早教机构品牌知名度，难以形成早教机构品牌美誉度，更难积淀成早教机构品牌文化 |

| 原则二 | 根据目标消费群的触媒习惯选择合适的媒体，确定媒体沟通策略。媒体不一定非得是央视、卫视，但一定是适合早教课程阶段与市场阶段的，如教育频道、少儿频道等 |

| 原则三 | 早教机构品牌传播要遵守聚焦原则。千万不可将有限的资源盲目乱投，而应进行合理规划与聚焦，在某一区域市场集中投放 |

| 原则四 | 早教机构品牌传播要持久、持续。早教机构品牌的提升是一项系统工程，需要长久的投入与坚持 |

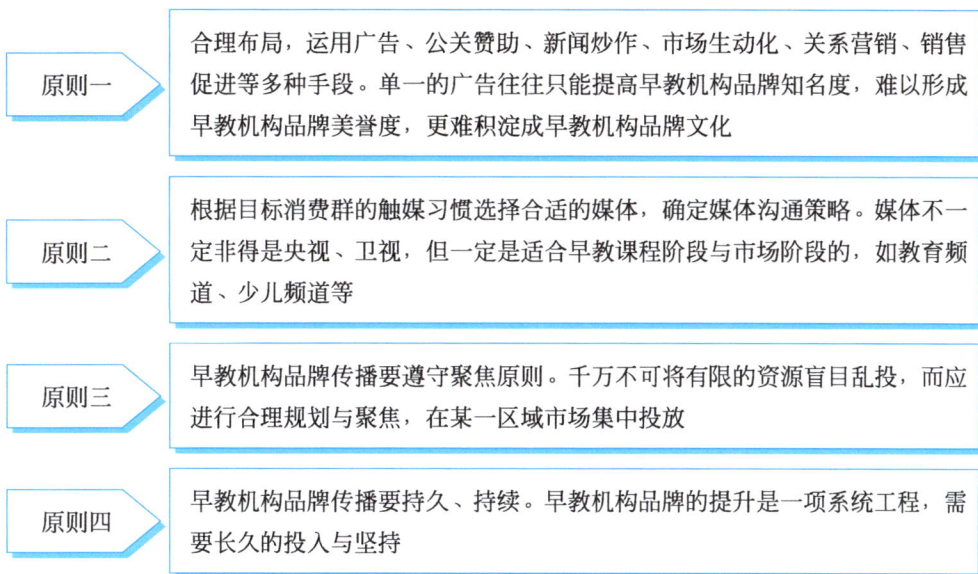

图5-6　品牌传播与推广应把握的原则

七、注重早教品牌产业延伸

由于孩子年龄较小，不可能自主学习，因此对孩子的早教需要家长的参与，所以目前在市场上大部分早教教材是针对家长的，小部分是针对孩子的，家长就是市场，家长的需求就是市场的需求。因此，一个早教机构在品牌的创建中应高度重视产品的延伸，要充分利用好产品延伸使自己的品牌增值。

然而，早教机构品牌延伸是把双刃剑，它可以是早教机构发展的加速器，也可以是早教机构发展的滑铁卢。所以早教机构品牌延伸应该谨慎决策，延伸的产品应符合早教机构品牌核心价值；新老产品的产品属性应具有相关性；延伸的新产品必须具有较好的市场前景。

具体来说，早教发展初级阶段主要是开展培训课程，接下来行业发展将是对早教玩具和教具的开发、图书和光盘出版、早教师资培训服务、家庭教育指导服务等，尽量将其延伸到能够与培养孩子智商、情商、德商等综合素质相关的教具、玩具、图书、食品、饮品、服饰、体育、旅游等产业。

比如，东方爱婴在我国早教市场占有举足轻重的地位，该公司向来重视对早教教材的研究与开发，通过不同的歌曲进行音乐游戏，给孩子带来快乐，并在快乐中有所收获，潜力得到开发。东方爱婴音乐游戏ＣＤ采用奥尔夫音乐教学理念，针对0～3

岁婴幼儿身心发展特点，以语言（诗辞、儿歌、童谣的节奏朗诵、多声部朗诵）、音乐、游戏、体态律动、歌唱、乐器演奏等综合艺术形式，结合孩子日常生活的体验，在轻松愉快的气氛中，使孩子主动地参与到音乐活动之中，在潜移默化中掌握音乐的节奏，发现音乐与艺术的奥妙，感受音乐的乐趣，从而增强对音乐的感知能力和兴趣，塑造健全的人格。这套音乐游戏ＣＤ是在研究不同年龄段宝宝五大功能区发展现状的基础上，针对7个月至30个月的宝宝，以3个月一分龄的形式分别设计的。为了使孩子的游戏兴趣更加高涨，又根据游戏内容分别配置了或柔和，或清新，或节奏鲜明，或旋律优美的不同类型的音乐。游戏是宝宝最喜爱的一种活动形式，该音乐游戏全集的宗旨正是通过音乐将游戏的快乐带给孩子。

对于宝宝来说，这绝不单单是听音乐和玩游戏，它是为提高宝宝智能及运动能力而进行的重要工作。相信宝宝在音乐与游戏的陪伴下，将会更加快乐地成长。

第二节

优化营销策略

目前市场早教品牌众多，早教行业已经不是一片蓝海市场，行业中竞争正在变得激烈。因此，早教机构需要优化营销策略，关注现有的市场要素变化，调整营销思路，根据市场变化动态适应行业竞争。

一、产品策略

从对我国不同类型的早教机构的调查中不难发现，不同的早教机构在环境设计、课程安排以及基于不同基础的课程目标和侧重效果均不同，如此种种正是各个早教机构竞争的焦点。

从产品策略方面，早教机构应做好市场定位、产品差异化、产品组合方面的工作。

1. 市场定位

早教的主要对象是0～3岁的婴幼儿，根据婴幼儿的年龄可以分为0～1岁、1～2

岁和2～3岁；根据客户的家庭所在地可分为市中心或郊区；根据家庭收入水平可分为低收入、中收入和高收入；根据客户职业可分为企事业单位固定时间上班、自主经商、退休或全职主妇等。根据这些特征可将早教市场细分为不同的种类。

准确的市场定位使早教机构能够通过明确自身的实力和优势，通过在优势领域的专业化和特色化服务，赢得顾客信赖，从而提高顾客的忠诚度和早教机构的市场竞争力。

2. 产品差异化

早教机构可以通过在教育方案、评估体系、课程体系或家庭支持训练计划等方面寻求差异化。

比如，红黄蓝早教机构独特的教育方案，适合用来培养我国0～6岁儿童良好的综合智能和构建健康人格，由于红黄蓝亲子园与幼儿园有效互动，覆盖0～6岁整个早期教育领域，这也成为了红黄蓝区别于其他早教机构的最大的差异化优势。

又如，积木宝贝提出"科学早教"的概念，希望通过成长测评工具了解儿童体能、智能、心理三维的发展，在SET（积木运动、艺术探索、创意百科）中提升孩子的三维发展水平。

3. 产品组合

从分析早期教育行业的特点来看，其主要产品属于服务性产品，服务具有易逝性、差异性、生产过程和消费过程同步性，一般课程的推出到新课程的替代，应该时间很快。但从另一个角度，对于这类服务性产品来说，它的差异性又决定其具有不容易复制性。所以，品质好、信誉高的早教机构可以获取较大的利润。

因此，早教机构应该据市场定位和目标人群进行精细化设计。如果只是盲目跟从市场上竞争对手进行课程产品制定，就不能完全体现自身特色。对于早教机构来说，除了必要的基础课程还需要对婴幼儿的心理发展进行学习和课程挖掘，根据婴幼儿生理发育规律进行课程选择。坚持差异化战略，以孩子的潜能挖掘为导向，通过创新形成自己的核心竞争课程。

而对于现有课程，早教机构也要随着每一批会员宝宝的成长规律，修改已有的课程体系及课堂施教方案。为了规避其他早教机构的恶性低价竞争，使行业健康发展，同时保障早教机构的企业利润的实现和提高，要坚持课程提高和创新。

如表5-1所示的是××早教机构的产品设计方案。

表5-1 ××早教机构产品设计方案

年龄	关键词
0～6个月	感受世界
6～12个月	运动能力、社会情感萌芽
12～18个月	依恋的建立、肢体协调性发育
18～24个月	手眼协调、想象力、语言能力发展
24～30个月	性别认同、认知发展
30～36个月	习惯养成、朋友交往

二、价格策略

价格在某种程度上是企业成功的关键，因为价格颇受消费者的关注。对此，早教机构应根据市场环境、服务对象的不同制定不同的价格策略。

1. 新产品定价策略

新产品的定价可采用撇脂定价法和渗透定价法。

（1）撇脂定价法。撇脂定价法是指在产品生命周期的最初阶段把产品价格定得很高，以求最大利润，尽快收回投资。这是对市场的一种榨取，就像从牛奶中撇取所含油脂一样，取其精华，称之为"撇脂定价"法。这种方法的优缺点如图5-7所示。

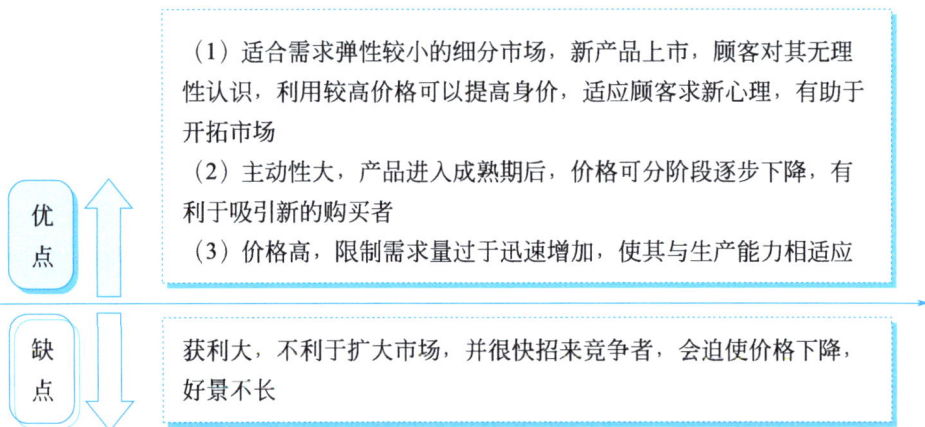

优点
（1）适合需求弹性较小的细分市场，新产品上市，顾客对其无理性认识，利用较高价格可以提高身价，适应顾客求新心理，有助于开拓市场
（2）主动性大，产品进入成熟期后，价格可分阶段逐步下降，有利于吸引新的购买者
（3）价格高，限制需求量过于迅速增加，使其与生产能力相适应

缺点
获利大，不利于扩大市场，并很快招来竞争者，会迫使价格下降，好景不长

图5-7 撇脂定价法的优缺点

（2）渗透定价法。渗透定价法是在产品进入市场初期时将其价格定在较低水平，尽可能吸引最多的消费者的营销策略，其目的是获得最高销售量和最大市场占有率。当新产品没有显著特色，竞争激烈，需求弹性较大时宜采用渗透定价法，其优点如图5-8所示。

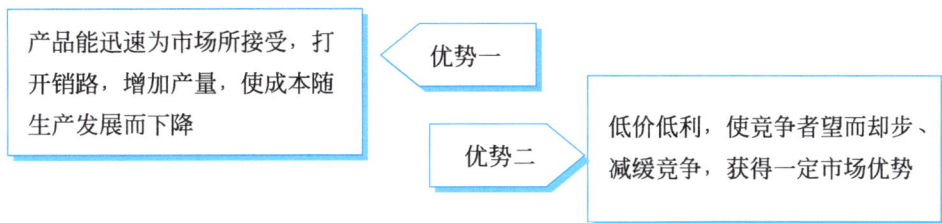

图5-8　渗透定价法的优势

早教产品因其特殊性，产品的效果需要一段时间才能体现，一开始采取高价定价策略，不利于市场接受早教机构新产品，早教机构新产品可以通过分小课程进行低价体验的方式来扩大市场占有率。

比如，金宝贝亲子园将其早教产品价格定得相对较低，从而吸引大量顾客，提高市场占有率，同时也赢得了较好的口碑。

2. 折扣定价策略

折扣定价是指对基本价格做出一定的让步，直接或间接降低价格，以争取顾客，扩大销量，提升市场占有率的定价方式。其中，直接折扣的形式有数量折扣、现金折扣、功能折扣、季节折扣，间接折扣的形式有回扣和津贴。

早教机构根据不同产品的特点可以选择不同的折扣定价方式。

（1）对于新产品可以采取直接限时打折供消费者体验。

（2）在淡季和工作日的课程可以采用时间折扣。

（3）对于长期优质产品，可以采用数量折扣。

3. 地区定价策略

地区定价策略是指根据消费者的不同位置，考虑到成本差异采取的不同地区不同价格的定价方式。早教机构可以对郊区采取低于市区的定价方式，对于热门学区的定价和偏远门店定价也要区分开来，以便提升利润率，同时使相对较冷清的门店有一定竞争力，同时还要参考不同地区的竞争对手的定价，有针对性地根据地区调整定价。

4. 心理定价策略

每一件产品都能满足消费者某一方面的需求，其价值与消费者的心理感受有着很大的关系。这就为心理定价策略的运用提供了基础，使得企业在定价时可以利用消费者心理因素，有意识地将产品价格定得高些或低些，以满足消费者生理的和心理的、物质的和精神的多方面需求，通过消费者对企业产品的偏爱或忠诚，扩大市场销售，获得最大效益。

心理定价法包括尾数定价法、整数定价法、高位定价法、习惯定价法等。

5. 差别定价策略

除了针对同一市场的不同消费者制定价格策略之外，早教机构还可以根据不同地区、不同门店的具体情况和相应的消费者特点，选择不同的定价策略。

比如，在地处较为偏远的门店采取较低价格吸引前去该门店进行消费，根据门店所处地域的消费水平进行定价，对于消费水平较低的地区可以适当加大优惠力度。

早教机构也可以根据不同季节、不同购买时段，制定相应的、有效的、可行的价格策略。

比如，夏季、冬季气候恶劣，不利于家长和孩子们的出行，早教机构的课程价格可随着季节的变化而做出相应调整。

再如，一般周末上课的会员人数会比较多，而在平时上课的会员比较少，早教机构可推出周末班价格和平时班价格，平时班的价格要相对便宜。

6. 产品组合定价策略

产品组合定价策略是指处理本企业各种产品之间价格关系的策略，包括系列产品定价策略、互补产品定价策略和成套产品定价策略。早教机构可以采取的策略如图5-9所示。

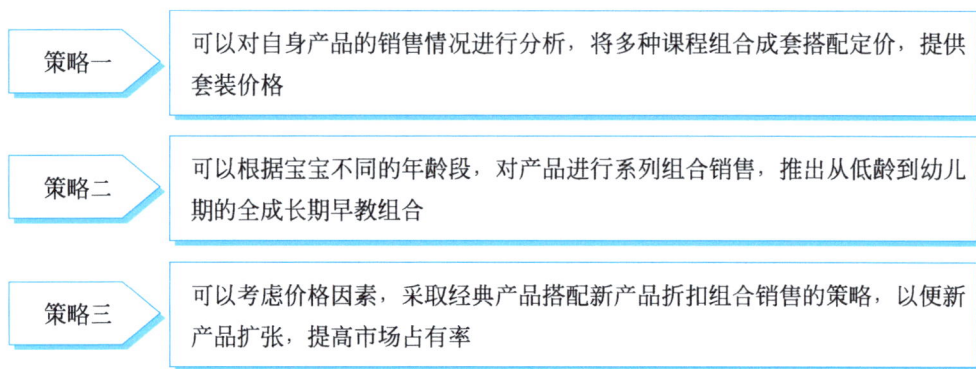

图5-9　可采取的产品组合定价策略

三、渠道策略

渠道策略即形成渠道、客户、产品服务、功能四者之间有效匹配，将产品或服务通过合适的渠道交付至相应的目标客户并承载相应的功能。

1. 业务渠道的功能

一般来说，早教机构的各业务渠道可以承载的功能主要有图5-10所示的几种。

图5-10 早教机构各业务渠道承载的功能

通过对渠道功能的切分，使得各渠道与承载的功能实现对应匹配，以发挥各渠道的优势和能力。

对此，早教机构可根据自身情况，将产品分为不同的类型，并对应不同的渠道，如图5-11所示。

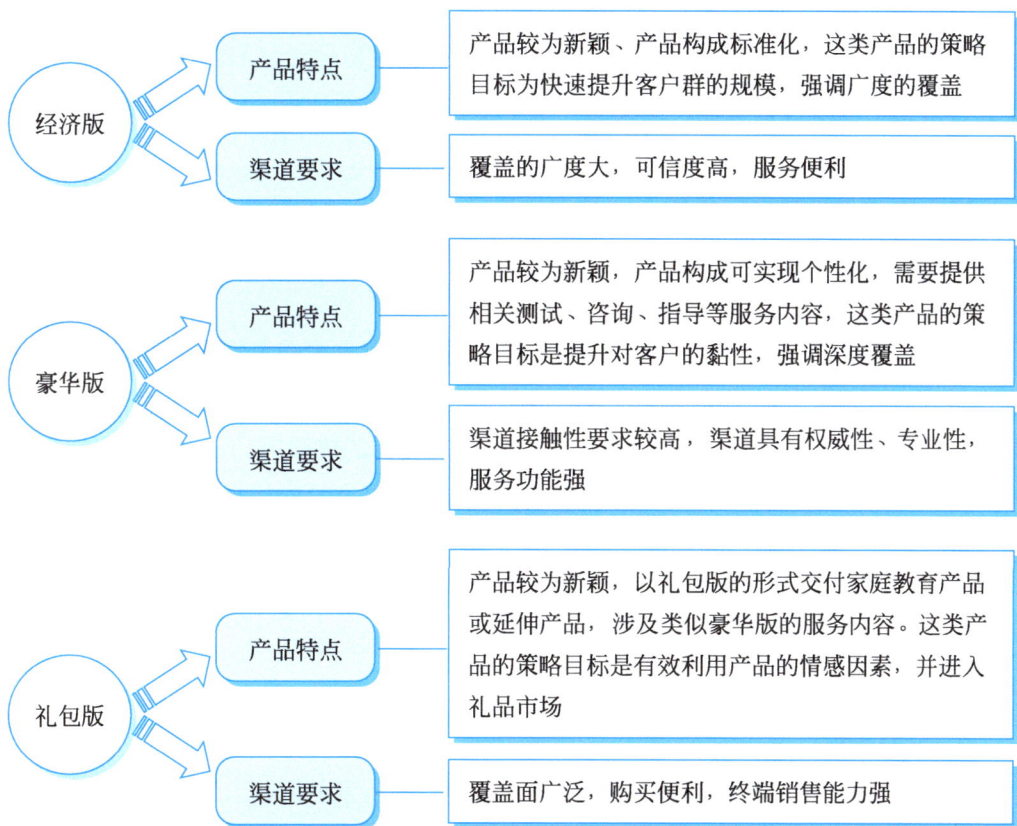

经济版

产品特点：产品较为新颖、产品构成标准化，这类产品的策略目标为快速提升客户群的规模，强调广度的覆盖

渠道要求：覆盖的广度大，可信度高，服务便利

豪华版

产品特点：产品较为新颖，产品构成可实现个性化，需要提供相关测试、咨询、指导等服务内容，这类产品的策略目标是提升对客户的黏性，强调深度覆盖

渠道要求：渠道接触性要求较高，渠道具有权威性、专业性，服务功能强

礼包版

产品特点：产品较为新颖，以礼包版的形式交付家庭教育产品或延伸产品，涉及类似豪华版的服务内容。这类产品的策略目标是有效利用产品的情感因素，并进入礼品市场

渠道要求：覆盖面广泛，购买便利，终端销售能力强

图5-11 不同产品所对应的渠道

2. 可合作的渠道

早教机构可合作的渠道有图5-12所示的几种形式。

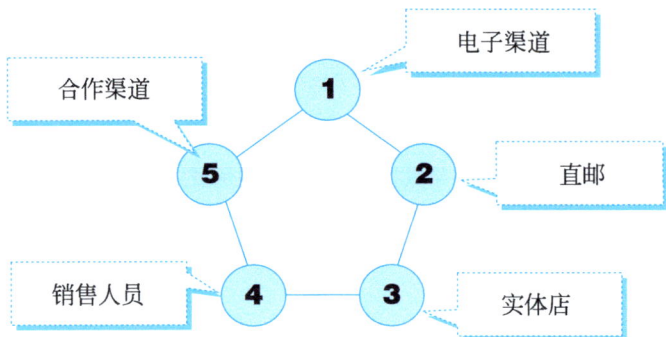

图5-12　早教机构可合作的渠道形式

（1）电子渠道包括互联网、电话呼叫中心、手机、电子邮件、传真等多种形式。由于电子渠道为非面对面的渠道，所以存在客户接触性较低的弱点，属于被动式渠道，主动性较低。为实现业务的广度覆盖，电子渠道是较好的选择，通过电子渠道可实现客户的整合管理和服务，适用性高。

（2）通过直接邮递信函的方式与客户沟通，客户接触性较低，属于主动式渠道，可实现针对性营销。直邮是婴幼儿用品市场主要采用的渠道形式，可提高早教机构对于大众市场宣传销售的主动性，适用性较高。

（3）以实体店面的形式开展销售与客户沟通，缺点是覆盖范围有限，投资和运营成本较高。当前业务市场渗透率较低的情况下，采用实体店的方式性价比较低，可在客户群基数较高的前提下，建立以树立品牌为策略目标的体验店。

（4）销售人员与客户由于是面对面互动沟通，所以客户的接触性较高，但渠道覆盖范围有限，成本较高。

（5）合作渠道包括在婴幼儿相关市场具有一定资源的企业和机构等，类型多样，选择较多。可针对不同产品、不同目标客户以及不同的功能环节，选择适用性的合作渠道。

3. 连锁经营

由于早教机构的市场需求受到地域和距离等空间因素的限制，因此，早教机构在市场开拓过程中，可以通过采用连锁经营或特许连锁的方式扩大企业的业务范围，提升企业的市场竞争力。

在连锁或特许连锁的经营模式下，应注重提升早教机构品牌的文化和个性，通过品牌的运作，在目标市场上形成鲜明的品牌形象。在本地区取得良好声誉，各个连锁机构都将获得最新的信息支持和技术支持，从而不断提高全体教师的教学水平，节省自身研发课程的时间、人力和精力，保证合作各区域连锁机构的高效运作。

四、促销策略

早教机构在市场定位、产品和服务内容以及目标顾客方面具有差别性，因此，不同的早教机构在开展促销活动的过程中应针对自身的市场定位、资源情况及目标顾客特性，灵活选择适合于自身和目标市场特点的促销形式和手段。

1. 与婴幼儿奶粉品牌的合作

早教机构与婴幼儿奶粉品牌的客户群完全一致，都是为0～6岁的孩子服务，产品可形成互补。奶粉厂商是分龄分阶段提供婴幼儿健康成长食品，满足孩子的身体需求；早教机构的产品则是分龄分阶段提供婴幼儿家庭早期教育产品和服务，满足孩子学习成长的需要。基于目标客户的吻合和产品的互补性，早教机构可与婴幼儿奶粉品牌开展广泛的合作。

由于各奶粉品牌的定位差异，早教机构的产品可有针对性地选择各核心产品为合作对象，比如在大城市消费比较高的地区，可选择与高端奶粉品牌合作，在中小城市则选择与经济型品牌进行合作。合作方式大致有图5-13所示的几种。

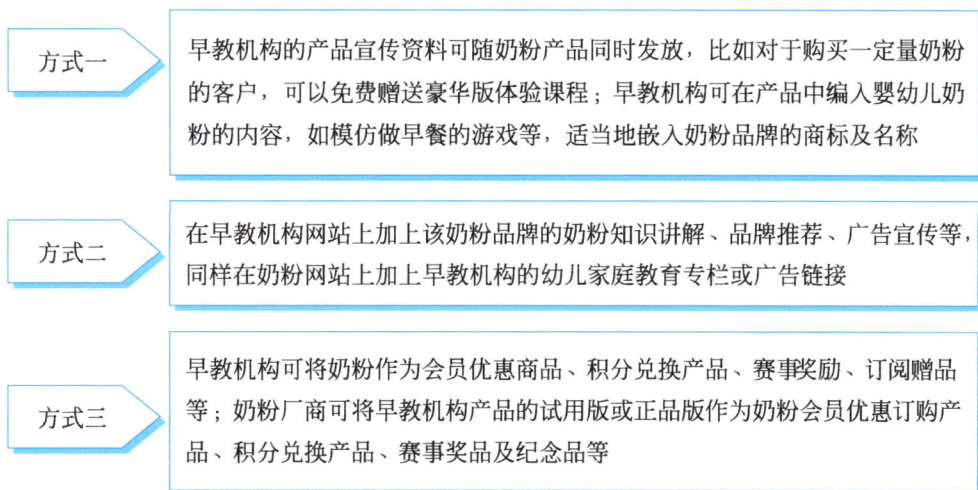

方式一	早教机构的产品宣传资料可随奶粉产品同时发放，比如对于购买一定量奶粉的客户，可以免费赠送豪华版体验课程；早教机构可在产品中编入婴幼儿奶粉的内容，如模仿做早餐的游戏等，适当地嵌入奶粉品牌的商标及名称
方式二	在早教机构网站上加上该奶粉品牌的奶粉知识讲解、品牌推荐、广告宣传等，同样在奶粉网站上加上早教机构的幼儿家庭教育专栏或广告链接
方式三	早教机构可将奶粉作为会员优惠商品、积分兑换产品、赛事奖励、订阅赠品等；奶粉厂商可将早教机构产品的试用版或正品版作为奶粉会员优惠订购产品、积分兑换产品、赛事奖品及纪念品等

图5-13　与婴幼儿奶粉品牌的合作方式

2. 冠名儿童电视节目

以赞助或合作的方式冠名特定时段的儿童电视节目，穿插广告或课程演示，提高品牌知名度。

3. 与超市、大型购物商场合作

与超市、大型购物商场等人群集中消费场所合作，实现会员卡的权益共享，这些消费场所的高消费会员可以享受本中心的课程优惠。同时，报名本中心的顾客也可以根据报名课程的不同金额享有在这些消费场所的不同消费折扣。

4. 与企业俱乐部进行合作

为企业员工开展婴幼儿成长科学知识讲座，开展贫困儿童成长服务活动，开展送教育下乡等活动，开展社区服务活动；为集团采购的公司提供优惠，公司将早教机构产品作为礼品送给员工。

五、公关策略

当早教机构实现了初步的营销目标，就可以考虑通过一系列公关推广活动，巩固已有市场，加深老顾客的忠诚度，挖掘潜在的顾客，提高早教机构在市场上的美誉度和影响范围，树立深入人心的品牌形象。

1. 小册子

小册子的内容可以关于婴幼儿的饮食、睡眠等成长过程中所应注意的健康知识，将其免费送给消费的顾客。小册子要求图文并茂，并且具有很强的可读性，也可以分年龄段制作，分次送给宝宝。

2. 温馨提示

可以在一些中心路口设提示栏，或以短信、电话的方式，每日、每周尤其是在特别时间（如春季儿童疾病流行期，节假日等）就天气、交通状况、需注意事项、节日问候等给予温馨提示。其目的并非仅仅是提示作用，而是体现早教机构真正关爱宝宝健康成长的品牌形象。

3. 生日关怀

给生日当天的宝宝送上一份生日礼品，最好是在活动中心以公开的形式送出。

4. 纪念品

将宝宝的上课过程以照片、DV等形式记录下来，在每个阶段课程结束之后送给家长以作纪念，这样不仅可以巩固顾客的忠诚度，而且容易促成重复消费。

5. 社区橱窗宣传

早教机构及时将早教活动内容、早教信息、育儿常识、婴幼儿食谱等做成橱窗向社区展示，与社区居委会联手随时听取家长的意见与建议，每学期更换一次。

6. 专家咨询活动

可以分年龄组或营养保健、心理教育组，由专家和家长进行面对面的问题咨询与"义诊"。

（1）专家咨询热线：对会员家庭的电话咨询提供及时热情的解答。

（2）家长论坛：由专家主持，围绕育儿中的难点、疑点、焦点进行探讨，由家长介绍经验，分享育儿的酸甜苦辣。

（3）育儿沙龙：由专家主持，围绕育儿中的难点、疑点、焦点，进行广泛的交流。

7. 有形展示活动

在市场竞争激烈的情况下，活动营销将会成为在各个营销传播手段中重要的一步，从目标客户的精准定位广告到现场活动的互动，活动营销真正实现了营销的高成功率。早教机构可采用会议营销、路演、家长说明会等方式。

（1）活动形式。可以开展宝宝爬行大赛、宝宝时装秀、准妈妈孕妇装秀、家庭创意大赛、亲子趣味体育游戏等。

（2）时间安排。活动举行时间通常安排在周六上午9:00 ～ 10:00，但宣传、报名开始时间通常提前十天到半个月进行。

（3）实施程序。程序依次为：提出策划、设计活动、联系场地、开始宣传（派单、报纸广告、商场广播、海报等）、接受报名、编制秩序册、准备获奖证书及礼品、布置会场（接待、咨询、主持、颁奖、摄像等）。

下面提供几份××早教机构活动策划的范本，仅供参考。

范本 ▸▸▸

"阳光宝宝家庭大赛" 活动策划

我家宝宝初长成，每位家长在心里对婴幼儿都有无数个美好的祝愿。

让我们珍惜与宝宝生活的每一时分；

让我们共同成就婴幼儿健康，增长其智慧；

让我们关注婴幼儿的明天与未来。

阳光亲子教室秉承"寓教于乐"的宗旨，特聘幼教专家及教师做指导，从美国引进幼教设施及教育理念，开设了"潜能开发"系列课程。阳光亲子教室长期聘请国内外幼教专家定期讲学，不断探寻适合我国宝宝的教育模式，使阳光亲子教室不仅成为儿童的乐园，更推动我国婴幼儿启智教育的发展，促进地区早教事业的繁荣，为宝宝提供一个自我展示的舞台。阳光亲子教室联合××电视台、××报纸等多家相关机构，将于××××年××月××日开展"诚征幸运宝宝"的活动。

一、活动主旨

寓教于乐，丰富婴幼儿的活动天地，配合政府有关部门大力推广早期教育，给宝宝和家长提供展示自己的舞台。采用现场互动的形式，为促进儿童教育产业化发展提供宣传展示的平台。

只有不优秀的父母，没有不优秀的婴幼儿。这次活动不在于最后的胜负，而在于集体的参与、家庭式的互动。最后要抽出参与整个活动的幸运宝宝三名。

二、活动安排

1.主办单位

（共同投入资金、技术、礼品）

2.活动形式

开展系列智慧创意大赛

3.报名时间

××××年××月××日～××××年××月××日

4.适合年龄

0～6岁健康宝宝

5.报名费用

_____元

6.参赛地点

（略）

7.赛程时间

（依报名人数定）

8.报名办法

（略）

9.礼品奖项

填写报名表格/交纳报名费用/领取参赛证件

（1）所有参赛的宝宝均有纪念礼品一份。

（2）所有参赛的宝宝均获赠课程一节。

（3）幸运宝宝一等奖、二等奖、三等奖分别获得相应证书、礼品及活动课程。

三、活动内容

1.家庭创意舞台

（1）家庭式烹饪大赛（色拉制作、冷拼雕刻）

（2）家庭式蔬菜拼图大赛

（3）家庭式泥人大赛

以上要求家长和宝宝分工合作，在规定的时间内认真完成，由专家组裁决评分。

2.天才宝宝舞台

（1）宝宝进入时空隧道（感觉统合）

（2）宝宝进入寻宝天地（蒙特梭利）

（3）宝宝进入卡通动画世界（奥尔夫音乐）

（4）宝宝回到梦幻乐园（集体娱乐项目）

整个活动像一个大型游园会，中间穿插一些竞赛，最后是抽奖活动。

范本 ▶▶▶

Come on，Baby！亲子游戏大赛活动方案

一、活动目的

（1）通过家长与婴幼儿间的互动游戏，让广大家长了解和初步体验亲子园教育，感受亲子园教育给宝宝带来的重大影响。

（2）让家长们知道阳光Baby亲子园正在招生。

二、活动运作

1.正式活动

8月15日（周日）下午16:30～18:30，××百货门前广场。

2.预备活动

8月14日（周六）全天8:30～20:00，××商场门前广场，散发亲子游戏比赛活动邀请函，现场报名。

3.提供支持

8月3日（周二）前到××缴费（＿＿＿元），办理相关手续；××百货促销部负责在入口和出口分别摆放活动海报，广播每天播报报名须知，服务台接受报名（连续10天）；活动当天下午搭设舞台，提供音响设备一套，挂幕布（含贴字）。

三、比赛内容

（略）

四、活动准备

比赛分组	比赛内容	材料准备
6～10个月	开小船	床单5条（一条备用）
11～13个月	爬行比赛	逗引玩具（自备）
14～16个月	送小动物回家	动物娃娃6个（两个备用）
17～20个月 21～24个月	推大球	大龙球4个
2岁～3岁	运糖果	枕头20个

（1）场地准备：音响设施一套、麦克风2个，搭台、背景为"Come on, Baby！阳光Baby亲子园游戏大赛"

（2）音乐：进行曲（比赛时用），欢快的歌曲

（3）红色、黄色、蓝色、绿色、橙色、紫色圆圈标记各20个

（4）准备桌子椅子、咨询台、报名收费处、签到处、奖品台

（5）奖品：纪念品50～80份，冠军、亚军奖品及获奖证书（12份，打印好）

（6）资料准备：宣传页300份、报名表100份、编班说明书100份、"亲子教育"专题讲座和免费亲子活动邀请函100份

（7）其他：圆珠笔10支，饮水、零食

五、工作人员的安排

（1）主持（2人）：×××老师、×××老师

（2）现场督导：×××老师

（3）道具监管：×××老师、×××老师

（4）咨询老师：×××老师、×××老师

（5）报名收费：×××老师、×××老师

（6）幼儿签到、核对年龄、分组（3人）：×××老师、×××老师、×××老师

（7）奖品台：×××老师、×××老师

（8）音乐DJ：×××老师

六、活动程序

（1）开场白：（略）

（2）分组比赛并颁奖

① 6～10个月：开小船

② 11～13个月：爬行比赛

③ 14～16个月：送小动物回家

④ 17～20个月：推大球

⑤ 21～24个月：推大球

⑥ 2～3岁：运糖果

六、模式策略

2020年初，一场突发的疫情，让刚刚兴起的在线早教意外获得发展新机遇。2020年2月，国家卫健委发文，全面暂停3岁以下婴幼儿早教、托育机构等线下培训，鼓励利用互联网等信息化手段提供早教服务，这无疑给了在线早教"C位"出道的良机。

其实，在线早教已发展多时。自全面"二孩"政策实施以来，我国迎来了新一轮婴儿潮。在消费升级和早教渗透率逐步提升的背景下，在家早教产品需求显现，加上互联网技术的成熟与普及，使得在线服务被社会所接受，在线早教市场渐渐起步。

但是早教是无法纯线上授课的，在线只能提供一部分知识性的内容，算是一个补充，也是一个特殊情况下的折中做法，线上不能取代线下，未来肯定是线上线下的融合模式。

相关链接：

在线早教意外迎春

2020年2月，受新型冠状病毒肺炎疫情影响，国家卫健委发文，全面暂停3岁以下婴幼儿早教、托育机构等线下培训，恢复时间另行通知，鼓励利用互联网等信息化手段提供服务。美吉姆、金宝贝、NYC纽约国际儿童俱乐部等线下早教机构均遵守政府政策，关门歇业。在线下机构被迫关门的同时，在线早教意外获得关注。以年糕妈妈、常青藤爸爸、亲宝宝等为代表的企业因为拥有在线早教业务而产生了明显的业务增量。

2019年注册用户突破1亿的亲宝宝突然宣布进军在线早教市场，尽管只是在线早教新军，但其用户基数和精准的用户人群帮助亲宝宝大幅降低了获客和转化的成本。而因为特殊的疫情，也让它在2020年1月底到2月初的运营指标出现大幅增长。据亲宝宝移动应用业务部总监介绍，亲宝宝线上视频"在家早教"业务的DAU（日活跃用户数量）已经环比上月增长了100%，"亲宝玩数学"的自然完课率提升了50%。

另一家聚焦0～9岁线上全学科启蒙教育的在线教育品牌常青藤爸爸也出现了业绩提升的迹象。他们的业务量在疫情期间不管是从新增用户量、DAU，还是日均使用时长来看，都比平时呈直线上升趋势，公司大幅加大了线上值班力度来保证App的使用流畅及课程社群里的响应及时度。同时，也第一时间向湖北及全国适龄儿童赠送了英语和语文的课程。年糕妈妈方面也表示，公司早教业务2月的DAU较1月出现了大幅增长。

受疫情影响，大人孩子减少外出后，学习自然而然地挪到了线上，培养了用户线上使用习惯，推动了下沉市场的快速覆盖，可以说在线早教迎来了窗口期。在线早教机构谁能更快更迅速地做出反应，谁就能更高效地获取用户。同时，这也是行业的头部效应开始显现的时刻，课程的口碑以及用户积累还有产品体验等，在这个时候都会成为拉开距离的关键因素。

第三节

开展体验营销

对早教机构来说，光有好的服务是不够的，传统营销方式也不能满足消费者的个性化需求。基于此，早教机构应早日运用新型体验营销来全力保证消费者需求个性的全面满足，为企业创造更大的价值。

一、体验营销的概念

伯德·施密特在《体验式营销》一书中指出："体验营销是站在消费者的感官、情感、思维、行动、关联等5个方面，重新定义、设计了营销的思考方式。"具体来说，体验营销是一种为体验所驱动的全新的营销方式，是产品或服务还没有销售给顾客之前，企业就通过对事件、情景的安排以及特定体验过程的设计，提供给顾客一些感官的刺激，比如听的、闻的、尝的，或者是触觉的东西。通过这些创意的环节，让顾客在还没有消费之前便可亲身体验到企业提供的产品或服务，让顾客在体验中产生美妙而深刻的印象，并获得最大程度的精神满足。

二、早教市场与体验营销的结合

体验营销已在酒店、旅游、早教等服务业、零售业、房地产行业崭露头角，并且扮演着不容小觑的角色。

1. 早教的"体验"特性奠定了开展体验营销的基础

婴幼儿是一个特殊的消费群体，他们对周围环境很好奇、很敏感，容易对周围环境以及人事物产生兴趣，渴望去观看、去触碰、去体验、去了解，并对这些人事物产生最初且印象最深的认识，他们的喜恶影响家长对早教机构的选择。另外，早教属于服务业，不同于其他有形产品的功能利益的明确性，消费者对于早教服务的评价需要更多的参与、互动和感受。

婴幼儿与早教行业的这些"体验"特性也成为各商家营销的切入点，早教机构对体验营销的把握成了制胜的关键。

2. 家长观念的更新带动了体验营销的直接应用

早在20世纪90年代初，国内就开始有专家提出"零岁方案""不能让孩子输在起跑线上"等一系列先进的教育理念。早教符合未来教育全龄化、提前化的趋势，所以从零岁开始进行教育并不是什么天方夜谭的事情。

在专家的倡导以及日益严峻的社会竞争面前，家长们已经逐渐懂得早教对于孩子日后智力的开发以及各种能力的培养有着重要的作用。家长们的普遍心理是一切从娃娃开始抓起，尽早发掘孩子的天赋以及各种能力，因此相当于将学前教育提前至婴幼儿时期，比别人尽早地接受教育，以应对成长后的教育以及各种工作中的挑战。然而，当家长有这种想法的同时，如何选择心目中理想的早教机构成为他们关注的核心。"体验"的出现能够给家长带来更直观的感受，他们体验早教机构的各方面服务、设施、文化，对比之下选择更好、更适合宝宝的机构。

3. 体验营销是早教机构提高竞争力的必然选择

随着国家0～3岁儿童教育计划的推广与教育观念的普及，早教也已成为我国家庭的消费热潮。我国国民经济和社会发展"十五"计划中，也首次提出了"要重视儿童早期教育事业"。作为新兴的"朝阳行业"，早教行业发展迅速、前景广阔。市场上各种早教机构数不胜数，大到连锁经营，小到私人开办，面对早教市场这么大块蛋糕，各路商家自然不会拱手相让，使尽浑身解数吸引家长消费，从而占领市场份额。而家长对早教机构的需求日益个性化，想要给孩子个性化的教育、最舒适的环境等，仅靠传统的营销方法吸引消费者是远远不够的，企业要更关注与家长、幼儿的良好互动以及家长和幼儿对早教机构的身心感受。作为一种新型的营销方式的体验营销，是提高企业核心竞争力，提高顾客忠诚度的必由之路。

三、早教机构体验营销措施

"体验"只是一种手段，体验营销的目的是创造有价值的顾客体验，从而吸引顾客、留住顾客、拉近企业与顾客间的距离。因此，早教机构应把体验营销作为一种长期的战略，把体验营销贯穿到企业全部营销活动过程中，把体验营销结合到自身的服务设计、销售、售后服务全过程。具体措施如图5-14所示。

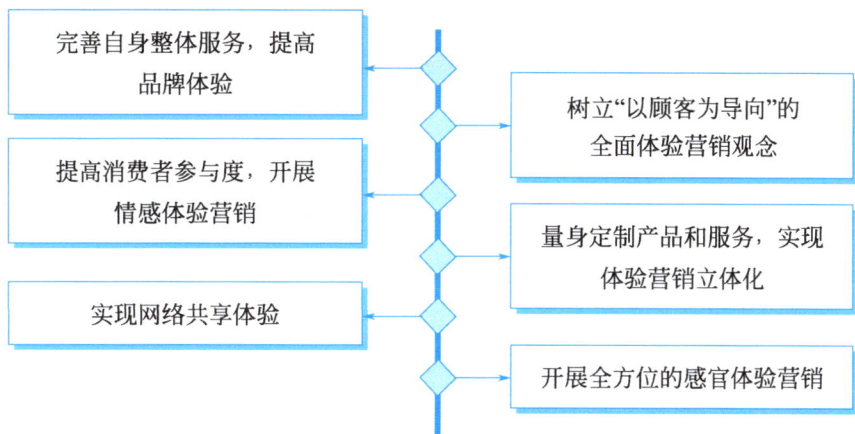

图5-14　早教机构体验营销措施

1. 完善自身整体服务，提高品牌体验

早教机构的规范性一直是早教市场的重中之重。只有操作规范的早教机构才能给家长们安全感，这是最基础的。早教机构要尽可能完善环境和安全设施这些硬件设施，还有员工素质、服务质量、文化感染、课程特色等软件设施。只有拥有强大的整体服务支持，才能为开展体验营销提供便利。

另外，要注重品牌的力量，增加品牌的体验功能。这就需要早教机构在家长消费者心目中有良好的品牌形象，还需要早教机构的品牌能带给消费者非凡的体验，让品牌不仅仅是一个品牌，更能给家长消费者信任放心等难忘的感受。

2. 树立"以顾客为导向"的全面体验营销观念

企业在体验经济运行中扮演着策划者的角色，发挥着为顾客提供"舞台"的作用，真正在舞台上表演的人应该是顾客。早教机构应该拒绝无中生有的炒作与过度营销。对于客户，心最重要，行动比嘴更直接、更有效。早教机构应该锁定客户，以追求极致的态度服务客户，让早教机构的每一个场景都成为家长与宝贝的体验对象，充分给予美好的体验，这就是营销的一种方式。只有以顾客为中心，充分调动企业资源创造体验，并让这些体验贯穿顾客接触早教机构前、中、后这个过程的始终。只有树立全面的体验营销观念，才能使早教机构在这体验经济时代长期稳健地发展。

3. 提高消费者参与度，开展情感体验营销

顾客是体验经济的主体，顾客对企业的经济运行工作参与度越高，说明顾客对企业越信任，企业品牌价值的实现程度就会越高。

（1）早教机构应鼓励和引导家长消费者主动参与到工作中来，如成立家长委员会，监督并建议早教机构进行教育工作，切实满足各家长消费者的合理个性化需求，为宝贝提供专业的个性化的成才方案。

（2）早教机构应尽可能让顾客参与到服务设计工作、评价工作中，并进行体验，比如提出宝贝成长记录的要求，建议记录的方式，让家长们充分参与到宝贝成长记录中，用视频、图片等方式进行记录；让家长体验为其个性化需求打造的宝宝个性化成长指标，如建立宝贝成长分析图表。

（3）早教机构还可让家长给早教机构提建议，采纳的同时让家长参与互动，拉近企业和消费者之间的距离，给予他们充分的信任。这样他们才会充分信任企业，才会放心把宝贝交给早教机构。

小提示：

早教人员用爱促使家长消费者与早教机构建立并培养情感，体验情感，分享情感，而这种情感融于社会之中，成为一种无形的不可摧毁的力量。

4. 量身定制产品和服务，实现体验营销立体化

营销立体化是指按消费者自身要求，为其提供适合其需求的，同时也使消费者满意的早教产品和服务。

定制化服务带给消费者的是个性的感受，结果是没有哪两个人能够得到完全相同的体验。因此这是一种量身打造，有需有供的活动，它不会出现生产过剩，也不会出现需求抱怨，进而保证营销活动运行的平衡与稳定。定制化服务所产生的全方位个性"体验"效应是带给消费者美好的感觉、永久的记忆和值得回味的事物与经历。家长消费者对这种美好的感受不会独自享有，而会与他人分享，积极地进行口碑传播，进而产生放大效应。

5. 实现网络共享体验

网络信息时代，早教机构应该充分利用互联网，建设自己的官方网站，构建学员、家长、老师的共同平台，通过"鼠标点击"实现交流简单化、获得信息简单化、预约上课简单化、反馈信息简单化、分享简单化等。这种简单的操作和参与方式以科技发展和网络信息技术为依托，成为体验经济的重要组成部分。

早教机构官方网站应包括企业文化、课程介绍以及特色分享。早教机构不应只局

限于老学员的维护，也要注重网站的对外推广，充分利用网络资源，如分享育儿经、温馨小提示等；定期开展免费体验课，以提供新学员新家长体验的机会；加强体验效果的追踪，注重家长与儿童的体验感受，做调查问卷以便了解情况并分析，有利于改进。

6. 开展全方位的感官体验营销

早教机构应抓住孩子最容易被感知的体验（缤纷的色彩、优美的声音、诱人的芬芳等）特征，充分利用感官特性来丰富有形展示的内容及无形的教育服务，让孩子"在体验中快乐地学习"，使教室和课堂更富有吸引力。因为体验本身就是最真实的，融入感官体验的教育带来的不仅仅是功能上的满足，更多的是心理上的愉悦。对此，早教机构可以通过图5-15所示的措施来进行全方位的感官体验营销。

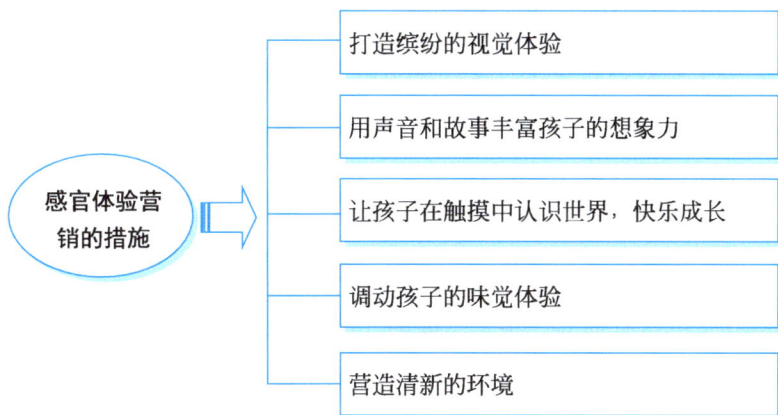

图5-15　感官体验营销的措施

（1）打造缤纷的视觉体验。学前期的儿童还处在无意注意的时期，他们对鲜艳的色彩特别感兴趣。一个在五彩缤纷的环境中成长的孩子，其观察、思维、记忆的能力都高于普通色彩环境中长大的孩子。早教机构可充分利用色彩渲染视觉环境，从机构招牌、教室氛围、海报和人员等方面打造统一的VI形象。可将教室的墙体和地面粉刷成鲜艳的颜色，并购置颜色协调的桌椅、板凳。另外，教室里贴上墙体卡通图案，摆放各种卡通玩具，能将孩子带入奇幻的童话世界，激发他们学习和生活的兴趣。

（2）用声音和故事丰富孩子的想象力。声音在孩子对世界的感知中占据着重要的角色。在课堂上，应利用与故事紧密联系的音乐，丰富孩子的美好听觉体验。

比如，早教老师可以播放一段有流水的轻松音乐，孩子听后如果已经能够表达，则让他们联想在小河、小溪边可能碰见什么动物、发生什么事情，并且鼓励他们用话语或动作表达自己的情感。

> **小提示：**
>
> 声音和故事的启发式联想可以开发孩子的右脑，能充分调动孩子的想象力和主动性，让他们在音乐中感受故事，在故事中感知音乐。

（3）让孩子在触摸中认识世界，快乐成长。触觉有助于孩子形成印象和主观感受，它比视觉更加真实而细腻。孩子通过接触感觉目标，会获得真切的触感。早教机构可以充分利用触觉体验让孩子在触摸认识世界的过程中，不断成长。

比如，将所有物体制成"微缩版"，即按照孩子的身体尺寸设计成适合他们触摸和使用的大小，如手感好的皮质小沙发、透明的个性化小塑料杯、柔软的小毛巾等；也可将不同材质的毛毯铺在地面上，让孩子的双手、双脚张开，在毯子上滚来滚去，让他们的全身都可以获得触觉的刺激。

利用各种材质的教具，让孩子感受其不同的特点，既能让孩子自由地感受外部的事物，又能让他们在特殊的触觉体验中加深对事物的认识。

（4）调动孩子的味觉体验。饼干、糖果、水果、饮料等都是受孩子们欢迎的食品，早教机构可以在合理的预算下为他们提供免费的食品，让他们在课间休息的时候自己取用，并教会他们如何爱惜和节约食物。同时，美味的食物也能给教室带来芳香的气味，对孩子有非常大的吸引力。此外，早教机构还可以开设感官课程，让孩子通过品尝辨别各种味道，先尝甜的，再尝咸的、苦的、酸的等，这会赋予孩子与众不同的味觉体验，让他们在对比中学会鉴别，提高味觉能力。

（5）营造清新的环境。嗅觉是人体对外界物体气味信息的一种接收。研究表明，嗅觉给人带来的印象在记忆中保存的时间最久，甚至比视觉更易于引起身体反应。房子应该保持通风，保持空气清新舒畅、冷暖适宜，消除油漆、劣质沙发皮革味或其他异味。早教机构可以在走廊里、教室里放置盆栽的植物，淡淡的鲜花芳香会让孩子感觉更加舒适，同时避免使用刺鼻的香水、芳香剂等。营造清新的环境，给孩子留下深刻的印象和美好的嗅觉体验。

第四节
实行全员营销

企业的每位员工，都是代表企业的形象和服务质量，因此，全员应有意识提高整体服务水平和服务意识，点点滴滴累积企业的口碑。

一、全员营销的概念

全员营销是指以市场为导向、全体员工共同注重总体销售效果（包括直接与间接）的经营理念与运作模式。简单地说，也就是各部门都关注和支持早教机构的整个营销活动的分析、规划、指挥、协调与控制。

早教机构全员意识主要有三方面：全员服务意识、全员成本意识和全员营销意识。其中全员营销意识就是要求早教机构经营的每一个环节都从客户需求出发，每一位成员都去了解市场、理解营销、服务客户，以企业的良好整体形象和尽善尽美的服务，使用户达到最大限度的满意，以实现健康业绩的提升。

二、全员营销的必要性

全员营销在当前"用业绩说话"的实效市场环境下受到相当多早教机构的追捧，实际上也确实有很多早教机构在采用了全员营销策略后取得了不凡的成效。对于早教机构来说，全员营销非常必要，具体体现在图5-16所示的几个方面。

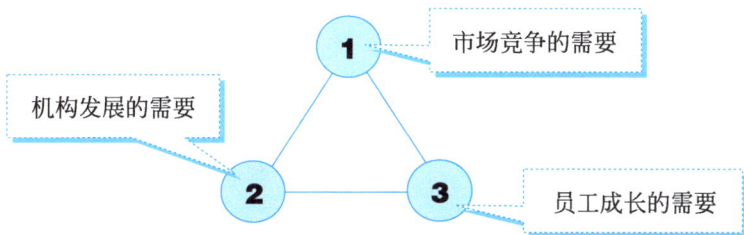

图5-16　全员营销的必要性

1. 市场竞争的需要

早教市场竞争越发激烈，买方市场不再只停留在选择好的早教课程上，因为每个早教机构都有自己的核心课程，好课程加好营销等于好市场！如果说，10年前，把精力完全放在早教课程上，可以高枕无忧，那么今天，谁重视营销，谁优先得到市场。而重视营销，就是在营销上投入时间、精力、资金。

2. 机构发展的需要

全员营销对于想要长期发展、拓展的早教品牌是必走之路。首先，全员营销能够为消费者带来荣耀的感觉，同时也是自身的经济实力象征和成就感等方面的价值体现；其次，全员营销可以全方位增加早教机构的市场份额和早教品牌的综合服务水平。

全员营销可以促使家长不断产生购买的欲望，能给早教机构带来丰厚的利益回报。

3. 员工成长的需要

员工工作过程就是营销的过程，因此全员营销，有利于员工的综合素质和能力的提升。

任何优秀的员工，都要践行营销的理念，优秀和普通的区别就在于是否懂得营销。不懂营销的前台，职业之路黯淡；不懂营销的教学主管，很难突破管理瓶颈；不懂营销的早教管理者，很难带领团队创造一个个辉煌业绩。

三、全员营销的措施

从"全员营销"的定义上可以看出，全员营销首先是建立"全员营销"的意识，企业应当通过多种形式调动全体员工的主观能动性，使得全体员工由被动到主动，由不自觉到自觉、自发参与到营销的各个环节当中，也就是所谓的人人营销、事事营销、时时营销、处处营销。只有当全体员工的认识达到高度统一时，才实现了全员营销的最高境界。具体来说，早教机构可以采取图5-17所示的措施来实行全员营销。

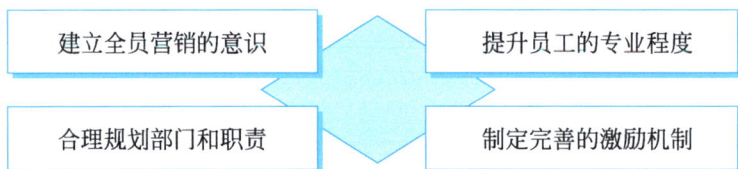

图5-17 全员营销的措施

1. 建立全员营销的意识

首要的就是要在早教机构内部形成一个良好的认识，不要只是把销售看成是业务人员的事情，而应该将早教机构所有员工都纳入企业的销售体系。

比如，可以建立企业内部的员工良性流动机制，鼓励员工实现岗位流动，把最合适的人放在最适合的岗位，不合适的人逐步淘汰出员工队伍，来充分发挥员工的优势，实现优胜劣汰。同时，也可以经常组织各种与销售相关的内部活动或研讨会，真正把整个早教机构融为一个有机整体，鼓励大家多关注企业的业务开展进程，了解整个行业的情况和先进的模式，同时结合企业实际情况进行探讨，从而为企业的销售会诊把脉。

2. 合理规划部门和职责

在企业内部的构架划分上，首先避免运营部和其他部门出现明显划分，应该逐渐整合成大部制。教学部以外的部门与销售联系紧密的部门逐渐编制到一起，统称运营部，统一接受运营总监领导，实现与销售业绩挂钩的考核模式，最大限度提升相关部门的工作积极性。

同时，也可以创造性地使用特殊部门配置机制。对于规模较小的早教机构，其人员较少，部门建制也不全面，可以实行部门兼职的模式，来提升业务相关部门的实际操作能力，也可以变相提升相关部门人员的工资待遇。

3. 提升员工的专业程度

做任何工作，首先得做成专才，然后才有可能取得成功。对于参与全员营销的所有员工来讲，也需要做成专才，才会在这样一个营销会战中取得成功。作为教育培训行业的员工，需要掌握的专业知识包括图5-18所示的几个方面。

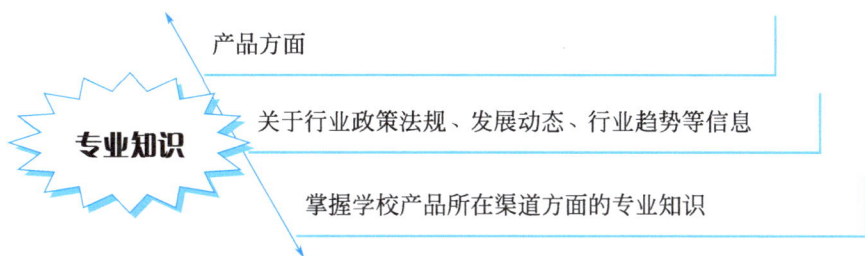

图5-18　教育培训行业员工需掌握的专业知识

（1）产品方面。这个方面无论是业务部门员工还是其他部门的员工，都必须要牢固掌握。产品方面涉及很多，既包括机构自己产品、师资等的基础知识，也包括所有家长问题的解答等。

（2）关于行业政策法规、发展动态、行业趋势等信息。这些信息会直接影响销售的运营策略、价格等方面，是企业策略调整适应的依据。同时，对行业重要信息的把握，也可以在与家长或同行交流过程中提升自己的专业程度。

（3）掌握学校产品所在渠道方面的专业知识。学校根据自身定位，不同的产品有其完全不同的操作模式和运营特性。作为参与全员营销的员工，自身得时刻关注相关渠道的情况。掌握渠道变化趋势，了解先进的渠道操作模式，关注渠道中优势资源和优势企业的市场经营情况，并对照自己企业的情况予以改进调整。而作为早教机构来讲，多创造机会请有丰富经验的渠道专家做培训，同时增强相关营销人员接触市场的机会，都是对员工自身素质和能力提高的有利保证。

4. 制定完善的激励机制

要使得企业员工真正理解"全员营销"的内涵，并积极主动参与其中，合适、高效的激励机制必不可少。这种激励是建立在公平、公正的基础上，保证在制度面前人人平等。

在具体的措施选择上，可以设置最佳提案奖来鼓励员工参与企业经营计划的讨论。对于员工提出的确实有实际意义的关于营销等方面的改革方案，如果企业研究决定采纳到经营过程中，可以根据提案的实际意义和价值，授予提出方案的员工物质和精神方面的奖励，从而鼓励更多的人参与早教机构的经营活动，开动脑筋提升对销售活动的认识。

另外，对于实际业务的提成奖励等机制，也进一步完善。既然是全员参与到营销工作当中来，就要改变原有的单纯按照提成实施奖励的机制。企业应该将提成的全额奖励部分，根据在营销工作当中承担责任的不同实施阶梯型发放，让参与到业务工作当中的每一个人都清楚自身对业务的贡献值有多大，企业给予其奖金就是最好的说明。

小提示：

总而言之，"全员营销"就是要充分调动企业里每一位成员的积极性和主动性，自发地为企业整体营销贡献自己的一份光和热，打破传统意义上的销售与其他部门合作的壁垒，使早教机构的人力优势最大化，从而提升机构的经营效率。

第五节
借助抖音引流

随着抖音的广泛传播，活跃用户日益增长，现如今已经渗透到各个年龄阶段，各大行业也深知"用户在哪里，营销就在哪里"这一道理，纷纷将目光瞄准抖音，期待其能为自己带来流量。

作为早教机构，如何利用抖音做好产品宣传和引流工作呢？

一、用官方账号引流

其实，抖音和微博、贴吧等最大的不同就在于后者需要一定的粉丝量才能使内容曝光，被更多人看到；而前者，只要发布了视频并通过平台审核，就算粉丝量为零，平台都会先推荐给附近的人，再根据内容标签智能分发给不同的人，提升曝光度。也就是说，只要在抖音上发布了内容就一定会有人看到。

如果用户的反馈较好，抖音就会将作品分发更多的流量，也就是第二轮推荐，以此类推。每一次推荐分发的流量都会更大，最后结合人工审核的机制，衡量用户发布的内容可不可以上热门。抖音用户的反馈指标主要为视频完整播放率、点赞量、评论量、转发量，其关系如下：

视频完播率>点赞量>评论量>转发量

基于此，怎么做才能提高这些指标，让更多用户看到早教机构的官方账号呢？其秘诀如图5-19所示。

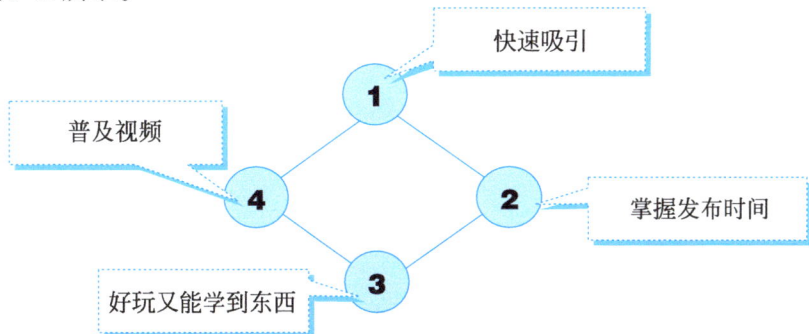

图5-19　抖音官方账号运营秘诀

1. 快速吸引

抖音限制时长为15秒，而用户决定要不要看完整个视频只需要3秒的决定时间，所以一定要在开头1～3秒内就能够吸引住对方。

（1）可以采用设置语速的方式，因为当下快节奏的生活状态，人们更需要在短时间内获得更多的信息，语速过慢或平庸容易引起不耐烦等情绪。

（2）选择和主题内容关联性较强的音乐做背景，一般主要分为两种——节奏型和叙事型，具体如图5-20所示。

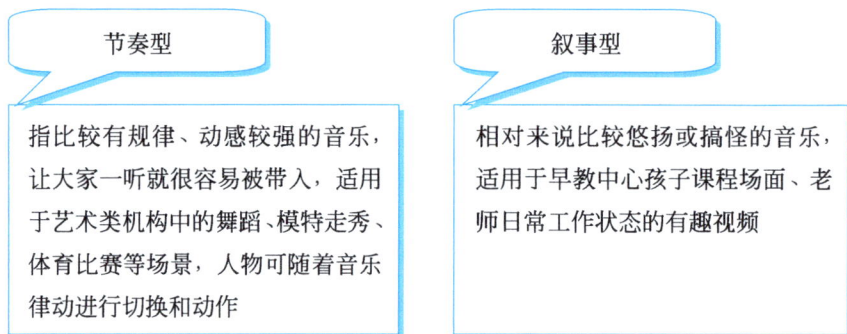

节奏型	叙事型
指比较有规律、动感较强的音乐，让大家一听就很容易被带入，适用于艺术类机构中的舞蹈、模特走秀、体育比赛等场景，人物可随着音乐律动进行切换和动作	相对来说比较悠扬或搞怪的音乐，适用于早教中心孩子课程场面、老师日常工作状态的有趣视频

图5-20　选择音乐的类型

2. 掌握发布时间

一般来说，8:00～9:00，12:00～14:00及18:00过后，这几个时间段发布的视频观看量较高。

3. 好玩又能学到东西

可录制教师上课的视频，节选一些老师搞笑但又很有道理能让人学到东西的片段上传到官方账号。

4. 普及视频

可以发布一些冷知识、育儿问答、答题技巧、科目中的万能公式、孩子平时比较容易犯的小错误、常识总结等相关的视频。这一类在抖音上的播放量比较高，不仅孩子可以学到，家长也会觉得很新奇。

二、用家长个人账号引流

除了早教机构自身的官方账号日常运营外，还有一个更好的引流方式，就是利用家长个人账号传播。

比如，机构可以举办一个舞蹈比赛，邀请家长过来参观。在比赛开始前，主持人就将机构准备好的现金和礼品进行展示，告诉家长，活动期间，家长们录制孩子的比赛视频发布到抖音上并@机构官方账号，就有机会获得这些奖品。

视频发布一个月内，点赞量达到500以上，还能领取现金1000元和大礼包一份；点赞量达到300，领取现金600元和抽取礼包机会一次；点赞量达到100，领取现金300元。在此基础上，还可以设立一个PK机制。活动结束后，获得点赞第一名的家长学费减半，送全套课程资料，并额外赠送一个月课程（前提是点赞量均要超过上述基数）。获得点赞第二名、第三名的家长，早教机构可根据实际情况去制定相应的奖励。

然后将此机制和具体要求打印出来，以海报的形式张贴在机构门口进行宣传。家长们知道只要拍摄并上传视频就有机会获得这么多优惠，大多都会响应并参与。

相关链接：

抖音拍摄小技巧

1.间接植入广告

为了让用户记住早教中心和品牌的名称，可以尝试把产品植入到某个生活场景。换言之，发布的抖音视频看起来只是一个生活小窍门或某个搞笑片段，但可以在场景中悄悄植入广告，如桌角放产品、背后有品牌标志、背景有广告声音等，这样依然能起到很好的宣传效果。

2.呈现口碑，突出火爆

产品好不好，未必要自己说，完全可以在抖音展示口碑，从侧面呈现产品的火爆。为了更好地呈现口碑，可以在抖音展示消费者的排队、消费者的笑脸、消费者接连不断的预约电话等。

3.曝光日常，传播文化

对于早教机构来说，应明白消费者购买其产品，除了关注产品质量、服务水平等以外，也会关注企业文化。

毕竟，如果有两家企业，产品差不多，第一家企业的员工热情似火、工作富有激情，第二家企业的员工待人冷冰冰，甚至内部充满人事斗争，作为消费者，肯定更愿意选择第一家，哪怕第一家产品稍微贵一点。

所以，早教机构完全可以在抖音，将办公室文化、员工趣事等呈现出来，让消费者感受到浓厚的文化氛围，愿意且放心地把孩子放在这里接受教育。

第六节

用公众号推广

早教机构可以通过微信公众号的推广，将该企业的教育理念展示出来，随时供消费者观看，这有助于加深消费者对企业的了解。

一、公众号推广的阶段

早教机构公众号的推广可以分为以下三个阶段。

1. 运营初期

（1）明确公众号定位。早教机构的学生年龄偏小，对微信的使用频次极低，所以公众号的最大目标人群是家长。机构需要以家长思维和需求作为出发点，发布的内容要有针对性，才能引发家长和潜在用户的阅读兴趣。

（2）选对内容类型。明确公众号的用户定位之后，接下来就是选择正确的内容类型了。做好内容建设，是吸引和留住家长用户的关键。用户是否会选择阅读，关键看文章标题是否有吸引力。家长看完文章是否会转发分享，则取决于文章内容是否能引起家长共鸣，或者对他们是否有好处。

（3）推送时间设置。推送时间的设置，也是略有讲究。如果是全职妈妈，早上的时候忙着做早餐，送孩子去幼儿园，是没什么时间看公众号文章的；上班族妈妈匆匆忙忙，能在早上看文章的时间也不多。

据调查，晚上10点之后，妈妈育儿群是最热闹的时间，因为孩子已经睡着了，妈妈们忙碌了一天，开始转发各种育儿信息。所以公众号的文章，可以在晚上9点～10点发送，家长看到后，要是觉得好，还会分享到其他群内。

🔗 相关链接：

早教机构公众号中家长最关注的内容

1.热点内容

这类文章需要结合跟孩子有关的教育热点信息。获取教育热点的渠道有很多，各大资讯网站的教育板块都可以。

需要注意的是，不能仅仅照搬热点，而是要先陈述热点事件，再提出解决措施，给出一些客观理性的方法。让家长看完之后有一定的收获和共鸣，这样一来家长才会对早教机构的公众号增加好感。

但热点文章的推送频次不宜过高，每周 1～2 条即可，太频繁了家长也会反感的。

2.实际问题解答

老师们可以将平时最常见的家长提问以及对应的教师回答整理成文章发布到公众号。

家长经常会遇到相似的问题，比如家庭教育、课程咨询等。这些问题出现的频次高，若老师能给出规范的解答和一些建设性的解决措施，家长一定会增加对公众号的信赖和重视。

3.通知消息

比如节假日放假的通知、新课程开课的通知、亲子活动的通知等，家长可以根据通知上的信息来提前安排自己的时间。

2. 运营中期

（1）使早教机构公众号的内容发布趋于稳定化。公众号要在每周的一个固定时间里输出内容，而且要具有持续性，才能稳定，这样继续一段时间后，粉丝将会知道内容是每周的哪个时间段里进行更新，使用户能产生一种期待，便于文章的共享与公众号的稳定。

假如早教机构拥有一个很大的运营团队，就能够尝试一下每天都更新几篇内容出来，否则仍是需要把时间段确认下来。由于高输出率不一定等于高质量，在确认输出的同时，仍需坚持把控文章的质量，这样才能做到稳定开展。

小提示：

要把公众号做到稳定，需做到持续协调地更新内容和保证文章质量。

（2）早教机构公众号的拉新、留存、促活。早教机构公众号能够通过往外开展去进行用户的引流，然后形成其新用户。当拉新完结之后，就要针对促活来进行一系列的活动或者福利的安排。想要留存用户就要看公众号对用户是否有价值，有价值的话用户自然会留存下来。这就需要早教机构站在用户的视角考虑用户需要在这个公众号得到什么。

3. 运营后期

公众号后期运营便是公众号运营变现，不管是卖自家公司的产品还是流量主变现，条件都是需要公众号有很多垂直范畴的粉丝。所以后期运营和初期、中期运营环环相扣，一步都不能少。

二、公众号推广的途径

1. 线下推广

（1）在早教机构的显眼位置放上二维码，包括墙壁、前台、易拉宝等。但不仅仅是放一个二维码那么简单，而是要告诉用户，扫二维码后他们可以获得什么，需要给用户一个关注的理由，甚至是所有工作人员都要口头提醒用户，比如可以有：

① 别处所不能买到的优惠；

② 特别的套餐；

③ 送赠品；

④ 某个最受欢迎的课程只有关注公众号的用户才可以优惠；

⑤ 通过微信支付可以享受打折、满减、送券等优惠。

> **小提示：**
>
> 早教机构内的推广，除了利用服务差异化，吸引用户关注外，还要培养用户使用微信公众号为公司做宣传的习惯，如转发给其他的朋友。

（2）和智能硬件结合。比如，关注了早教机构的公众号满一定销售金额可送礼品；关注了公众号可以免费在店内打印照片，如果怕成本过高可以设置免费打印1～3张。

（3）发放传单，地推的方式是最传统的，不过现在发传单的推广效果较差。所以要用相关的微信活动，吸引用户关注公众号，并且参与里面的活动，而不是简单地介绍几个产品与优惠活动，最终目的是吸引用户，并且通过微信深入了解店铺。

　　早教机构还可以搭建自己的活动场地，无论在早教机构外还是人流集中的广场，可以通过吸引眼球的海报，以及线上线下结合的活动、游戏等，来吸引用户关注。

2. 线上推广

　　早教机构通过图5-21所示的线上推广途径，也可以吸引更多的消费者来关注公众号。

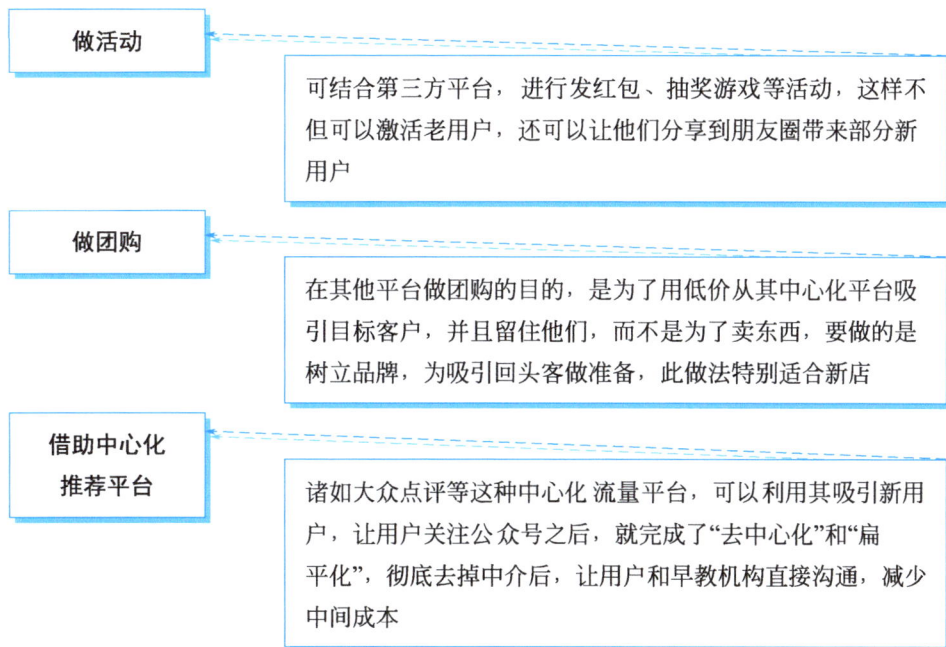

做活动

> 可结合第三方平台，进行发红包、抽奖游戏等活动，这样不但可以激活老用户，还可以让他们分享到朋友圈带来部分新用户

做团购

> 在其他平台做团购的目的，是为了用低价从其中心化平台吸引目标客户，并且留住他们，而不是为了卖东西，要做的是树立品牌，为吸引回头客做准备，此做法特别适合新店

借助中心化
推荐平台

> 诸如大众点评等这种中心化流量平台，可以利用其吸引新用户，让用户关注公众号之后，就完成了"去中心化"和"扁平化"，彻底去掉中介后，让用户和早教机构直接沟通，减少中间成本

图5-21　线上推广的途径

早教机构
事务管理

第6章

导言：

　　早教机构看似简单，实则很多细节都是值得注意的。比如，早教机构应做好咨询接待、安全管理、客户管理等，以便更好地运营。

第一节

咨询接待

一、预约服务管理

预约服务在早教机构就是解答潜在顾客的电话咨询服务。

1. 电话咨询的服务对象

电话咨询的服务对象为首次咨询早教机构服务项目的潜在顾客。

2. 电话咨询的服务目标

电话咨询的服务目标就是吸引潜在顾客到达早教机构内，将潜在顾客变成目标顾客。

3. 接听咨询电话的步骤

早教机构前台服务人员在接听顾客咨询电话时，可按图6-1所示的步骤进行。

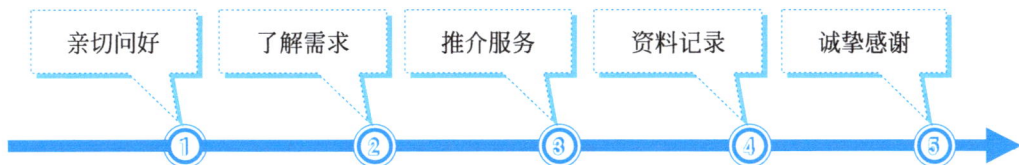

亲切问好	了解需求	推介服务	资料记录	诚挚感谢
①	②	③	④	⑤

图6-1　接听咨询电话的步骤

4. 接听咨询电话的要求

（1）电话铃响三声之内，前台人员必须拿起电话接听，接听电话时语音亲切，态度和蔼。一般先主动问好，如"您好，欢迎致电××早教机构，请问有什么可以帮您"，而后开始交谈。

（2）交谈前先了解宝宝的月龄，如询问客户"您宝宝现在多大了"，通过了解月龄获知客户需求，根据宝宝的月龄向顾客介绍机构中适合的服务项目。最好能吸引顾客亲自到现场，以便更好地达成销售。

（3）电话交谈过程中，将与顾客交谈中了解的信息进行记录，做好潜在顾客资料的收集工作。

（4）电话接听完毕后礼貌地与顾客道别，并且欢迎顾客来机构参观。

（5）待顾客挂完电话后，前台人员再挂电话。之后整理谈话记录，将重要信息记录、留档。

预约服务范例如下。

电话铃响三声，前台拿起电话："您好，××音乐体验馆。"

顾客："是××音乐体验馆吗？我从网上看到你们的招生广告了，你们是哪儿办的？"

前台："我们是××连锁机构××音乐体验馆，请问您宝宝多大了？"

顾客："3岁了。那你们怎么上课呀？"

前台："我们每周上一次课，一次45分钟，在课程中我们的教师会对您的宝宝进行有针对性的辅导。"

顾客："我可以去看看吗？"

前台："可以，您明天有时间吗？"

顾客："有时间。"

前台："那好，明天上午9点我在××音乐体验馆等您。方便留个电话吗？以便我们有活动时通知您和宝宝来参加。"

顾客："好的，电话是×××××××××××。"

前台："您是从什么地方知道我们××音乐体验馆的？"

顾客："网站上。"

前台："谢谢您对我们的关注，那咱们明天上午9点见，我姓王，明天您直接找我就行。"

顾客："好的，再见。"

🌐 **相关链接：**

家长常见问题及应答话术

1.什么是早教机构？

早教机构让父母或家人带宝宝一起参加活动，是提供亲子群体之间进行交流、活动的场所。它既是婴幼儿成长学习的乐园，又是家长的课堂，在早期教育的方式方法上，给予父母以具体、专业、系统的指导。早教机构一方面增进父母和婴幼儿的情感，另一方面让父母更加了解自己婴幼儿的年龄特点，以便有针对性地进行教育。

2.那么小的宝宝能学什么呀？婴幼儿上早教机构有什么作用？

早教机构的活动是有指导、有干预的系统教育活动，给父母或其他看护人提供学习模仿的机会。亲子同乐，增进家长与婴幼儿之间的情感交流，巩固和发展亲子关系。

早教机构设备齐全、空间宽大，丰富的玩具材料和游戏活动，促进婴幼儿身心发展，补充了家庭育儿中运动和社会交往的不足。

早教机构以血（亲）缘关系为联系纽带，能打消成人的担心和顾虑，消除婴幼儿的焦虑和恐惧感，帮助宝宝顺利实现从家庭到托幼机构的自然过渡。

3.早教机构活动的内容有哪些？

（1）采用蒙特梭利教育等国内外先进教育思想、教育方法的小肌肉精细动作练习。

（2）融进国外奥尔夫音乐体系内容的音乐游戏活动。

（3）发展大肌肉动作的体育游戏活动。

（4）训练肢体协调的感觉统合游戏活动。

（5）亲子阅读、数学启蒙、英语游戏等其他活动。

4.我的婴幼儿太小了，还不会说话，等他大一点再去，是不是更好一些？

（1）从学习方式看，0～3岁是吸收性心智突显阶段（以后就逐渐减弱了），处于无意识学习阶段，他会无意识地吸收周围的信息，只要让婴幼儿身处氛围当中就能达到学习的目的。所以这么小的婴幼儿有他特殊的学习方式，不用强迫他。

（2）从学习内容看，主要是精细动作训练、儿歌和体育运动，都是婴幼儿成长内在的发展需求，认知性的内容很少。

（3）从发展目标看，0～3岁的婴幼儿主要发展情绪情感和社会化，学习在更大的环境中找到自己的位置、确定自己的角色定位，从而开始从家庭中走出来，步入社会。

（4）我国有句俗话说："三岁看小，七岁看老。"三岁前是一个人性格、气质养成的关键时期，而"性格即命运"。所以虽然看不到婴幼儿学了多少具体的知识，但正如我们同样看不到高楼的地基一样，这个阶段是人生打基础的关键时期。

5.早教机构是幼儿园吗？和幼儿园有什么不同？

（1）早教机构是提供亲子群体之间进行交流、活动的场所。

（2）早教机构既是婴幼儿的乐园，又是家长的课堂。

（3）在早期教育的方式方法上，早教机构给予父母具体、专业、系统的指导。

6.婴幼儿上早教机构听说没有什么用，不如上幼儿园托班呢？

（1）在早教机构能亲子同乐，增进家长与婴幼儿之间的情感交流，巩固和发展亲子关系。

（2）早教机构的活动是有教育指导、教育干预的活动，给父母或其他亲人提供学习模仿的机会。

（3）早教机构有许多设备和宽大的空间，其丰富的玩具材料和游戏活动，能促进婴幼儿身心发展，补充了家庭育儿中运动和社会交往的不足。

（4）早教机构能打消成人的担心和顾虑，消除婴幼儿的焦虑和恐惧感，顺利实现从家庭到托幼机构的自然过渡。

7.早教机构是干什么的？

就是家长与婴幼儿一起来上课的地方。一个人的基本态度、行为模式、人格结构，在婴儿期的亲子互动过程中早已奠定基础，再经其后的儿童期、青年期等身心发展的重要阶段，逐渐形成个人的独特人格。亲子关系直接影响子女的生理健康、态度行为、价值观念及未来成就。这样的亲子教育机构就是给父母与婴幼儿提供更多的亲子时间，促进亲子关系。

8.这么小的婴幼儿能学到什么呢？

0～3岁是幼儿脑部开发的黄金期，生命的头3年大脑就会长到成人的80%，3岁左右脑就开始成熟了，所以幼儿应该从0岁开始教育。

9.你们这不是在上课，就是在玩吗？

婴幼儿的生活就是游戏，游戏也就是学习。呆板的填鸭式灌输对婴幼儿的成长没有多大帮助，我们的课程注重的是培养幼儿兴趣，养成良好习惯，学会解决问题的方法，这就是玩中学的意义。

10.我们婴幼儿已经上幼儿园了，所以不用再到这来了?

这里与幼儿园上课的方式不同的，带婴幼儿每周来上课更便于了解自己婴幼儿的正常发展状态，了解婴幼儿的优势与劣势。其实在婴幼儿的成长中，对他影响最大的是父母，而非老师，早教机构将让您学会如何做父母。

11.早教机构人多，容易感染疾病怎么办?

（1）外边的环境确实可能比家庭中的细菌多，传染的机会大，但婴幼儿总不能老待在家里。

（2）这也许是婴幼儿的体质和适应能力稍差一些，恰恰说明婴幼儿出来得少，要多出来锻炼（除非是传染性很强的时候），抵抗能力就会增强。

（3）其实就算是以后到幼儿园婴幼儿同样也会面临这样的问题。既然你已经了解了早期教育对婴幼儿的重要性，那就让我们一起努力，让婴幼儿尽量早点找到好的学习状态。

12.早教机构是怎样的活动方式?

是由父母或家人带宝宝一起参加活动。这样一方面增进父母和婴幼儿的情感，另一方面让父母更加了解自己婴幼儿的年龄特点及能有针对性地进行教育。

13.婴幼儿走路不好，说话很少，也经过爬的阶段，在家里也有意识进行过专门的训练，但平衡发展不好怎么办? 婴幼儿语言发展能力不强怎么办?

教师不可能直接解决所有的问题，往课程方面引导，那才是我们专业。只要家长重视教育了，许多问题就能够从源头上解决。部分专业性强的问题，可以请教相关人士协助解决。

14.我的婴幼儿很合群，跟小伙伴们玩得很好，还有必要上早教机构吗?

早教机构的教育更专业、系统，能促进婴幼儿更全面健康发展。"更上一层楼"有什么不好?

15.我的婴幼儿很聪明，会念许多古诗、儿歌，会讲故事，会识字、绘画，还有必要上早教机构吗?

情绪情感与人际关系的发展水平比认知能力更重要，将决定一个人发展的可能性，决定了一个人以后事业的成功与家庭的幸福。

现实中许多婴幼儿的发展表现说明，凡是小的时候过多强调念古诗、认字等能力，往往容易在情绪情感方面的发展有缺陷，最终反而制约了发展的可能性。

16.这里婴幼儿太多，太乱怎么办？

现在独生子女多，家庭中缺乏社会交往机会。让婴幼儿走到集体中来，正是现在许多家长把婴幼儿送到这里来的主要原因。

在课程中有助于婴幼儿学会轮流与等待，从小让婴幼儿学会如何与人交往，这也是我们在课程中突出的情感教育和社交教育之一。其实婴幼儿多也反映了我们这里的课程、环境被广大的家长和婴幼儿认同。

17.你们班里婴幼儿太少，没气氛怎么办？

婴幼儿少，没有婴幼儿多的课堂气氛活跃，但是有的家长就要求上人少的班。因为这样更便于老师对他的婴幼儿进行观察与分析，在课程中可随时根据婴幼儿的发展情况调整课程，这也是人多的班级所做不到的。

18.婴幼儿在早教机构能学到什么？请你告诉我如果婴幼儿在这里学习，一学期后能变成什么样子？

我们的课程会系统地对婴幼儿进行教育，但它只是教养方式中的一部分。一个婴幼儿成长的三要素是遗传基因（也就是个性差异）、家庭环境、教养方式。早教机构只能起辅助、引导作用，关键在父母、家庭。

19.我们不想中间插班，希望从头学起怎么办？

早教机构的学习不像中小学那样有严密的知识体系，而更多的是和他自身的生长发育规律相吻合，每个活动之间没有必然的联系，每一节课都有它的教学目的，所以不存在跟不上的问题。

同时，每个年龄段的宝宝都有他自身的发展任务，等到下一期，岂不又会比别的宝宝错失了许多发展的好时机？

宝宝的成长是一条生生不息的河流，不能等待！

20.早上九点上课太早了，宝宝起不来怎么办？

宝宝起不来的根本原因是晚上睡觉太晚，需要我们家长及时调整家庭作息规律，养成早睡早起的好习惯，不然以后宝宝上幼儿园八点就入园岂不更早？

童话中的主人公常说"勤劳的人起得早"，我们宝宝从小就要做个"勤劳的人"呀！

相关链接：

关于收费编班活动形式的常见问题及应答

工作人员主要介绍亲子活动的内容、流程、对家长的要求等，动员家长现场观摩示范课，感受现场环境与活动气氛，填写报名登记表。关于收费编班活动形式的常见问题及应答如下。

1.早教机构是怎样安排的？具体如下。

（1）早教机构是怎样分班的？

（2）你们的收费标准是怎样的？

（3）宝宝在哪个班，如何编班？每个班有几个婴幼儿，几个教师？

（4）宝宝小能收吗？

教师根据实际情况回答。

2.你们是什么早教机构？是新开的吗？你们的早教机构有什么特色？

请我们专业人员给您解答。

3.你们说的特色，别的早教机构也有呀！

您来得很巧，正好我们有示范课，您可以感受一下。

4.早教机构教师是从哪里来的？

我们的教师都是幼教专业出身，并且经过系统的早教机构课程培训合格后上岗的，熟悉0～3岁婴幼儿生长发育规律和教育技巧。这里每一位教师都是非常出色的，您可以带着宝宝亲身来体验一下。

5.别人比你们这儿的价格便宜，为什么这里这么贵？

我们的环境好，教具品种齐全，师资水平高，课程更有针对性，还有各种免费的相关活动，婴幼儿发展的空间更大。您把婴幼儿送来是冲着高质量的教育水平来的，而不会因为它便宜，否则婴幼儿直接在家里就行了，您说呢？

6.我一定要找又便宜又好的地方！

像您说的这种地方也许会有，但寻找的时间成本和婴幼儿发展的机会成本也许更高，因为婴幼儿一天天在长大。

我们就在社区里，不必每次上课兴师动众、劳师远征；而且周围的环境和同伴都熟悉，婴幼儿很容易建立一种归属感，今后上幼儿园也会很快适应的。

二、现场售卖管理

现场售卖即对到达早教机构的顾客售卖课程以及其他服务项目。

1. 现场售卖的对象

现场售卖的对象为到达现场的潜在顾客。

2. 现场售卖的目的

现场售卖的目的就是要达成购买意向。

3. 现场售卖的步骤

现场售卖的步骤如图6-2所示。

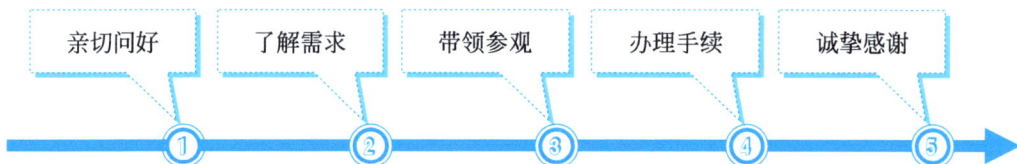

图6-2　现场售卖的步骤

4. 现场售卖的要求

（1）顾客进门，销售人员立即起身上前招呼顾客，热情接待，态度和蔼，语音亲切地问："您好，请问您预约过吗？"如果顾客预约过，前台人员要叫出顾客或其婴幼儿的名字，如："您是××宝宝妈妈吧。"

（2）通过交谈了解客户需求，例如宝宝的年龄，家长对教育的需求和认知程度，宝宝的发展情况等。

（3）按已经规划好的参观路线，自然而又有重点地介绍早教机构的特色，例如设施上的人性化、课程上的专业性等。同时有目的地推介与顾客需求一致的服务内容。

（4）达成购买意向后，带领顾客办理报名手续。顾客需要填写报名表，前台人员填写收据请家长在报名表和收据上签字确认，发给家长开课通知书、会员卡。

（5）最后礼貌地与顾客道别，并且欢迎顾客带宝宝来早教机构上课。

现场售卖范例如下。

顾客走到奥尔夫音乐体验馆大门口，前台人员起身迎出门，热情招呼顾客："您好，您预约过吗？"

顾客："预约过。"

前台："您是×××的妈妈吗？"

顾客："是的。"

前台："宝宝现在3岁了，我先带您参观一下我们的环境吧，这就是宝宝以后要上课的教室。为保证宝宝的安全与卫生，上课时我们要求家长穿一次性袜套，而且我们的环境及教具都是定期消毒的。"

顾客："你们想得真周到，那你们都怎么上课呀？"

前台："我们的课程是根据××教育理念设计而成。例如我们教宝宝唱自己的名字，就是帮宝宝建立自信心，提高社会交往的能力。"（观察顾客的反应，随时根据其提问作出回答。）

顾客："什么时候上课呀？"

前台："我们有周末班，您什么时候方便呀？这是我们的课表，宝宝可以选与年龄相近的班次，您看为宝宝选周几的？"

顾客："我再考虑考虑。"

前台："我们每班只有10个名额，现在只有少部分了，您可以先给宝宝留个位子。"

顾客："我只是过来看看，没带够钱。"

前台："您可以先交一部分定金，等上课时再交齐费用就行。"

顾客："那学费是多少？"

前台："适合您宝宝年龄的这个班是×××元。"

顾客："那我先交100元定金吧。"

前台："可以，我帮您办一下手续吧。"（将顾客领到前台，填报名表，开收据，收钱，并请顾客签字。）然后告知顾客："等您把费用交齐后，我们会给宝宝发一张会员卡，凭卡宝宝可以免费参加我们早教中心的其他活动。"

顾客："这样就行了？"

前台："是的，您到时带宝宝来上课就行。"与顾客道别并将其送出大门。

相关链接：

不同类型的家长会有不同的需求

早教顾问每天要面对形形色色的家长，优秀的早教顾问会对家长进行分类，以便找到家长的需求，为其提供精准服务，满足家长需求，实现快速签单。在此，我们将家长分为以下五个类型。

第一类：知识型家长

这类家长往往具备一定的早期教育知识，他们往往有教育相关工作的从业经历，或者部分家长具备较强的学习能力，自学许多与早期教育相关的知识。这一类的家长，我们定义为"知识型家长"。

知识型家长的特点及需求分析如下。

（1）知识型家长的特点：具备一定的早教知识，懂得科学育儿方法，这类家长属于家长群中的少数人，但他们往往在家长群中具有很强的影响力。知识型家长希望获得专业人士的认可。这类家长喜欢与早教专业人士互动，探讨育儿经验，分享其育儿办法，并希望得到专业人士的认可。

（2）知识型家长的需求：由于这类家长已经具备早教观念和知识，他们更多的是希望获得早教专业人士的尊重和认可，产生育儿共鸣。店面选择资深早教顾问服务知识型家长，资深顾问能与家长产生育儿共鸣，通俗点说就是用"知识征服客户"。或者店面选择具备优秀服务意识的早教顾问进行服务，能让家长获得充分的尊重感，通俗点说就是用"服务感动客户"。如果店面顾问既具备扎实的早教知识同时也有良好的服务意识，这样的顾问更能满足知识型家长的需求。

第二类：焦虑型家长

由于中国当前处于社会转型期，大家普遍存在焦虑感，作为家长更是如此，家长总是担心孩子输在起跑线上。这一类的家长，我们定义为"焦虑型家长"。

焦虑型家长的特点及需求分析如下。

（1）焦虑型家长的特点：这类家长对孩子的期望值过高，希望幼儿在成长发育的各个阶段都能达标甚至是比常人更优秀。但是幼儿在实际的成长过程其各项能力发育是不均衡的，有的幼儿语言发育得好，有的幼儿运动发育得好，有的幼儿空间思维发育得好。焦虑型家长一旦发现孩子表现不如人意就会生气、焦虑。

（2）焦虑型家长的需求：焦虑型家长认为自己的孩子一定要非常完美才会有一个美好的未来，这类家长希望获得孩子能力成长的承诺。服务这类家长店面需要给出承诺，让家长能够感受到孩子在早教机构获得非常好的成长，满足家长的需求，实现签单。

第三类：虚荣型家长

这类家长穿衣打扮时尚，经常使用奢侈品，消费能力强，关注店面的装修、服务、地址等，希望孩子能到一个与其社会地位相对等的早教机构学习。这一类的家长，我们定义为"虚荣型家长"。

虚荣型家长的特点及需求分析如下。

（1）虚荣型家长的特点：虚荣型家长更喜欢孩子能与其同等阶层或更高阶层的孩子一起学习和玩耍。这类家长对价格和课程不是很敏感，具备较强的消费力。这类型家长喜欢热情周到的服务，体现其优越感。

（2）虚荣型家长的需求：获得与人炫耀的资本。这类家长往往是朋友圈分享的达人，他们常常会发照片、短视频到朋友圈分享其孩子近况。服务这类型家长，需要早教机构提供周到的服务，展示店面的高端设备，如空气净化器、净水机、紫外线消毒工具、咖啡机等，给家长炫耀的资本，满足家长虚荣心，实现签单。

第四类：利益型家长

这类家长相对比较理性，通常会参加多家早教机构的试听课，参考各家的价格，了解各家的优缺点等信息之后进行对比，最终选择对其自身利益最大的早教机构。这一类的家长，我们定义为"利益型家长"。

利益型家长的特点及需求分析如下。

（1）利益型家长的特点：利益型家长喜欢得到优惠，比如价格折扣，礼品赠送等。服务这类型家长，早教机构需要向其提供赠品，使家长感觉到优惠。

（2）利益型家长的需求：得到店面更大的优惠。这类家长以自身利益最大化为核心，往往会十分纠结，反复比较，左右徘徊，对价格十分敏感。店面与这类家长沟通之前做好充足的准备，争取在家长第二次进店之后以"特殊"的优惠活动，打动客户，快速签单，避免客户重新进入犹豫阶段。

第五类：盲从型家长

这类家长缺乏早教知识，看到别的孩子上早教班，所以也到早教机构咨询。这类家长对早教班的选择会盲从，在专业上容易受知识型家长的影响，在价格上容易受利益型家长的影响。这一类的家长，我们定义为"盲从型家长"。

盲从型家长的特点及需求分析如下。

（1）盲从型家长的特点：对于早教专业知识了解较少，缺乏自学的能力，容易随大流，具有从众的特点（大家都报课了，那我也报课），喜欢凑热闹。

（2）盲从型家长的需求：获得决策的安全感。盲从型家长缺少早教专业知识，且不具备自学的能力，所以这类家长认为最保险的办法就是随大流。为了促进此类家长快速签单，建议店面开展活动促进家长签单。

在店面日常的销售工作中，我们常常会遇到复合型家长，这类家长可能是知识型与利益型结合，也可能是虚荣型与焦虑型的结合，也可能是知识型与焦虑型的结合，不管我们遇到哪种类型的家长，都要认真分析家长的类型以及其真实需求，灵活应用家长分类的方法，把好家长需求的"脉"，做到精准服务，实现签单。

三、促成报名技巧

1. 促成报名的技巧

（1）及时安抚宝宝，宝宝哭闹、坐不住、不配合的状态非常正常，安抚几次就会好转。而且正因为宝宝如此，更显现出参加活动的必要性与急迫性。

（2）善于发现宝宝优点：好奇心、探索欲望强、坐得住、反应快、情感大方、沟通能力强等。

（3）针对宝宝年龄、性别、看护人等情况，委婉指出宝宝发展存在的不足，如专注力不够、怯生心理严重、好动不安、没有学习习惯等，帮助家长分析问题，提出解决思路与策略。

（4）尽快记住宝宝的名字，尤其是昵称、乳名，了解宝宝的发展特点（家长引以为傲的某些方面）。

（5）满足家长的从众心理。

（6）学会控制接待家长的时间。

2. 促成注意事项

（1）不要推销意味太浓，对报名的热情，对不报名的冷漠。促成报名最好，但不要给家长早教机构急功近利的感觉。

（2）尽量为当时报名的准备一份简单礼品，如免费杂志。

（3）遵守职业道德，不做不正当竞争，不说同行坏话，承认各家有各家之长，阐述自家早教机构的特色和优势，提供给家长选择的权利。

（4）不牵扯到教师个人太多的问题，不给家长对教师评头论足的机会，不提供关于公司背景太多的解释。

（5）不能承诺家长关于婴幼儿发展的硬性指标。意见可以听取，但在报名之时，尽量和家长交流、规划婴幼儿教育发展的内容。

（6）所有的优惠措施、期限、收费标准、每班人数要做到每个教师心中有数，统一口径，和家长解释的时候干脆利索，不得含糊，没有商量的余地。

（7）把"交钱"一词改为"办手续"。

（8）用祝福语结束。比如：祝您在这里能学到新的育儿理念，祝宝宝在这里快乐成长。如您在育儿方面有什么问题，请及时与我们沟通，欢迎你们母子下周准时上课。您班的老师是××和××，上课地点在××，上课时间为××。再见！

下面提供几份不同早教机构关于招生的范本，仅供参考。

范本 ▶▶▶

早教机构首次示范观摩课预约单

宝宝姓名		性别		出生年月	
电话		预约日期		具体时间	
家庭住址					
注意事项					
经办教师				（签字盖章）	

范本 ▶▶▶

试听登记表

序号	宝宝姓名	出生日期	联系电话	预约班次	预约时间

注：同一课程尽量安排在同一时间，便于安排准备。

范本 ▶▶▶

早教机构试听反馈表

1.宝宝在课程中是否表现出愉悦的情绪：

□是　　　　　□否

2.您对宝宝在课程中的表现是否满意：

□是　　　　　□否

3.您感觉我们的教室环境：

□卡通有趣　　□温馨宁静　　□一般　　□杂乱无序　　□没有感觉

4.您和宝宝是否喜欢我们的教师：

□是　　　　　□否　　　　　□一般　　□没有感觉

5.您在课程中积极参与了各项互动游戏：

□是　　　　　□否

6.您在与婴幼儿游戏之余有何感觉？

_____

7.您对我们课程设置的感觉？

_____

8.您对教师的装束、言谈举止的感觉？

_____

9.您回家会同婴幼儿玩课程中的游戏吗？

□会　　　　　□不会

10.您的其他问题或看法、建议：

_____

您的态度关系到婴幼儿的未来。

您的态度影响到我们的信心。

无论您是否满意我们的工作，都请您提出宝贵的意见。

让我们和您一起为宝宝的成长做出努力！

范本 ▸▸▸

早教机构学员报名表

班级：　　　　　　　　　　　　　上课时间：

编号	宝宝姓名	乳名	出生日期	家长姓名	联系电话	家庭住址	备注
1							
2							
3							
…							

范本 ▸▸▸

早教机构报名登记表

编号：

一、宝宝的基本情况

（1）姓名：＿＿＿＿　　性别：＿＿＿＿

（2）昵称：＿＿＿＿　　出生日期：＿＿＿＿年＿月＿日

（3）宝宝的看护人：□老人　　　□保姆　　　□全职妈妈　　□其他

（4）宝宝的特点：　　□怯生　　　□好动　　　□能言善道

　　　　　　　　　　□动作不灵活　　　　　　□黏人　　　　□脾气暴躁

　　其他（请简单填写）＿＿＿＿＿＿＿＿＿＿＿＿＿＿＿＿＿＿＿＿＿＿

（5）宝宝的特长：　　□语言　　　□记忆力　　□专注力　　□表现力

　　　　　　　　　　□想象力　　　□好奇心

　　其他（请简单填写）＿＿＿＿＿＿＿＿＿＿＿＿＿＿＿＿＿＿＿＿＿＿

（6）宝宝的弱项：　　□语言　　　□交往　　　□自信心　　□耐心宽容

　　　　　　　　　　□习惯　　　　□学新知

　　其他（请简单填写）＿＿＿＿＿＿＿＿＿＿＿＿＿＿＿＿＿＿＿＿＿＿

（7）宝宝受教育情况：□参加过亲子课程　　　□已上幼儿园　□一直在家

　　其他（请简单填写）＿＿＿＿＿＿＿＿＿＿＿＿＿＿＿＿＿＿＿＿＿＿

（8）宝宝其他情况（请简单填写）_____

二、宝宝的家庭情况

（1）妈妈姓名：____　年龄：□25岁以下　　□25～30岁　□30岁以上

联系电话：____　学历：□大专以下　　　□大专（含）以上

（2）爸爸姓名：____　年龄：□25岁以下　　□25～30岁　□30岁以上

联系电话：____　学历：□大专以下　　　□大专（含）以上

（3）家庭地址：_____

联系电话：_____

（4）家庭成员：　　□2人　　　□3人　　　□4人

　　　　　　　　□5人及以上

（5）居住环境：　　□与老人或保姆一起　　□单独居住

三、母亲孕期、生产情况

（1）孕期精神状况：□很好　　□一般　　□不好

　　　其他（请简单填写）_____

（2）孕期营养状况：□很好　　□一般　　□不好

　　　其他（请简单填写）_____

（3）生产情况：　　□早产　　□足月　　□过产期　　□自然产

　　　　　　　　□产钳　　□胎吸　　□窒息　　　□剖宫产

　　　胎位：　　　□头位　　□臀位　　□横位

婴儿出生体重：____千克

生产时的年龄：　　□25岁以下　　□25～30岁　　□30岁以上

四、宝宝的生长发育史

（1）喂养情况：　　□母乳　　□人工　　□混合

断乳时间：从第____个月起

（2）大动作发育情况：

____个月会抬头，____个月会翻身，____个月会爬。

____个月会坐，____个月会走，____个月会笑，____个月会说话。

五、宝宝的健康状态

其他疾病史：_____

药物、食物等过敏史：_____

六、宝宝的生活环境

（1）看护人： □父母 □祖（外祖）父母 □外人
□其他

（2）看护人文化程度：□大专以下 □大专（含）以上

（3）养育方法（请简单填写）：

父亲：_____

母亲：_____

其他人：_____

（4）养育者与儿童沟通时间： □长 □短 □没有
□偶尔

（5）生活空间： □大 □中 □小
□经常换地方

（6）小区环境： □适合户外，常出去 □每天偶尔出去

（7）同伴交往： □很多，每天 □很少 □一般

七、宝宝的生活自理情况

（1）生活自理能力：□会自己拿勺吃饭 □自己独立吃饭
□良好进餐习惯 □有大小便会表达

（2）爱好： □喜欢听音乐 □喜欢看书、看电视
□喜欢自己动手玩玩具

其他（请简单填写）_____

（3）对新环境： □很快适应 □适应较慢

（4）情绪表现： □爱笑 □爱哭 □爱生闷气 □爱发脾气
□怕生、胆小

（5）生活习惯： □怕冷 □怕热 □多汗

八、了解方式

□传媒广告 □他人介绍 □慕名而来
□偶经路过 □其他诸多途径

第二节

安全管理

一、建立安全规章制度

为了进一步加强和改进早教机构安全工作，切实保障广大师生员工的生命和财产安全，维护学生正常的教育教学秩序，早教机构应结合自身实际，建立和完善以下安全工作制度。

1. 建立安全责任制度

早教机构要建立安全工作领导小组，确定岗位责任，明确工作要求，并将安全工作责任分解到人，根据"谁主管、谁负责"的原则，建立安全工作责任制和责任追究制。

2. 建立安全工作例会制度

早教机构领导班子每月都要召开安全工作专题会议，认真分析学校安全形势，明确工作重点，研究防范措施。

3. 建立安全教育制度

早教机构要建立学生生活、活动圈的安全防范措施（如防火、防盗、防溺水、用电安全等），每学期要对教职员工进行系统安全知识培训。从早教机构实际出发，根据不同季节、不同气候、不同地域特点对学生进行安全教育，每周不少于一次。早教机构要通过多种形式，向家长、社会宣传有关安全方面的法律制度和知识，从而形成人人讲安全、人人关注安全的浓厚氛围。

4. 建立月安检制度

早教机构每月要对学校及周边环境安全情况进行全方位检查，尤其要对校舍安全、消防安全、交通安全、饮食安全等进行重点排查，不留"死角"，不留漏洞；同时将检查情况（含检查时间、检查人员、检查内容、检查记录、存在隐患、整改措施、办理结果等）进行详细记录。

5. 建立门卫制度

根据早教机构实际，建立健全门卫制度，落实门卫工作人员职责，维护早教机构正常教学秩序，确保师生人身安全和学校财产安全。

6. 建立机构和家长联系制度

早教机构要定期与家长联系，互通信息，共同教育学生，同时对学生家长（监护人）的联系方式、联系电话进行登记，以便紧急情况下做到及时与家长联系。

7. 建立危急情况下自救自护演练制度

早教机构在每学年开学后，要开展一次在危急情况下提高学生自护自救能力的演练，尤其要开展学生教室、各功能室等人员集中场所紧急情况下的逃生演练，使师生掌握在危急情况下的逃生方法。

8. 建立突发事件应急处理机制

为了有效防范和处理学校突发事件，保障师生生命财产安全，早教机构必须建立突发事件应急处理机制和长效预警机制，制定学校突发事件应急处理预案，内容包括适用范围、指挥机构的组成及其职责、事故报告程序和要求、现场保护、事故现场处置、事故调查处理等。

9. 建立安全事故报告制度

早教机构发生师生伤亡事故，以及关系到社会秩序、未成年身心健康的重大事故，要在第一时间（2小时内）报园长。

事故处理结束后，要将事故经过、原因分析、处理结果及应吸取的教训和今后改进的工作措施等形成书面报告，及时报教育局。

10. 建立安全工作年度考核制度

早教机构在年度末必须对全体教职员工的安全工作进行全面考核，并与奖惩挂钩。

二、做好安全防范

为杜绝早教机构的"安全隐患"，可以从设施安全、用电安全、消防安全、卫生安全、活动安全、玩教具安全等方面进行排查，做好安全防范。

1. 设施安全

（1）早教中心的台阶、墙壁一定不能太尖太硬，台阶、墙壁要铺垫海绵等缓冲措施，对孩子进行保护。墙角最好设计成圆润的弧状，避免因为棱角过于锐利而让孩子磕碰受伤。

（2）早教中心内的桌椅，最好采用圆弧设计并内嵌防撞包边条，避免儿童磕碰受伤。

（3）柜子或其他箱体等的边角，也应用一些棉布、海绵等柔软的材料包裹起来，不要让尖锐的棱角暴露在外面。

2. 用电安全

（1）电源和电器插头要尽量安置在儿童够不到的高度上。

（2）如果必须要放置排插或位置较低的插座，则建议换成到堵塞孔的款式，这样即使儿童无意中碰到开关也无法接触到开关导电部分。

3. 消防安全

儿童作为弱势群体，认知能力低、理解能力差，不能正确认识火灾存在的危险和危害，也欠缺逃生自救的基本能力，因此，小火往往会酿成大灾。

（1）根据国家要求，儿童用房，只有防火等级达到一、二级时才可以设置在三层，但不得超过三层；如果防火等级属于三级的，则不能超过二层；如果防火等级属于四级的，则应为单层。

（2）定期进行安全检查，防止电线老化或超载工作引发火灾；按规定配备消防器具，并保证早教机构的人员都能熟练使用消防器具。

小提示：

设施安全、用电安全、消防安全方面的隐患，要在设计施工阶段就规避掉。

4. 卫生安全

（1）有很多早教机构提供点心、饮料等食品，早教机构在采购这些食品的时候，要格外注意食品卫生。

（2）卫生间的清洁条件也不容忽视，脏乱、潮湿的环境容易滋生细菌，因此卫生间要及时清理卫生。

早教机构所照护的孩子是年龄很小的孩子，所以做好疾病预防是早教机构重中之重的环节，不能按一般幼儿园的消毒流程去执行，须严格按早教机构的消毒流程来执行。

5. 活动安全

（1）活动前，检查场地和使用材料的安全性，为幼儿讲解注意事项。

（2）教幼儿正确使用各种玩具；并且要合理分配玩具，引导幼儿有序玩耍，不争抢玩具。

（3）检查幼儿穿戴是否便于玩耍，身体状态是否适合这项活动。

（4）活动中多次巡视，及时纠正幼儿危险动作，保证每个孩子不离开视线，多频次清点人数。

（5）儿童如厕时需老师或家长陪伴，避免单独如厕；集体如厕时一定维持好秩序，督促每个孩子安全如厕。

6. 玩教具安全

玩教具的安全隐患，一是重金属超标，比如油画棒、含漆的积木、拼图之类的，这些可能铅含量超标；二是毛绒玩具表面或填充物可能不卫生，有严重的卫生隐患。

玩教具的采购是一项严谨、细致的工作。为了避免在这一环节中出现安全纰漏，一些早教品牌专门设立了独立的采购部门为投资商提供玩教具配套服务。

比如，天线宝宝、美吉姆等早教机构的玩教具，均符合欧洲玩具安全标准，而成熟的采购流程和供货渠道能够在各个环节上杜绝"毒玩具"的流入。

早教机构的头等大事就是安全工作，做好安全工作是保证儿童身心健康发展的首要任务。而早教中心的安全工作，也是大部分家长对早教机构着重考察的方面之一。因此，早教机构必须把安全工作当作为日常工作来抓，始终绷紧安全这根弦，才能保证孩子平安无虞，保证早教中心顺利、有序运转。

相关链接：

广东省《早期教育机构管理规范》节选

8.安全管理

8.1基本要求

8.1.1早教机构法定代表人或授权管理者应是机构安全和卫生保健工作的第一责任人。

8.1.2早教机构应建立安全管理体系，实施安全管理制度，制定突发事件应急预案，配备安全与应急设备用品，对早教机构人员进行安全培训。安全管理制度包括但不限于：安全责任制度；安全教育制度；安全操作规范或教程；安全检查制度；事故处理与报告制度；突发事件应急预案等。

8.1.3 早教机构应使用符合GB 24613等相关标准安全的机构场所、机构设施、学习资料。

8.1.4 早教机构应落实岗位安全责任，在各出入口、接待区域、楼道、教学的过程应安装具有存储功能的监控系统。监控录像资料保存期30日以上，如有特殊，重要资料的存储介质应归档保存，涉及婴幼儿隐私的画面应做好保护措施，避免泄露。

8.1.5 早教机构应依法建立并落实消防安全责任制，健全消防安全管理制度，按照国际标准、行业标准配置消防设施、器材，对消防设施、器材进行维护保养和检测，保障疏散通道、安全出口、消防车通道畅通，开展日常防火巡查、检查，定期组织消防安全教育培训和灭火、应急疏散演练。

8.1.6 早教机构应加强食品安全管理，保障婴幼儿用餐安全卫生、营养健康。

8.1.7 应定期开展校区安全巡检工作，宜定期编制校区安全巡检报告。

8.2 安全保护

8.2.1 消防

8.2.1.1 根据消防要求，在早教机构区域内和建筑内应配置相应的消防设备。

8.2.1.2 早教机构用房应符合GB 50016要求。

8.2.1.3 早教机构应设置在一、二级耐火等级的建筑内。

8.2.1.4 早教机构应设置独立的安全出口和疏散楼梯。

8.2.1.5 场所应采用耐火极限不低于2.00小时的防火隔墙和1.00小时的不燃性楼板与其他场所或部位分隔，墙上必须设置的门、窗应采用乙级防火门、窗。

8.2.1.6 场所应设置自动喷水灭火系统和火灾自动报警设施。

8.2.1.7 场所顶棚的内装修材料应为A级，墙面、地面、隔断、装饰织物和其他装饰材料不应低于B1级。

8.2.1.8 早教机构安全消防出入口处应设置人员安全集散和车辆停靠的空间，且不应影响城市道路交通。

8.2.2 楼宇场地

8.2.2.1 早教机构宜有室外活动场地，如有条件，面积不宜低于60平方米，各班活动场地之间宜采取分隔措施。早教机构的室外场地及设施设备应符合JGJ 39

的有关要求。

8.2.2.2 早教机构内严禁种植有毒、带刺、有飞絮、病虫害多、有刺激性的植物。

8.2.3 空气质量

早教机构室内环境各项指标应满足GB/T 18883的要求。室内通风良好,设备设施、装修装饰材料、用品用具和玩教具材料等,应符合国家相关的安全质量标准和环保要求,应持续对空气质量进行监测。

8.2.4 应急管理

8.2.4.1 全体早教从业人员应掌握基本急救常识和防范、避险、逃生、自救等安全技能和基本方法,并定期接受相应的安全培训,定期进行安全预防演练。其中,至少有一名从业人员接受过急救培训并持有有效急救证书。

8.2.4.2 早教机构应成立安全应急管理小组,加强对安全突发事件的预测、跟踪和防范,定期进行机构内的安全检查,及时排除安全隐患,应有切实可行的安全措施和应急预案,协调有关部门做好突发事件的应对工作,保证与机构各部门的联络畅通。

9 卫生健康管理

9.1 基本要求

9.1.1 早教机构应配备符合GB 27952等相关标准要求的卫生消毒用品。

9.1.2 早教机构应建立卫生与消毒、传染病防控与管理、饮用水卫生、健康教育宣传等相关制度,落实各相关工作措施与要求。

9.1.3 早教机构内卫生定期打扫,保持清洁,严格按照卫生消毒制度做好教室、玩具、公共区域的消毒工作,并做好登记。

9.2 婴幼儿保健

早教机构应建立健全保健管理制度,建议做好婴幼儿生理和心理卫生保健工作,遵守行业操作规范,保健资料齐全,定期开展检查与指导,并对早教机构从业人员进行健康与安全教育。

9.3 卫生消毒

早教机构应配备相关的卫生消毒设施,如洗手水池、工具清洗消毒水池、移动紫外线杀菌灯等设施,应建立卫生与消毒、传染病防控与管理、饮用水卫生、常见病预防与管理、健康教育宣传等相关制度,落实各相关工作措施与要求,定期打扫,保持清洁,并对早教机构进行消毒。

9.4疾病防控

9.4.1早教机构各校区应建立健康疾病检查制度，包括：

——婴幼儿入园健康检查，并用专用洗手水池及手部消毒、干手设施为婴幼儿洗手，定期健康检查；

——发现婴幼儿身体、精神状况、行为等异常时，及时处理并通知其监护人的流程规范；

——从业人员上岗体检、每日晨检、在岗定期体检和健康档案管理制度，以及对患有可能影响婴幼儿身体健康疾病的从业人员及时调离工作岗位的规范条例；

——建立卫生防疫机制，在流感、手足口病、咽峡炎易感季节定期在园区公示婴幼儿易感染疾病情况。

9.4.2早教机构应建立卫生与消毒、传染病防控与管理、饮用水卫生、常见病预防与管理、健康教育宣传等相关制度，落实各相关工作措施与要求。

9.5应急机制

9.5.1早教机构应成立卫生应急管理工作小组，负责制定早教机构卫生应急工作方案、预案，指挥协调并有效处置各种突发公共卫生事件。机构应在每年定期向社会公示第三方机构的卫生检测报告。

9.5.2针对卫生健康紧急事件，如食物中毒、传染病疫情、饮用水污染等，建立突发事件的应急预案和管理制度，规定突发事件发生时优先保护幼儿的相应措施。

第三节

客户管理

一、会员管理

早教机构中的会员管理主要包括招生前准备、招生期服务、开课期服务、插班管理、升班期服务、结课期服务等。

1. 招生前准备

（1）设定招生目标。根据早教机构实际情况合理制定招生目标，包括招生人数，预定开班数。

（2）排定课表。根据计划招生人数及计划开班数制定亲子课程的开班数。在排定课表时要根据宝宝的大致生活规律安排合理的上课时间。在宝宝年龄适合的情况下，排定课表时要考虑连班的排定方法。

小提示：

对于7～9个月、10～12个月这两个月龄段宝宝，一般安排在上午上课，下午1～3点尽量不要安排课程。

（3）资料准备。准备好会员卡、报名表、电话咨询记录表、开课通知单、课程介绍宣传单等。

2. 招生期服务

招生期是从早教机构开始宣传到开课的第四周为止。

（1）资料准备。准备好会员卡、报名表、开课通知单、课程介绍宣传单等。

（2）办理报名手续。办理报名手续的步骤如图6-3所示。

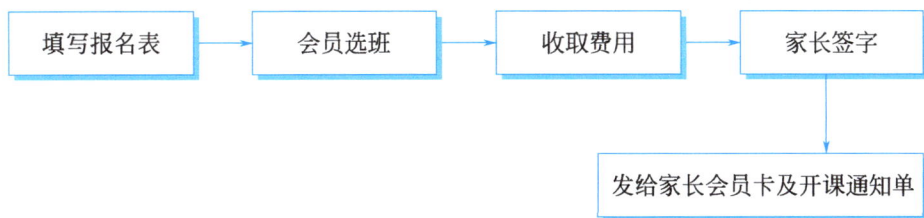

图6-3　办理报名手续的步骤

3. 开课期服务

（1）迎接会员。站在前台的人员见到宝宝和家长进入早教机构，要主动迎接，并请家长签到。

（2）课中服务

课中服务主要应注意以下三点。

① 对于上课时间未到的宝宝要及时电话联系了解情况。

小提示：

开课十分钟之后开始做这件事情，如果是宝宝请假，前台人员就要在宝宝签到表上记录下原因。

② 及时清洁园中环境，保证早教机构内的卫生。

③ 关注哭闹的宝宝，协助教师做好哭闹宝宝的安抚工作。

（3）课后服务。亲切问候上完课的宝宝，及时关注宝宝及家长的情绪，送别宝宝及家长。

4. 插班管理

如果有宝宝插班学习，应在学费中减去宝宝未上课程的费用。同时按图6-4所示的步骤办理插班手续。

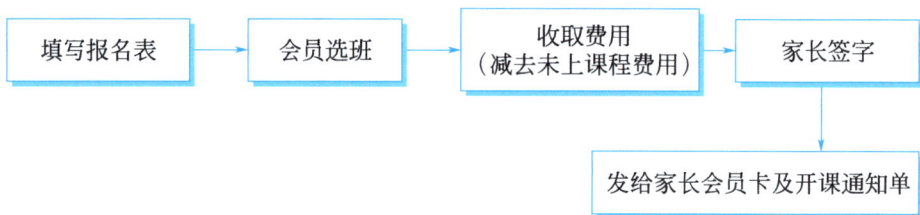

```
┌──────────┐     ┌──────────┐     ┌────────────────┐     ┌──────────┐
│ 填写报名表 │ ──▶ │ 会员选班 │ ──▶ │    收取费用     │ ──▶ │ 家长签字 │
│          │     │          │     │（减去未上课程费用）│     │          │
└──────────┘     └──────────┘     └────────────────┘     └──────────┘
                                                               │
                                                               ▼
                                          ┌────────────────────────┐
                                          │ 发给家长会员卡及开课通知单 │
                                          └────────────────────────┘
```

图6-4　办理插班手续的步骤

5. 升班期服务

（1）设定招生目标。根据早教机构实际情况合理制定招生目标，包括招生人数、预定开班数，预计升班率。

（2）排定新一期课表。根据计划招生人数及计划开班数制定亲子课程的开班数。在排定课表时要根据宝宝的大致生活规律安排合理的上课时间。

6. 结课期服务

（1）会员档案管理。将本期会员资料按班级顺序整理好，存档。

（2）教具整理。将所有教具盘点后分类整理好，物资要贴标识备案。

二、投诉电话管理

投诉管理工作中，最重要的环节在于投诉预防工作，所谓防范胜于救灾，应重视投诉预防并大力推行之。将客户不满消除在最初阶段，充分利用最前端的资源解决问题，这样可以避免问题的升级及公司的进一步投入。

顾客投诉处理的步骤如图6-5所示。

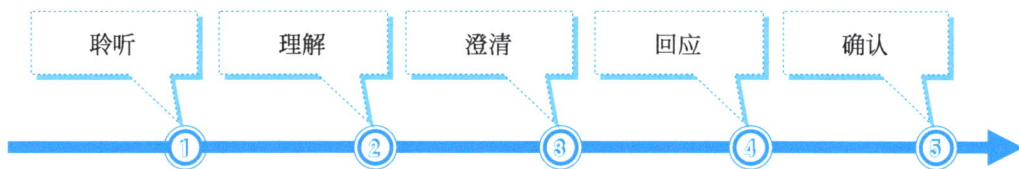

图6-5　顾客投诉处理的步骤

1. 聆听

（1）聆听是处理好投诉电话的关键，往往有时候答案就隐含在顾客提供的信息中。

（2）认真地聆听使工作人员能在最短时间内抓住顾客提供的主要信息，从而使自己有重点地回复和找到顾客的需求点。

（3）工作人员在听的过程中要以诚恳专注的态度来听取顾客对于服务的意见与抱怨，注意捕获顾客言语中的主要信息并快速用笔记录下来。

> **小提示：**
>
> 只有真正了解了顾客的意愿才能更好地提出解决的方案或者建议。

2. 理解

理解是能与顾客继续沟通下去的重要环节。

在聆听的过程当中，工作人员要能站到顾客的立场替其考虑，自然地表现出自己的同理心，这能迅速拉近与顾客之间的距离。顾客会觉得工作人员是理解他的并且是愿意帮助他的。

3. 澄清

澄清是使顾客感到重视不可缺少的环节。

顾客陈诉完对服务的不满后，工作人员要与顾客确认他所说的内容，确保自己理解的信息跟顾客的一致。还可以顺带多问一句："请问除此以外还有没有其他让您感到不满的？"这样会让顾客感觉早教机构是重视他的，是非常在乎他的，无形中就给了他一种尊重感和满足感，这对缓解顾客的负面情绪也可以起到一定的理顺作用。

4. 回应

回应是解决问题的实际性的一步。

顾客投诉的目的不仅是发泄自己的不满，隐藏在背后的是希望早教机构改正，在得到满意的处理结果后，还会再次光顾。所以在整通电话的后期阶段，最好能向顾客表明早教机构接下来将会怎么做，让顾客能放心地信任工作人员的努力和承诺的回电时间，并以平和的心态放下电话，静待回电。

同时，在对话当中适时给予顾客简短的回应，如"我明白了""我能理解""好的"等，让顾客知道工作人员是在认真听他讲话，这能使整通电话比较和谐地进行。

5. 确认

确认是争取得到顾客认可的不可缺少的一步。

处理投诉电话的最后一步是确认，同顾客确认他是否认同解决问题的方案。因为，方案的提出可能只是工作人员单方面的想法和意愿，而沟通是需要双方参与和回应的。这就需要征求一下顾客的意见，如："请问您认为这样做好吗？"从顾客的回答中了解其是否同意提出的方案，这样既方便其他同事开展后续的工作，同时也能提高顾客的认同程度。

早教机构
业务拓展

第7章

导言：

　　早期教育的指导对象不仅是婴幼儿，还包括家长。早教机构不仅要关注婴幼儿的需要，更要关注其身边的家长的需要，包括父母或者祖辈、保姆等的需要。

第一节

早教形式

目前，早教机构或者一些亲子培训中心开展的早教指导形式有很多，如集体指导、一对一指导、专题讲座与咨询、家长沙龙、网络指导、上门服务以及其他形式的辅助指导。

一、集体指导

集体指导是将婴幼儿和家长按照一定的标准（或者是月龄、兴趣需求等）划分班级，每次开展活动都以班级的形式集体展开。活动中，家长要遵守一定的集体活动要求，配合指导教师与婴幼儿活动，或者观察指导教师与婴幼儿的活动。

二、一对一指导

一对一指导是指一名早教老师针对一个婴幼儿及其家庭成员展开的指导。在这种指导形式中，指导教师在固定时间内只对单个婴幼儿及其家庭提供指导与服务，因此指导更系统，针对性更强，对问题的认识更深入，问题解决也就有可能更彻底。

三、专题讲座与咨询

专题讲座是早教机构的指导教师或者早期教育某一领域的专家就婴幼儿教育中某一领域问题，以专题的形式开展讲座，邀请婴幼儿家长参与。主题的选择一般是结合早教机构实际状况，满足大部分家长的需求，形式为专家讲授结合家长提问。这种形式切合了家长当前正在关心的问题，而且相关信息具有一定的专业性，因此很受家长信赖与欢迎。而且这种形式的指导易操作，效果显著，许多早教机构也喜欢运用。

四、家长沙龙

家长沙龙是早教机构根据活动的需要，结合家长们比较关心的婴幼儿发展问题，以家长为主角开展的系列讨论活动。这种形式的指导活动与其他所不同的是，更突出了以家长为教育主体的理念，把发现问题、观察记录现象、分析问题本质以及寻找解决问题的办法都放手给家长，而指导教师更多是引导他们开展活动的思路。

五、网络指导

随着网络、信息技术的高速发展，网络的普及范围越来越广泛。网络能够超越时空局限，提供给无数家庭便捷的服务，这使它可施展威力的领域越来越多。当前的家庭，繁忙的工作是成人生活的主旋律，为了更快地成长为合格的家长，他们就需要充分利用那些方便的途径去获取需要的教育信息。正是看到了这一点，近半的早教机构都建立了自己的网站。网站所提供的动态、及时、多样化的育儿信息又为家长的成长提供了新的途径。现在，早教机构借助网络强大的服务功能，已经开发出越来越多的服务形式，不同的教育信息模块、专家问答、近期活动信息、论坛、信箱，甚至有些比赛活动都可以通过网络进行。

六、上门服务

上门服务是指早教机构选取特定的对象，安排指导教师定期上门对这些家庭进行育儿指导。这些被选定的对象通常是年龄太小，不愿意到早教机构活动（半岁以下居多）；或者是残疾婴幼儿或家长，不便到早教机构接受指导；或者是家庭还没有意识到要接受指导，不愿意到早教机构参加活动等。针对以上群体，早教机构会先做好整体服务计划，征得家庭的同意，事先预约，然后有准备地到家庭了解情况，并记录每次活动的情况，建立系统的档案。

七、其他形式的辅助指导

除了以上所提到的指导形式以外，为了最大限度地去满足家庭需求，方便家长了解教育信息，越来越多的早教机构都开设了许多其他形式的辅助指导。

1. 热线电话

许多早教机构开设热线电话，接受家长来电询问早教机构的情况与其他常规工作，同时也解决家长育儿中的疑难问题。

2. 媒体、光盘以及文本宣传资料

教育信息以及有关早教机构的课程介绍、活动形式、服务项目等家长想了解的内容都可以借助这些媒体与文本载体，呈送到社区家庭中。

3. 其他

早教机构随处可见的环境贴士，走廊、楼梯墙面、活动室墙面，甚至洗手间都有各类育儿常识，这也方便家长在空余时间了解课程开展中大家关注的一些内容。

第二节

早教现场指导

一、现场指导的功能定位

现场指导是指导教师与家庭成员，就婴幼儿教育的各方面发展领域，在预先设计的活动中，展开面对面式地直接交流。交流双方在有准备的婴幼儿活动室内或室外，以婴幼儿活动的现时状况为交流主题，寻找问题的原因，发现认识误区的所在，重新建设适合婴幼儿发展特点的环境。

开展现场指导，主要是对婴幼儿家长进行直观的早期教育知识与技能的介绍与引导。现场指导最主要的开展方式是三段体式指导。在此指导形式下，家长与指导教师展开的是零距离直接交流，强调的就是在婴幼儿活动的现场，指导教师与家长、与婴幼儿在专门安排的活动环境中的面对面，更直接、全面、深刻地去了解活动中家长的性格特点、教育特色；去发现婴幼儿的气质类型、行为发展节奏、活动方式；去分析教育者与婴幼儿发展之间的适配度，以及两者是如何相互促进的。在此基础上，通过对话、示范、实践等方式指导家长去了解自己与婴幼儿，提高教育水平。

现场指导的功能定位如图7-1所示。

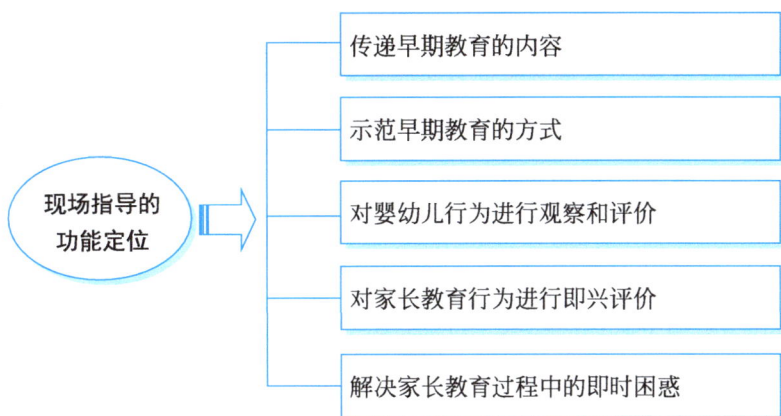

图7-1　现场指导的功能定位

1. 传递早期教育的内容

如何对0～3岁的婴幼儿进行教育，如何为他们创设适宜的发展环境，如何提供最恰当的教育支持等早期教育内容，几乎是所有婴幼儿家长关注的核心问题。这部分内容成为早教机构课程安排的内容主体，它也是早期教育普及化的重头部分，因此，主要在现场指导中实现。

2. 示范早期教育的方式

家长习得早期教育知识是第一步，将知识准确转化为教育实践行为才是水平提高的关键。现场指导中，指导教师不仅有语言式的知识技能传递，更强调以身示范，让家长切身感受到科学教育理念、知识的行为化。比如，"尊重婴幼儿的发展方式"这一观念，如何在每一个具体的教育环节中体现？适当的表现可以是家长尊重婴幼儿自己的选择而非强行要求顺从，也可以是家长了解婴幼儿的行为特点，学会等待，避免急功近利、横向攀比等。

3. 对婴幼儿行为进行观察和评价

阶段性地对婴幼儿行为进行观察和评价，或者根据教育指导需要进行重点观察与评价，这也是现场指导中的一个重点。

这里的观察或者评价，主要是对家长以往教育行为与效果进行分析寻找依据，更为以后的教育经验积累与改善奠定基础。此外，有规律地观察与评价也是维护婴幼儿健康成长的必需。

指导教师王某在几天累计观察后发现，一名婴幼儿注意力过于涣散，几乎无法集中半分钟进行任何一项游戏，排除生理原因以后，指导教师猜测可能与家长的教育方式有关。于是，就以对婴幼儿的观察、评价为起点，展开了对其家长的观察、交流和针对性指导。结果发现，确属家长过多干预婴幼儿游戏行为所致。

4. 对家长教育行为进行即兴评价

现场指导中，家长与婴幼儿的游戏互动会生动地再现家长一贯的教育理念、方式与特点，所存在的优劣也一目了然。因此，指导教师可以借助这个有利的时机，及时肯定家长教育的适宜之处，同时指出问题的所在，这样不仅增强家长教育行为的意识性，更能明确问题的本质，使之及早得到解决。

5. 解决家长教育过程中的即时困惑

在现场指导中，指导教师精心策划、布置活动情景，因此，有利于教育问题的暴露，指导教师要迅速捕捉这些非预设性的家长困惑，最好现场解决。

在一次活动中，一位新来的家长发现自己的儿子居然毫不犹豫地争抢其他婴幼儿的玩具，这让他很吃惊——儿子在家里可从来不是这样的。看到家长的愤怒与不解，指导教师选择适当的时机，就此问题和家长进行了交流。之后家长才了解到，原来是婴幼儿在家庭中没有习得那些他在同伴群体交往中需要的交往规则——玩具使用要有先后，要懂得等待与分享。家长很快就知道了自己下一步需要如何去做。

二、现场指导的基本特点

1. 通过活动进行示范——集体指导

集体指导是指在现场指导中，将家长与婴幼儿以适宜的人数组合起来，开展集中式的家长指导。这种形式的指导对象少则两三位，多则五六位，因此可以从一定程度上提高家长的受指导率。

集体指导主要借助游戏的形式，游戏通常是新授或复习游戏内容。在活动的开始，指导教师安排家长分别带着自己婴幼儿在活动室中间围成圆圈坐下，分发游戏材料。接着，会简要介绍游戏活动的意义，并示范玩法，或者是强调一下上次活动中一些突出的问题应如何面对。然后由家长分别指导自己的婴幼儿进行游戏，在亲子游戏的进行中，指导教师会一直陪伴，或者是观察亲子交往，或者是示范教育技能，或者是就家长行为与其交谈，整体控制活动的场面稳定、安静、有序。

2. 即时性的直接交流——个别指导

个别指导是指导教师针对婴幼儿以及他的家庭开展个体化指导。

个别指导通常是在早教机构自由活动中的分散游戏时进行的，在活动室里有各种游戏材料，分别投放在不同的区角。在自由活动时间里，家长可以带领婴幼儿自由选择想要玩的游戏材料，观察或指导婴幼儿的个别游戏。这时指导教师就在活动室里巡视，观察亲子之间的游戏互动，当发现婴幼儿的游戏有困难时，或当发现家长在指导婴幼儿活动有不适当的行为时，指导教师就会介入其中。指导教师将通过亲身指导婴幼儿的方式向家长示范，或向家长解释婴幼儿的行为，或直接告知家长应当如何做。同时，在这个时间里，指导教师和家长还会就某个婴幼儿的特殊问题进行交流，可能是家长向老师咨询一些问题，可能是指导教师就婴幼儿的某些行为向家长了解婴幼儿的家庭教育背景情况，从而在交流中进行指导。

三、现场指导活动的目标指向

1. 从早期教育到早期教育指导的目标转变过程

早期教育指导目标的选择以及正确的表述，对实现真正意义上的"转变"至关重要。为明确"早期教育"与"早期教育指导"在目标定位以及表述上的区别，同时展示从早教到早教指导的转变步骤，下面将总结一下由早期教育转变为早期教育指导的三个阶段。

（1）直接促进婴幼儿发展的活动目标。初期，早教机构活动目标的表述是以婴幼儿各方面发展为出发点和落脚点的，完全是以婴幼儿为直接指导对象选择活动内容、设计活动形式，以及评价活动成效，活动素材也是适合不同月龄的游戏，指导教师希望通过这些精心准备的游戏来促进婴幼儿的发展。表述如表7-1所示。

表7-1　直接促进婴幼儿发展的活动目标的示例

活动内容	活动目标	备注
13～18个月游戏"接长龙" 玩法： 　让婴幼儿将动物卡片或水果卡片排成一列，排完后和婴幼儿数一数再逐一讲出相应的物品名称，还可以再想一些新问题来问婴幼儿	（1）促进婴幼儿数概念的形成及发展 （2）正确讲出物品名称	动物卡片、水果卡片若干

由于把活动的目标定位在教会婴幼儿如何游戏，并通过完成游戏任务来促进婴幼儿的发展上，而没有思考如何通过这个活动让家长得到什么，所以活动的整个过程家长成为一个旁观者、局外人。

（2）考虑到指导家长的活动目标。如果仅从思想上认识到早教机构的功能定位不同于全日制幼儿园，而两者的活动设计却没有区别，早教指导的任务是不能实现的。这使早教机构在设计活动时，在表述上开始兼顾到对家长的指导，把对家长的指导作为该活动的附加目标，融入活动设计。比如，同样的活动内容，表述方式发生了如表7-2所示的变化。

表7-2　考虑到指导家长的活动目标的示例

活动内容	活动目标	备注
13～18个月游戏"接长龙" 玩法： 　让婴幼儿将动物卡片或水果卡片排成一列，排完后和婴幼儿数一数再逐一讲出相应的物品名称，还可以再想一些新问题来问婴幼儿	（1）促进婴幼儿数概念的形成及发展 （2）正确讲出物品名称	通过示范指导，帮助家长明确某一活动的内容、功能及向家庭迁移的办法

由于开始考虑到家长指导的问题，所以在开展活动的同时，指导教师也开始将活动能够促进婴幼儿怎样的发展和在家里开展该活动的方式，向家长进行解释。

（3）早期教育指导的目标具体化。早期教育指导游戏借助婴幼儿与材料的互动，从而为指导家长教育能力的发展提供素材。它让家长在婴幼儿活动的现场得到指导，这不仅只满足于以现场游戏去促进婴幼儿发展（事实上有限的活动也不可能促进婴幼儿的发展），而且让类似的活动也能在家里得到变通性的延伸，具体如表7-3所示。

表7-3　早期教育指导的目标具体化的示例

活动内容	指导目标	家庭延伸
19～24个月活动"分水果" 　指导教师指导家长： （1）从放有苹果和梨的筐里拿出1个苹果对婴幼儿说："这是苹果"，然后把它放到分类盒子里 （2）请宝宝也如上分类 （3）同样方法分梨 （4）家长引导婴幼儿将其他的苹果和梨分类	（1）指导家长了解本月龄段幼儿分类的特点以及指导的方法 （2）指导家长掌握分类活动向家庭迁移的方法 （3）指导家长学会观察宝宝的行为，尊重婴幼儿的想法并提供适当的指导	（1）晚上吃水果的时候请宝宝把苹果从一堆水果里找出来，每人发一个 （2）早上穿衣时请宝宝把妈妈的衣服拿来 （3）洗澡时请宝宝把他的用品拿来

2. 提高家长教育素质的目标定位与表述

现场指导的对象是婴幼儿的家长，而非直接针对婴幼儿。所以，在目标的陈述上要以家长为直接目标对象，要以家长教育婴幼儿各个方面能力发展与否为标准。通常情况下，可以从家长科学教育观念的树立、教育知识的掌握和相应教育技能的形成三个方面入手，如表7-4所示。

表7-4 提高家长教育素质的目标定位与表述

序号	表现方面	目标说明
1	科学教育观念的树立	（1）尊重婴幼儿，理解婴幼儿的行为，树立科学的育儿观念 （2）学会等待婴幼儿的发展，要耐心和宽容 （3）知道家长在婴幼儿发展中角色发挥的重要意义 （4）教育人应该互相协作，共同促进婴幼儿的发展
2	教育知识的掌握	通过现场指导，家长还要获取如下常识性婴幼儿教育知识 （1）了解不同月龄段婴幼儿在睡眠、饮食等方面的特点，知道不同月龄段婴幼儿身体发育的特征 （2）了解婴幼儿日常行为习惯的形成过程与辅助策略 （3）了解自身的教育特点和婴幼儿的行为发展特点、认知风格 （4）掌握婴幼儿在感知、动作、语言、认知、社会性、情感等方面发展的过程与特点 （5）了解婴幼儿常见特殊行为的原因，如咬人
3	相应教育技能的形成	技能强调的是实际教育生活中的操作能力，技能是知识掌握后的有效转化，更是科学教育观建立的必需。这一方面的目标是前两个表现方面的细化、支撑，三者密不可分。因此，可以包括以下几点 （1）根据婴幼儿在不同月龄段的睡眠、饮食特点，为婴幼儿提供最适宜的生理发展空间 （2）积极有效地促进婴幼儿良好行为习惯的形成 （3）根据婴幼儿各方面发展的特点，为婴幼儿创设最佳的发展环境 （4）能有效应对婴幼儿个别特殊行为 （5）找到自身教育特点与婴幼儿发展的最佳契合点，从而更有效促进双方的发展

四、现场指导的内容研究

现场指导的具体内容主要围绕婴幼儿各大领域发展关键期这条主线扩展开来，考虑到婴幼儿的年龄特征，突显动作与认知发展，在两领域的基础上同时整合其他领域的发展，并有机将语言、情感与社会性培养渗透其中。在让家长了解并掌握婴幼儿动作、语言、认知、情感、社会性的发展特性和发展策略的同时，树立科学的儿童观与教育观。指导教师在指导过程中，将教、养内容结合，以教带养，以养促教。

　　五大领域既在同一月龄段同时展开，又在不同月龄各有侧重。以下是某早教机构按年龄特点编制的五大发展领域的指导活动，具体如表7-5所示。

表7-5　某早教机构编制的五大发展领域的指导活动

月龄	发展领域及活动名称				
	动作	认知	情感	社会性	语言
1～6个月	眨眨小眼睛、写大字、烤面面、吹痒痒、晃板、笑嘻嘻、压馅饼、踢气球、悬吊摆、大球摇啊摇、乖不乖、躲猫猫、荡秋千、小球滚滚、遥控车、拉杆站立、俯卧打转、蛤蟆坐、爬行（72%）	骑大马（4%）	亲一亲、小球滚滚、举高（12%）	碰碰小手、碰碰脚、认识身体部位（8%）	亲子交谈（4%）
7～12个月	小脚踩大脚、捡起来、箱中取物、拉杆站、包春卷、走路操、枕头游戏、蹬气球、学步桥、敲小鼓、站立行走操、你丢我拣、步行车、小虾米大鲸鱼、拿和放、滚枕头、纸包取物、扶杆站立、蹲下取物（58%）	找图片、斗斗鸡、找玩具、捉迷藏、进与出游戏、制造声音、扔进去、随音乐节奏迈步、摇马（26%）	亲一亲、包春卷（6%）	照镜子、亲一亲（6%）	找玩具（4%）
13～18个月	叠叠乐、塞片片、推大球、踢彩球、拍虫虫、球宝宝回家、颜色宝宝手拉手、推小车、大雁飞、鞋子走路、对滚球、动物叫、旋转被单、钻山洞、喂水果、钥匙开锁、倒退走（51%）	叠叠乐、球宝宝回家、颜色宝宝手拉手、接长龙、动物叫、拼图、有声积木、套塔、挑珠子、配对游戏、钥匙开锁、分大小（31%）	小象滑滑梯（3%）	点点操、小手操（6%）	拍虫虫、大雁飞、接长龙（9%）
19～24个月	走线、喂小猫、摸摸猜猜、推小车、插木拴、S形拉车、拉拢放开、跳圈、花开了、学兔子跳、杂物带、射球门、搭积木、跨过障碍物、运积木、喂娃娃吃饭、踢球走、分颜色穿珠子、给烧饼点芝麻、跳台阶、打开放松螺丝帽（54%）	小动物操、插木拴、分果果、走脚印、寻找一样的、镶嵌板、摸摸猜猜、搭积木、分颜色穿珠子、上下大小里外（26%）	球操、喂娃娃吃饭（5%）	点点操、小手操（5%）	小动物叫、小手拍拍、动物爱吃什么（10%）
24个月以上	穿珠子、跳圈、钻山洞、种花、玩圈圈、综合器械、踩绳子、跳水员、滑滑梯、解系扣子、多功能走平衡木、跳过、足尖走（47%）	听指令做动作、玩一玩、套一套、镶嵌板、种花、数数串珠、套桶、放在哪里、图形宝宝回家、画方形（34%）	玩布书、悄悄话、走平衡木（9%）	贴脸谱（3%）	对歌、玩布书（7%）

从以上的内容整体分析，可以看出，指导内容游戏分量安排并非五大领域齐头并进，而是以动作和认知发展为主要内容，为发展情感、社会性和语言而专门设计的活动很少，这从五个领域的指导活动在各个月龄段所占的分量就可以明显看出。

在婴儿阶段的家长指导里，有好多游戏是直接促进婴幼儿动作发展的，但是在活动的进行中，无时无刻不在渗透认知、情感、语言等其他方面。只有这样融合多种发展价值的游戏，才是真正适合婴幼儿教育。因为3岁前，婴幼儿各方面发展都还不成熟，但各方面都处于飞速发展的时期，只有各个方面共同发展，才能更好地发挥各领域间交融互促、协同发展的长处。像动作和认知领域的发展，家长可以明显看到教育成效，所以可能会更加关注。而像情感、社会性或者语言，并非可以通过单纯的游戏形式获得，而是要在生活的一点一滴中不断把握教育时机，潜移默化地渗透影响。

五大发展领域中的情感、语言和社会性的发展在0～3岁是极其重要的，但要通过专门设计的活动去实现这些也是不现实的，应该通过两种途径来实现：一是将其融于以动作和认知为主要内容的活动中，另一个更主要的途径则是在随机指导中的渗透。在设定语言指导内容时，需要依据婴幼儿语言发展顺序与特点，比如，6个月以前是"引导婴儿倾听语言"；1岁以前是"理解常用语言，并能记忆"；1.5岁前是"能将动作和语言结合起来"，并"能记住个别物品的名称"；2岁以前是"模仿常见动物叫声"，"开始发音、说话"；2岁以后是"激发讲话的欲望，培养讲话的兴趣，对语言本身感兴趣"。

五、现场指导的基本形式

三段体结构式的家长指导是指家长在指导教师准备的环境中，通过"准备活动阶段""小组回顾阶段"与"个别化新授阶段"三个有机融合的活动过程，与指导教师的交流、与婴幼儿一起游戏活动，或者观察、分析婴幼儿与指导教师、环境的互动，来掌握婴幼儿各方面发展的特点，改进促进婴幼儿全面发展的策略，有效提升作为家长角色的效能发挥。

这一形式的家长指导实质上是在环环相扣的、有目的互动中指导，包括指导教师与家长、家长与婴幼儿、婴幼儿与指导教师、婴幼儿与环境、家长与环境之间的多重互动，多角度地向家长揭示婴幼儿各方面发展的特点与规律。以下将在活动流程的进展中，详细分析指导教师在不同的环节开展指导的意义和价值。

1. 活动准备时间

在指导正式开始之前，指导教师需要做一些课外准备工作，例如：根据课程计划与上次家庭的活动情况，调整本次活动内容；创设相应的环境，注意要照顾到一般的家庭需求与个别化需求；各指导教师之间依据准备的内容相互交换意见。除此之外，在活动进入主题前，还需要以下准备环节。

（1）问候——指导教师迎接家庭的到来。活动前5～10分钟，家长就会带着婴幼儿陆续来到早教机构。指导教师先分别与婴幼儿和家长相互打招呼，等大部分人到了的时候，进行集体打招呼。

"妈妈跟宝宝坐下来，我们互相认识认识。"指导教师手里拿着一个兔子手偶，先与婴幼儿们打招呼："小兔子先来认识小绵绵，绵绵好！拉拉手！"然后告诉其他的家长与婴幼儿："我们一起和绵绵打招呼——绵绵好！"家长拉着绵绵的手转向大家，并跟大家说："你们好！"接着，指导教师依次来到其他婴幼儿面前，以同样的方式向大家介绍，请大家打招呼。

（2）亲子操——调动婴幼儿和家长的情绪。在相互寒暄问候之后，要将家长和婴幼儿集中在一起，进行5分钟左右的亲子操。要想真正地让家庭参与进来，还需要指导教师的组织策略。

对1岁以下的婴儿来说，参与这样的活动要求人数少（最多3个），婴幼儿情绪状态佳，指导教师的操作令幼儿觉得舒适；1周岁以上的幼儿也不应超过8个，对不愿意参与的幼儿应以家长学习来逐步引导，结合鼓励，允许幼儿适度地从事他正在积极关注的活动。另外，对体力不济的祖辈要提供额外帮助措施，或请父母尽可能陪婴幼儿来活动。

指导教师以小猪毛绒玩具为自己的婴幼儿，边念儿歌边示范亲子操做法，一共做两遍。第一遍的时候婴幼儿们一直都看着指导教师，家长主动拉婴幼儿做。第二遍，指导教师鼓动家长们站起来，认真模仿。各位家长根据自己婴幼儿的特点，可创造性地改变亲子操动作，比如在"转一圈"的时候，有的家长直接把婴幼儿腾空转一圈再放下来，有的家长和婴幼儿一起小跑步转一圈，有的是让婴幼儿自己转。做了两遍以后，大家又坐下来准备下面的环节活动。

儿歌：

拉拉小手举起来，拉拉小手转一圈。

拍拍小手跳一跳，再和妈妈抱一抱。

（3）解释——让家长理解活动意义并解决活动中出现的问题。

指导教师不仅要引导活动顺利开展，同时还要向家长解释活动的意义和解决活动中随时出现的问题。在准备活动结束时，指导教师还有一个集中解释的时间，根据婴幼儿和家长的表现向家长做出相应的解释。比如，对问候环节中的个别问题，指导教师讲解如何在集体的氛围中去培养婴幼儿最基本的礼仪规则。当某个婴幼儿不愿意与人打招呼时，家长不要一味地强迫婴幼儿，而是自己以身作则起到示范的作用即可；当婴幼儿在家长的示范后能与人打招呼，就要立即给以亲昵动作给予鼓励。在亲子操中，某个婴幼儿不能按照老师的指令做动作，但是他能跟着大家的情绪而一起兴奋，能够体验集体活动的乐趣，这样目的就达到了，硬性强求只会造成婴幼儿的负面情绪。

这一环节并不属于活动的正式开始部分，但它是一个不可忽略的重要指导环节，早教师要充分利用这段时间去发挥其角色功能。但要注意的是，这个时间段的主要价值在于建立婴幼儿对新环境的心理安全和适应，而不能为了教礼貌用语、为了教婴幼儿学习亲子操而忽略了婴幼儿正向情绪的引导。至于婴幼儿学会什么，那是次要的。

2. 小组游戏时间

每一个新游戏的引入，都要求指导教师向家长详细介绍游戏材料的特征、游戏方法、游戏潜在的发展价值、婴幼儿在游戏中可能的表现，以及家长指导婴幼儿游戏的策略（包括家庭引申的方式）。只有让家长明确游戏的意义，他们才可能去有意识地指导，尤其是具体指导策略的使用，对家长来说更具有现实意义。比如，当婴幼儿对新玩具根本就毫无兴趣的时候，该怎么办；婴幼儿不听指导，而是按照自己的方式游戏时，将如何判断。诸如此类的问题都需要家长独立去解决，所以，指导教师要让家长也成为课程的建构者，在认识课程、不断解决问题的过程中获得成长。但尽管如此，随着婴幼儿对游戏的不断熟悉，家长可能还会面临许多新的问题，不知如何去把握。这时候，就需要指导教师进一步引导，从而使家长对婴幼儿发展有更深入的了解。

小组游戏时间也要运用三段体结构式流程。

（1）示范——介绍游戏活动的内容与玩法。小组活动开始，指导教师一般首先介绍游戏的玩法、价值，然后示范家长指导婴幼儿游戏的做法，强调要点，并提示一下指导游戏中可能会存在的误区。

婴幼儿和家长已经开始陆续地坐在了活动室中央，有的婴幼儿在家长旁边玩小毛绒玩具，有的还在游戏角里照镜子。这时候，老师请家长注意，开始向他们介绍今天的游戏。

　　"我们今天准备的游戏是炒豆子。这个游戏主要是锻炼婴幼儿手眼协调能力，手部肌肉的灵活性，以及让婴幼儿感受到装进去倒出来的乐趣。这种瓶子的口较大，主要是考虑到这个月龄段婴幼儿手部肌肉发展不是很完善，不适合用太小口的容器。家长要向婴幼儿示范如何将碗里的豆子装到容器里，用小勺一勺一勺往里舀"。随后，老师到一个孩子跟前，向他示范舀豆子，并让婴幼儿也来舀。

　　"家长要注意，如果孩子拿小勺的姿势不对，豆子就容易洒落，而且容器应当放在左边，这样就方便婴幼儿的动作。"

　　（2）亲子互动——家长按老师的示范与婴幼儿一起游戏。在指导教师示范以后，家长一对一地与自己的婴幼儿开展炒豆子的游戏。这是一种平行的游戏，在同一个时间里每个婴幼儿玩同样的游戏，指导教师则在这个过程中观察家长与婴幼儿的互动，并适时地进行指导。

　　情景一：菲菲把豆子装完以后，没有从大口里倒，而是口朝上，从瓶子上的口部，一粒粒地倒出来，她小心翼翼，做得很好。结束以后又准备开始新的一轮游戏。在熟悉常规玩法以后，菲菲不再把豆子从大嘴巴里放进去，而是从上面的小颈口舀进去。这时候，菲菲的保姆挡住了瓶口，说："你看别人都从下面的大口放的，你怎么不听话，往这里放啊！"老师这时却表扬了菲菲。

　　情景二：东东玩了一会儿就没有耐心用小勺舀豆，而是用手直接装，结果撒了一地，他连忙用手去把地板上的豆子捡起来，妈妈却说："东东来舀豆子，妈妈帮东东捡。"但是东东不听，坚持要捡豆子，妈妈生气地把东东拉过来。这时，老师对妈妈说："让东东捡豆子，这也是很好的小肌肉练习活动，两只手一起捡，还是个双手协调的练习。"

　　（3）总结——讲评亲子互动中的表现和问题。指导教师在活动过程中发现了家长指导婴幼儿游戏中的误区，除了在过程中进行个别指导，还会在活动结束时提出问题与大家一起思考，家长也会提出一些问题来求助。通过一系列指导，最终使家长摆脱死板的教育方式，开始能够多角度、整体看待婴幼儿发展。

　　指导教师可以重复家长的某些行为，让大家判断这样做好不好；可以向大家解释一些婴幼儿的行为所反映的发展水平；也可针对家长的教育方式进行探讨。例如：

　　"请大家看我们的菲菲刚才是怎么喂兔子的，她是从上面喂的。这样喂兔子和从下面的大嘴巴喂，有什么区别吗？我们应该阻止婴幼儿这样的方法还是鼓励呢？"

　　大家都思考了一会，指导教师又说："我们这个游戏是为了发展婴幼儿手部的灵活性，但是婴幼儿们玩着玩着，就会有自己独创的玩法，如果这些玩法同样对婴幼儿有发展价值的话，我们应该鼓励婴幼儿的探索。"

在这一环节中，指导教师针对一些发生在现场的案例进行指导，是极其有效的。

3. 个别游戏时间

自由活动也可以运用三段体结构，如图7-2所示。

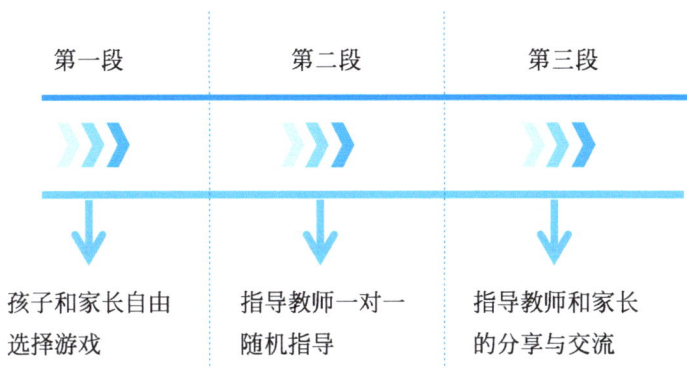

图7-2　个别游戏时间的三段体结构

（1）孩子和家长自由选择游戏。与集体活动不同的是，在自由活动时间里，家长可以带领孩子在其他月龄段的活动室中游戏，整个早教机构的环境通常对所有月龄段幼儿都是开放的。这时虽然也是家长与孩子的互动，但是并不是在同一时间里做同一件事的平行活动，而是分散在各个活动区域各玩各的游戏。这时，孩子要选择游戏，孩子会转换游戏，孩子会对选择的材料进行探索。材料都有一定的玩法，在这个过程中家长会指导孩子玩。通常情况下，家长或是引领着孩子选择游戏，或是跟随着孩子游戏，这个时间也是孩子最尽情最尽兴的时候。

（2）指导教师一对一随机指导。在分散游戏的过程中，指导教师的任务则是巡回观察和指导，去解决自由活动中家长的问题，或者主动去发现一些需要及时解决的教育问题。

（3）指导教师和家长的分享与交流。在活动过程中的随机指导，还只是一种教育方式的示范和指示，但对为什么这样做则不会有太多的解释，家长有时也会感到困惑。所以自由活动结束时就需要有一个指导教师与家长分享和交流的机会，将活动中所经历过的、有价值的问题提出来与大家探讨或讲解。

4. 整理告别时间

结束活动三段体结构如图7-3所示。

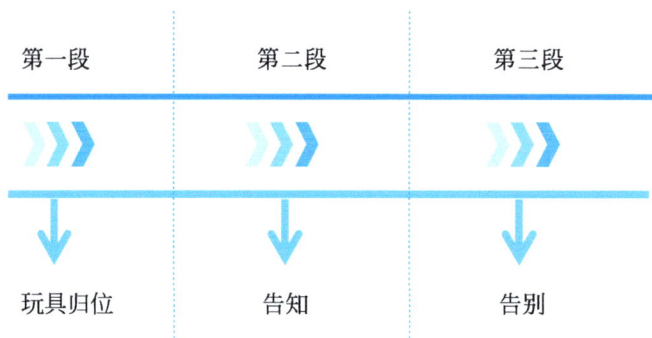

|第一段|第二段|第三段|
|玩具归位|告知|告别|

图7-3　结束活动三段体结构

（1）玩具归位。活动的最后一个环节是集体整理活动室，离开早教活动中心。这个环节里，指导教师要将参与玩具归位作为对家庭的要求，形成婴幼儿（与家长）常规礼仪的习惯。这样的要求，是家庭在任何公共场合都必须具备的礼节要求，这也让家长从小培养孩子独立自主的意识。在婴幼儿和指导教师以及家长共同的整理过程中，给了所有人一个信号：游戏活动已经结束了。

（2）告知。指导教师也可以在这个环节里告知家庭下周活动内容，提醒个别家长教育的注意事项。例如需要准备什么东西带来，在家庭中要有意观察孩子一周的表现等，做好下次活动的准备。

（3）告别。这是指导教师与家庭、家庭之间告别的时刻。指导教师可以主动地去抱抱孩子，亲亲他的小脸，告诉他"下次见了"。这时候，家长一般也会很自然地拉起孩子的小手，跟老师说"再见"，或者请孩子和指导教师拥抱告别。虽然简短，但场面的确很让人感动，当孩子和老师轻轻拥抱在一起的时候，彼此都会深深地感觉到当天活动的价值。

小提示：

作为活动的最后一个环节，整理告别的教育指导价值不可忽视。早教师的要求让家长明确了教育婴幼儿做事要有始有终，对婴幼儿行为习惯、礼节礼貌的培养就渗透在这不起眼的生活小细节里，家长以身作则很重要。同时，这也是一个前后承接的环节，简洁扼要地向家长讲明在下次活动前需要家长做好的准备工作，这对下次活动的质量保证很必要。

六、三段体早教现场指导环境的创设

现场指导环境对指导教师顺利实施指导、家长有效接收指导，以及双方愉快对话起重要作用。

1. 布置适合婴幼儿年龄特点的场景

早教指导是以婴幼儿各方面发展为依据和内容对家长进行的指导，活动环境的创设用意就在于促进不同月龄段儿童适宜的发展。所以，适合婴幼儿的年龄特征与爱好是必要的前提条件。

另外，家长来到早教机构以后，与婴幼儿进行活动时，家长与婴幼儿是一个不可分割的整体，家长的注意力时刻都不能离开婴幼儿。所以，这不仅是出于对婴幼儿发展的考虑而首先关照婴幼儿需求，也是为家长指导之便。在游戏进行中对家长进行指导，是以婴幼儿常规的游戏表现为依据的，只有环境适合婴幼儿年龄特点，婴幼儿才可能有正常表现，早教师才好获取最准确的指导素材。

在12～15个月的幼儿活动室里，指导教师发现那些到了行走月龄的幼儿并没有直立行走的愿望，而还是一直乐于爬来爬去，后来经分析发现活动室几乎所有的玩具都是在地面上放着，幼儿并不需要行走就可以顺利地玩耍。发现这一问题以后，机构的指导教师开始将环境从平面改为有层次的立体面，比如把地面玩具放在桌子上，增设递进梯度的扶立桌柜、沙发垫子等。

上例中，新的环境不仅刺激了婴幼儿站立、行走的愿望，也为家长指导创立了契机。借助幼儿成长的脚步轨迹，家长不仅真切地看到行动化的常识知识，也找到了技能的训练机遇。

2. 避免因游戏材料收放不当引起的家长指导困难

三段体早教指导不仅要求在创设之初以婴幼儿发展为本，还要考虑在整个活动的进行中，避免因游戏材料收放不当引起的家长指导困难。

指导教师应该很明确：家长的眼里更多是自己的婴幼儿，他们绝大多数的注意时间都会放在对婴幼儿一举一动的关注上。这就意味着，为了使家长能够放心地和指导教师进行交流，首先应该让家长对婴幼儿放心。

某一次早教活动中，游戏进行到结尾时，指导教师和家长就当天婴幼儿的表现进行总结性交流。但几乎所有的家长都因为自己的婴幼儿跑来跑去而不能静心地和指导教师交流。因为游戏以后，原有的活动材料还没有来得及收拾，而且，活动室里本来就有很多的玩具，婴幼儿们不停地穿梭在各种材料之间，不能集中注意玩一个。家长因为担心婴幼儿的安全问题不停地左顾右看，导致交流成了单方演说。

所以，活动结束前指导教师与家长对话时，一定要确定家长有积极的心态交流，可以请其中一位家长照看婴幼儿，相随的另一位家长参与对话；如果只有一位家长前往，可以在婴幼儿安静活动的情况下进行。

3. 活动室场景数量安排

在活动室是只创设一个统一主题的活动情景，还是以不同内容划分多个类别的游戏区域，这个问题曾一度令指导教师很头痛。两种方式各有利弊，需要灵活看待和运用。

（1）只创设一个统一主题的活动情景。只创设一个统一主题的活动情景，可以避免婴幼儿受太多玩具刺激的干扰，能够与家长一起进行交流活动；同时，也便于指导教师的指导。一个活动主题可以使指导教师的指导内容更具有针对性、更集中，减轻指导教师总工作量，从而可以更好地关注到每个婴幼儿和家长。此外，也便于指导教师针对某一领域连续性地观察、了解家长与婴幼儿。

但单主题活动情景也有缺陷，活动室看起来比较单调，来本活动室的婴幼儿选择的余地也受限制，尤其是3岁以前的婴幼儿，喜欢重复操作同一游戏材料，一直到非常熟练。

只布置一个主题，就要求指导教师多花费精力，尽量照顾每个婴幼儿前一次活动的表现、喜好，拓展单一环境的广度，达到多类别材料的效果。

（2）多区域环境创设。多区域环境创设能够照顾每个婴幼儿前一次活动的表现、喜好，拓展单一环境的广度。毛毛喜欢小汽车，每次来了第一件事情就是先拿着小汽车在地上滑着玩，然后再玩其他的游戏；乐乐喜欢炒豆子，每次来了会先炒一会豆子才安心做其他事情……不同的区域环境让不同爱好的婴幼儿有了更宽的选择余地，但这种环境下不利于集中开展家长指导，因为每个婴幼儿进行的活动差别较大，不容易一概而论。同时，多区域环境创设减少了家庭间对话交流的机会，也增加了指导教师指导的工作量。

小提示：

具体采取哪种场景安排，还要依据早教机构的活动安排、活动内容，综合考虑各个因素，全面衡量确定。

七、现场指导中的家长与指导教师

1. 指导教师与家长在现场指导中的关系

早期教育指导下的指导教师与家长关系是建立在互相尊重、理解基础上的合作互助关系，在此基础上双方互相指导与接受指导，提供服务与接受服务。所以，早教指导下的指导教师不是永远的指导者，而是指导、倾听、引导、旁观、辅助等不同程度的服务角色，根据家长、婴幼儿需求调节；而家长也不再做被动的受指导者，而是逐步彰显其教育主体的角色，从观察、倾听、协助走向熟练实践。

在这里，指导教师与家长是站在一个平等的位置，共同承担起发现问题、分析原因、教育调整、创设新环境的教育任务。指导被赋予了服务的信念，指导是为了更好地服务，而服务也将强化指导的效果。

2. 现场指导中指导教师的素养要求

指导教师需要借助家长的教育潜力，与家长携手，共同担起教育婴幼儿的重任。指导教师既是家长教育活动的指导者，又是婴幼儿教育的合作者。为了胜任自身角色，指导教师需要具备图7-4所示的几方面的专业素养。

要求一	系统掌握婴幼儿各个领域发展知识与技能。这是作为职业早教指导者最基本的专业素质，专业指导师应该熟练掌握婴幼儿在不同发展阶段各个方面发展的特征，能够在较短时间内有依据地判断不同婴幼儿的发展状况，并为家长提供适宜的教育知识与建议
要求二	具有组织婴幼儿以及家长活动的能力。现场指导是在婴幼儿活动（或者是家长与婴幼儿活动）的现场开展的指导活动，因此，要求指导教师能够设计、组织相应的活动形式，以婴幼儿活动为材料，针对家长教育特点进行指导
要求三	具有调动家长积极参与教育学习的能力。虽然，几乎所有的家长都是抱着一定的目的来早教机构活动，但如何有效参与到指导教师创设的活动环境中，掌握婴幼儿发展特点，并在生活中为孩子提供最佳的教育指导，对家长来说，依旧是一个需要付出相当努力才能达成的目标。家长或者是失败气馁，或者是学不得法，都需要指导教师对他们进行及时引导与支持

图7-4

要求四	能协调家长之间的关系，有解决家庭间突发问题的应变能力。同在一个月龄班级活动，家长们难免会因为孩子问题或者各自家庭背景的不同发生些小冲突，这时就需要指导教师及时解围，消除误会，建设和睦的家庭团体
要求五	指导教师既要顾全集体活动，又要有能发现个别家长、婴幼儿问题的能力。现场指导环节既要组织家庭的集体活动，又需要对婴幼儿的个别问题及时解决，这就要求指导教师即能顾全大局，又有细心、敏锐的观察力

图7-4　现场指导中指导教师的素养要求

3. 调动家长参与活动的积极性

提高家长参与早教活动的积极性，使其主动配合或者在指导教师引导下掌握教育知识与技能是早教指导工作的重要环节。所以，在现场指导中，需要指导教师掌握一些调动积极性的途径。

（1）指导教师要与家长建立良好的合作关系，彼此信任、尊重。

（2）邀请家长了解早教机构的课程，领悟课程的理念，知晓活动内容与目标。

（3）协助家长发挥潜能，创设环境让家长参与到课程中去。

（4）根据不同家长的特点与长处，采取多种方法引导其介入活动。

第三节
早教场外指导

场外指导是相对于早教现场指导而言的，是指离开了与婴幼儿直接互动的教育现场，就预先确定的教育专题，与婴幼儿护理专家、心理学和教育学专家，以及早教指导者进行交流的活动，是现场指导的辅助形式。

一、场外指导要解决的问题

作为现场指导的辅助形式，场外指导致力于解决以下三大类问题。

1. 现场指导中发现但未能解决的共同性问题

现场指导通过现场活动让家长获悉婴幼儿各方面发展的最基本知识，以及相关的教育支持。但由于时间限制，它对于活动中萌发的，且是家长普遍比较关心的共同性教育或保育问题并不总能很好地解决，比如家长无法理解的婴幼儿行为、与婴幼儿互动的方式等。

例如，婴幼儿到了18个月以后，整体活动能力以及探索的欲望都比以前旺盛了许多，不管是在早教机构还是生活当中，家长们都会发现，小宝宝真是一刻都不能消停，几乎能把视线内的所有东西翻个遍。最让人难以忍受的是，他们居然"搞起破坏"来，什么东西都要敲敲、扯扯、摔摔、摇摇，直到屋内一片狼藉，自己也"研究"累了为止。对于这种在家长看来是具有"破坏性质"的行为，到底应该怎么认识，是应该阻止，还是置之不理，或者是采取其他措施，许多家长都陷入了困惑之中。

遇到这样的问题，指导教师可能会在现场指导中通过和家长交谈去分析问题形成原因，或者简要提及应对措施，但这对于真正彻底地解决家长心中的疑团，应该是远远不够的，而借助场外指导则可以有效解决。例如针对以上问题，指导教师将其设为一个家长沙龙的主题，采取一系列形式引导家长解决问题。首先，就是明确概念，澄清家长对"破坏性行为"的误解。然后，家长搜集破坏性行为表现，与指导教师一同研讨行为形成原因及应对措施。最后，正确认识婴幼儿的探索性行为，提供适宜发展的支持环境。最终让家长明确这种特殊行为背后的心理基础，对这样的行为应该既不压制，又要以合适的方式进行引导，做到收放有度，为婴幼儿提供切合需求的教育支持。

2. 现场指导中难以顾及的个别性问题

现场指导中有些问题虽然是个别性的，但对家长来说，是十分迫切需要解决的，而且，这些问题往往是指导教师本人无法解决的。比如婴幼儿因特殊经历造成的心理问题，特殊婴幼儿的发现与教育干预、支持，由特定主客观因素造成的问题行为等，都需要其他领域的专业人士介入（有时也包括其他家长）来共同处理。

指导教师偶然间发现冉冉（女孩，26个月）从来不玩娃娃玩具，包括各种样子或质地的娃娃，她甚至连看一眼都不想看，即使指导教师有意引导，冉冉都不会靠近娃娃。为此指导教师感到很奇怪，因为在婴幼儿（尤其是女婴幼儿）眼里，娃娃是一个最常见、也最讨她们喜欢的玩具之一，但是冉冉为什么这样不喜欢娃娃呢？指导教师找来了冉冉的主要教育人——爷爷。经过交谈才得知，原来冉冉从6个月左右就害怕娃娃，爷爷认为可能的原因是，在她很小的时候家里给她买了一个电动娃娃，一摸就会开口，眼睛也会眨。冉冉第一次看到这个娃娃的时候被吓哭了，从此再也不愿意接触任何种类的娃娃玩具。家人并未对她这样的反应采取任何矫正措施，而是见人就说婴幼儿害怕娃娃。而婴幼儿有了这样的经历和成人反馈以后，对娃娃更是讨厌。

针对以上这个问题，指导教师在当月的专家咨询中安排了一位心理专家，通过爷爷与专家的交流，很快将婴幼儿问题行为的原因确定了下来，并规划了修正步骤，问题也就迎刃而解了。

3. 婴幼儿发展和教育中的普遍性问题

除此之外，婴幼儿发展与教育中一些比较普遍、但现场指导中可能没有涉及的内容，也需要在场外指导中实现。例如关于婴幼儿发展的年龄特点、保育环境、疾病与健康安全、营养等，这些问题因为范围比较广泛，也具有家长群体差异，所以在现场指导中无法全面概括。

比如每年的四月份，家长们就开始为婴幼儿的入园入托问题焦虑：如何给婴幼儿选择合适的幼儿园？如何获悉附近幼儿园的信息？是去专门的托儿所好呢，还是去幼儿园里的托班好？在婴幼儿入园前需要做什么样的准备，以帮助婴幼儿更快地适应幼儿园生活？婴幼儿入早教机构，可以在哪些方面促进婴幼儿更快地适应幼儿园/托班生活？

还有保育、安全教育问题：可以自行活动的婴幼儿，在家居环境布置上应该注意哪些方面，以避免危险发生？不同月龄的婴幼儿饮食如何做到营养充足、搭配恰当？不同体质的婴幼儿在最初辅食添加上有什么区别？

对待以上问题，指导教师可以结合时节、家长需求和社区资源，有针对性地选择恰当的主题，在场外指导中专门解决。

以下是某早教机构场外指导实际涉及的内容，如表7-6所示。

表7-6　某早教机构场外指导的内容

类别	保健护理	教养态度	教养知识、教育技能
主题	幼儿常见疾病预防和护理	在家中如何形成一致的教育方法	了解婴幼儿的发展关键期
	常见发育、行为问题与预防	家有"破坏王"——婴幼儿的破坏性行为解读	帮助宝宝提早开口说话
	意外的伤害处理	塑造婴幼儿的良好行为	培养宝宝对音乐的感受力
	幼儿保健品及幼儿的保健	关注宝宝入园	生活中的数学
	营养与膳食	喂养出良好的行为	亲子阅读推广
	秋冬季节宝宝的家庭护理	爸爸在家庭教育中的角色力量	保姆应知应会
	离乳期与长牙期的特别护理	关注隔代教育传承与冲突	家庭创意活动

二、场外指导的具体形式

1. 家长沙龙

家长沙龙是指围绕家长们共同感兴趣的教育话题，由指导教师将家长在一定的环境下组织起来，并准备研讨素材，引导家长就话题展开讨论的集体指导活动形式。由于话题很难一次彻底讨论清楚，往往需要随着实践中的观察、思考以系列的形式展开，因此称为沙龙。

家长沙龙可采用的形式很灵活，可以由指导教师按照活动内容、参与人数、活动进展情况设计或者调整。在众多形式之中，案例分析和话题讨论最受家长欢迎，指导效果也很显著，具体如表7-7所示。

表7-7 案例分析和话题讨论

序号	方法	具体说明
1	案例分析	案例分析法是指在家长沙龙中，主要借助生动、短小的录像资料，向家长呈现问题，引发家长对问题的思考、讨论，从而产生了解相关知识的动力，达到对问题深刻认识的目的。案例通常是由指导教师按照主题要求截取早教机构婴幼儿活动的片段，经过精心制作而成。那些由家长提供的、能突出反映教育问题的图像或者文字记录，也可以作为案例形式。同样，案例分析的主题可以是家长反映的主观需求，也可以指导教师提出的客观教育需求
2	话题讨论	话题讨论也是家长沙龙中比较常用的一种指导方式。在这种形式中，指导教师会选取一个家长群体比较感兴趣的话题，引起家长的思考，邀请大家发言，从而提高家长认识。通常情况下，由于话题本身比较复杂，或者在婴幼儿中个体差异较明显，需要多次讨论才能让家长对话题所影射的教育内涵有深刻的理解。与案例分析相比，话题讨论更随意些，家长们在这样的交谈环境中不仅可以受指导教师引导，掌握知识；有些时候，家长之间也可以将自己的经验积累与大家分享，往往产生指导教师意想不到的教育效果

到了2岁或者3岁婴幼儿要进托班或者幼儿园小班之前，家长可能会为婴幼儿以后新环境的适应有很多担忧。尿片的使用就是那些还不能脱离尿片的宝宝家长最关心的话题。

"宝宝马上就满3周岁了，但是晚上还是必须得用尿片。眼看要上幼儿园了，这可怎么办啊！"

"我家宝宝也是2岁多了，打算让他进托班，但是他现在午觉还要用尿片，每次醒来都尿得湿湿的，这要是在托班午觉时怎么办？"

婴幼儿形成良好的排便习惯是其独立自主能力发展的一个重要内容。但此能力的形成也要照顾到幼儿之间的个体差异，有些幼儿不足2岁就已经知道排便时叫大人，而有些幼儿4岁多了还经常尿床。这同时也和家长的训练方式有关，有些家长忽略这些教育，认为长大以后自然就会自己排便，现在有尿片用也很方便；而有些家长则从6个月就开始训练婴幼儿定时排便，而且求成心切，给婴幼儿很大的压力，结果适得其反，尿床次数更多了。所以，婴幼儿良好排便习惯的养成既要讲求时机和方式，也要考虑婴幼儿本身特点，不可一概而论。

针对这个内容，某早教机构开展了一次话题研讨，请家长对这个问题谈谈自己的经验。在激烈的讨论过程中，有家长谈到了自己是如何成功训练婴幼儿养成排便习惯；也有家长说自己的婴幼儿尿床，但上幼儿园后自然就不用尿片了；还有家长提到养成排便的时机等。大家都在努力开动脑筋来想办法，也体会到彼此不同见解的碰撞。所以说，虽然只是一个很细节的话题，但家长从中收获到的不仅是如何训练婴幼儿养成良好的习惯，更是科学、辩证教育观念的逐步形成和灵活教育方式的掌握。

早教机构在开展家长沙龙的时候，需要注意几个方面的事项，如表7-8所示。

表7-8　开展家长沙龙需要注意的事项

序号	事项	具体说明
1	综合考虑家长需求，确定沙龙主题	沙龙主题的选择对于活动指导效果起着至关重要的作用。选择适宜的主题有利于满足家长的需求，以及协助其他指导形式指导目标的完成。在确定主题时，首先应该考虑早教机构家长群体当前阶段最迫切的教育需求是什么，其中有哪些需要采用沙龙形式来完成。家长沙龙适宜的主题有两个最突出的特点。 （1）在指导教师的引导下，家长发挥积极性可以解决问题。 （2）主题非一次性完成，需要逐步递进方能解决。 这表明家长沙龙的主题内容本身比较灵活，不是通过陈述就能让家长彻底了解的，需要家长付出思考和实践，领悟出来
2	选择适宜的活动形式	家长沙龙的活动形式不拘一格，灵活多样。家长可以集体活动，也可以分组、个别活动；活动空间可以是早教机构，也可以是家中；活动可以在室内，也可以在室外；活动过程可以是指导教师讲解、提问，也可以是家长报告、分析和讨论。总之，能够促进家长深入了解主题内容，有所收获的方式都可以尝试采用
3	准备活动素材，以及呈现方式	家长沙龙要求指导教师选择最突出主题的活动素材，以及促进家长理解和思考的呈现方式。通常情况下，以早教机构婴幼儿活动为案例，结合犀利的分析讲解，最受家长的欢迎。这种身边的素材让家长感觉沙龙活动与自己息息相关，对案例中婴幼儿的背景信息也较了解，因此，分析问题也更全面。更重要的是，它让家长感觉对活动有更多的控制度，而科学的教育离他们并不是那么遥远
4	活动环节逐步深入，前一次活动是下次活动的基础	沙龙活动中，同一主题要在不同的时间里完成，每次活动的规划都要依据上次活动的情况而定

小提示：

　　每次活动以后，可能会激发指导教师产生很多新的想法，可以在下次活动中尝试。因此，家长沙龙与三段体以及后面的专家讲座与咨询等相比，带有更大的非预设性，给予早教规划活动内容以及形式更大的创造空间，这也是指导教师智慧充分展现的时候。所以，对指导教师以及家长要求都比较高。

2. 专家讲座与咨询

　　专家讲座与咨询是指早教机构将婴幼儿教育不同领域的专业人士（儿保专家、经验丰富的指导教师或教育专家等）请入早教机构，以专题讲座或者面对面咨询的形式，针对所选择的教育内容，与集中起来的家长们进行交流。

　　专家讲座与咨询的开展步骤如下。

　　（1）规划。专家讲座与咨询在每个学期的开始都要有具体的规划。目前，大多数的早教机构是每月开展一次。这样一学期共有五到六次，对每次活动的具体内容、讲座与咨询指导教师的人员，以及根据内容、家长情况选择（或布置）的活动环境等，都要有初步的设想。

　　比如上半年的课程规划中预计开展五次讲座与咨询，每次开展的内容可以结合春、夏季节常见婴幼儿疾病防治设计，也可以结合早教机构不同群体婴幼儿与家长的需要而定。如果1岁以下的新生婴儿较多，就可安排婴儿日常护理（包括哺乳、洗澡、睡眠）内容；如果活动期间发现家长们对婴幼儿特定的行为感兴趣，渴望了解更多的婴幼儿心理知识，比如经常吃手指，早教机构也可以安排相关专家进行讲解。

　　总之，这种形式的早教指导既要有提前规划，又要根据早教机构当时的总体状况进行调整（可结合问卷调查进行），最大限度地满足家长的教育需求。

　　（2）联系专家。规划好以后，接下来是联系专家。根据确定的内容选择专家是必然的，同时还要注意避免活动走向功利化，尽可能请一些经验丰富，也对活动本身很有参与意向的人。

　　比如医疗方面，一些资深的退休儿保专家比较乐意借助休息的时间为更多的婴幼儿送去关怀。另外，也可以与区妇联建立长期合作，定期由妇联派专门人员做讲座。与区妇联共同做好早教工作是以后发展的一个趋势，不仅有利于早教机构工作的开展，更有利于部门间信息交流，从而更好地服务于社区家庭。

　　同时，为了提高家长介入到活动中的积极性，以及更深入地了解活动专题内容，早教机构还可以根据情况创设不同的形式，辅助专家讲座与咨询。例如可以结合观看录像、小品表演、家长操演等多种方法，多渠道掌握教育知识。

　　通常情况下，为数不多的专家要面对的是早教机构大部分的家长群体，这种少对多的指导环境又要求专家能分配给每个家庭一定时间来解决他们的问题，如果人数、指导方式和节奏不能控制，就无法有序开展。通常情况下，指导教师要采取分组控流，集体讲解结合小组个别对话，创设灵活的指导空间。

参考文献

[1] 邓引甜. 早教机构营销策略优化研究 [D]. 广东：广东工业大学，2017.

[2] 周静，王黎明. 早教机构如何应用感官体验营销 [J]. 经营与管理，2010（8）：59-60.

[3] 宫雪. 我国早教机构品牌建设研究初探 [D]. 福建：厦门大学，2011.

[4] 无忧宝贝. 早教中心开业之前如何筹备？ [EB/OL]. [2018-12-27].

[5] 一格良创. 早教中心装修设计理念 [EB/OL]. [2019-04-08].

[6] 人民网. 在线早教的另类"春天" [EB/OL]. [2020-02-14].

[7] 课程顾问之家. 早教机构全员营销的是市场发展的必然要求！ [EB/OL]. [2019-06-10].

[8] 早教BOSS. 早教顾问必看：不懂需求谈什么销售 [EB/OL]. [2019-04-17].

[9] 早教托经营. 关于早教中心的安全制度 [EB/OL]. [2018-01-15].

[10] 周星. 抖音如此火，教育培训机构怎么结合抖音进行营销？ [EB/OL]. [2019-06-27].

[11] 无忧宝贝. 抖音当道，早教机构如何借势推广引流？ [EB/OL]. [2019-08-03].

[12] 教源在线. 教育培训机构如何运营微信公众号？ [EB/OL]. [2018-07-19].